Patrick Manning

Wanderung Flucht Vertreibung

Geschichte der Migration

Patrick Manning

Wanderung Flucht Vertreibung

Geschichte der Migration

Aus dem Englischen von
Birgit Neuwald-Morton

magnusglobal

Das Original erschien 2005 unter dem Titel »Migration in World History« bei Routledge, Oxford und New York

Authorised translation from the English language edition published by Routledge, a member of the Taylor & Francis Group.

Für die deutsche Ausgabe:

Redaktion: Birgit Wüller
Kartographie: Peh & Schefcik, Eppelheim
Umschlagidee: CCK, Essen
Layout: Hans Winkens, Wegberg
ISBN 3-978-88400-331-2

Inhalt

Kapitel 8

Kapitel 9

Karten und Abbildungen im Text

Anmerkung zur Bezeichnung der Jahre

Dieses Buch verwendet zwei Zeitskalen, eine für die Frühzeit und eine für die letzten 5000 Jahre. In den Kapiteln 2 bis 4 werden die Jahreszahlen mit Bezug auf die Gegenwart ausgedrückt, kurz »v. h.« (»vor heute«). Die in den Kapiteln 5 bis 9 genannten Jahreszahlen beziehen sich auf die christliche Zeitrechnung. Vom Jahre 1 des Gregorianischen Kalenders an markieren die Jahre ein Datum vor oder nach der Zeitenwende (oft auch Christi Geburt) und werden hier dementsprechend mit »v. d. Z.« bzw. »n. d. Z.« bezeichnet.

Der Wechsel von einer Zeitskala zur anderen geschieht zu Beginn von Kapitel 5, vor 5000 Jahren (5000 v. h.) bzw. 3000 v. d. Z.

KAPITEL 1

Einführung: Modelle der menschlichen Migration

Die menschlichen Migration ist so alt wie die Menschheit selbst. Schon immer sind Menschen auf der Suche nach neuen Lebensräumen gewandert, über riesige Distanzen oder in kleinen Schritten. In den letzten 50 Jahren hat die Abwanderung vom Land in die Stadt auf der ganzen Welt dazu geführt, dass der Anteil der Stadtbevölkerung von einem Fünftel auf mehr als die Hälfte der Weltbevölkerung anstieg. Das zuvor hauptsächlich ländliche Leben der Menschen ist nun vorherrschend urban geworden. Zu den Ballungsgebieten mit mehr als 20 Millionen Einwohnern gehören Tokio, Mexiko-Stadt, New York, Mumbai (früher Bombay), Istanbul, São Paulo und Jakarta. Davon konnten nur Tokio und Istanbul im Jahre 1800 mit einer Bevölkerung von um die 100 000 Menschen aufwarten.

In den drei Jahrhunderten nach Kolumbus' Reise – ein Zeitalter, das als »Frühe Neuzeit« bezeichnet wird – haben etwa zwei Millionen Siedler den Atlantik von Europa aus überquert, um sich auf dem amerikanischen Kontinent niederzulassen. In eben diesen drei Jahrhunderten wurden fast acht Millionen Afrikaner nach Amerika gebracht, die meisten als Sklaven. Diese Immigranten haben in einer komplexen Kombination eines Austausches untereinander und mit den anderen Bevölkerungsgruppen auf dem Doppelkontinent eine neue Gesellschaftsstruktur geschaffen.

Im 19. und frühen 20. Jahrhundert waren es die verbesserten Transportmöglichkeiten und neue wirtschaftliche Anreize, die ca. 50 Millionen europäische Migranten veranlassten, durch ihren Heimatkontinent, dann nach Nord- und Südamerika und darüber hinaus zu ziehen. Zur gleichen Zeit wanderten weitere 80 Millionen Menschen durch Ost- und Südasien und siedelten sich in Gebieten an, die vom Indischen Ozean bis in die Mandschurei und nach Zentralasien reichten. Die andauernde, sich über große Entfernungen erstreckende Migration der Afrikaner, darunter etwa vier Millionen im genannten Zeitraum, erscheint im Vergleich dazu geradezu gering.

In der Zeit, die man als »Antike« bezeichnet, vor über 2500 Jahren, schufen griechische Seefahrer blühende Handelskolonien an den Küsten des Mittelmeers und des Schwarzen Meeres. Darauf aufbauend war Rom nachfolgend in der Lage, die umliegenden Landstriche zu einem riesigen Reich zu vereinigen. In diesen wie auch schon in den Jahrhunderten zuvor veränderte die über Land verlaufende Migration schrittweise die Kultur zweier großer Subkontinente: Indoeuropäisch sprechende Völker verbreiteten sich von Zentralasien bis in den Iran und nach Nordindien; Bantu sprechende Völker dagegen zogen aus dem Gebiet des heutigen Nigeria und Kamerun in zahlreiche Regionen von Zentral-, Ost- und Südafrika. In noch viel weiter zurückliegenden Zeiten erforderte die Ausbreitung des *Homo sapiens* von Afrika über die östliche Hemisphäre Reisen über das Meer, um sich in Australien und Neuguinea niederzulassen.

Dieses Buch bietet eine kurze Übersicht dieser und anderer großer Völkerwanderungen. Dabei geht es über die Darstellung von Massenwanderungen hinaus, verknüpft große und kleine Migrationen miteinander und betrachtet sie im Zusammenhang mit dem komplexen Gefüge menschlicher Gesellschaften. Es erforscht den sozialen Kontext, aus dem sich Migration ergab, und zeigt, wie sie im Kern des menschlichen Verhaltens verankert ist.

Für die Migrationforschung sind periodische Massenwanderungen nur die Spitze des Eisbergs. Die Massenbewegungen – darunter z. B. die der Araber, Germanen, Juden und Polynesier – setzten sich praktisch aus einer Folge kleinerer Wanderungen zusammen, die sich mit der Zeit in komplexere Strukturen einfügten. Das Anliegen dieses Buches ist es, darzulegen, wie die individuelle Erfahrung der Wanderung mit den vielen anderen Fragen und Aspekten des Lebens verknüpft war. Selbst wenn jeweils nur wenige Menschen migrierten, so haben doch auch ihre Unternehmungen entscheidend die Technologie, Sozialstruktur und Kultur mit beeinflusst.

Das vorliegende Werk ist in verschiedener Hinsicht eine globalhistorische Betrachtung der Menschheitsgeschichte. Erstens werden ein langer Zeitraum und Erfahrungen aus zahlreichen Gebiete n der Welt behandelt. Zweitens werden die Verbindungen, bzw. Ähnlichkeiten, menschlicher Erfahrung herausgestellt. Migration lässt uns unwillkürlich an Verbindungen denken, nicht zuletzt deshalb, weil jede Migration einen Ausgangs- und einen Zielpunkt hat. Drittens hebt das Buch den Aspekt der Migration als Motor sozialer Veränderung hervor, indem es die Dynamik von Ideen, aber auch die Bewegungen der Menschen selbst verfolgt. Viertens beleuchtet es die Kontinuität von Migration ebenso wie ihre Veränderung im Laufe der Zeit. Das Buch bietet eine weit gefasste Interpretation der Veränderung auf der Makroebene und zeigt die Verbindung zwischen globalem Geschehen und regionalen Phänomenen auf. In methodischer Hinsicht behaupte ich, dass die menschliche Migration ein so grundlegendes Element unseres Verhaltens ist, dass es in jeder Studie, die sich mit unserer Lebenserfahrung befasst, berücksichtigt werden muss.

In diesem Kapitel wird ein Modell menschlicher Migrationsprozesse entwickelt. Dieses Modell – ein Satz von Prinzipien und Mustern – erläutert die zugrunde liegende Logik, die immer wieder auftretenden Möglichkeiten und die bestimmenden Faktoren, die die menschliche Migration charakterisieren. Das Modell besteht aus fünf Elementen, die sich gegenseitig beeinflussen: die Grenzen menschlicher Gemeinschaften, die Hauptkategorien der Migration, die Prozesse der Migrationsbewegungen, die kurzfristige soziale Entwicklung, die durch solche Bewegungen ausgelöst wird, und die langfristigen Einflüsse. Über das Modell wird eine Terminologie eingeführt, die sich im gesamten Buch wiederholt, und es werden verschiedene Migrationsmuster herausgearbeitet, denen man immer wieder begegnet. In den anschließenden Kapiteln werden chronologisch sich wiederholende Phänomene und Entwicklungen in der menschlichen Gesellschaft, die mit Migration in Zusammenhang stehen, beschrieben. Obwohl sich jede Migrationsbewegung durch eigene Bedingungen und Erfahrungen auszeichnet, ermöglichen es hierfür relevante Schemata menschlichen Verhaltens, wie sie im Modell zusammengefasst werden, Migrationen auf eine allgemeine Formel zu bringen und gleichzeitig ihre Unterschiede hervorzuheben.

Menschliche Gemeinschaften als Sprachgruppen

Menschen, wie die meisten anderen Spezies, organisieren ihre Existenz in Gemeinschaften. Der Unterschied ist allerdings, dass Menschen Sprache entwickelt haben, so dass sich menschliche Gemeinschaften durch Sprache und nicht allein durch die unmittelbare Nähe zueinander organisieren. Mündliche Kommunikation, wie wir sie von anderen Spezies – zum Beispiel von Vögeln, Delphinen und Affen – kennen, gab es sicherlich auch unter solch frühen Hominiden wie dem *Homo erectus*. Ich gehe jedoch davon aus, dass die Entwicklung voll entwickelter Sprachen mit spezifischer Grammatik und spezifischem Vokabular eine Entwicklung unserer eigenen Spezies ist. Nach jüngsten Erkenntnissen von Archäologen und Genetikern tauchte der moderne *Homo sapiens* innerhalb der letzten 150 000 bis 200 000 Jahre auf. Schon bald waren unter den Mitgliedern unserer Spezies all diejenigen, die eine Sprache teilten, in der Lage, eingehend miteinander zu kommunizieren. Die Kommunikation mit Angehörigen anderer menschlicher Gemeinschaften ist möglich, kann jedoch nur ihr gesamtes Potenzial ausschöpfen, wenn man die Sprache lernt.

Und so definiere ich eine menschliche *Gemeinschaft* als die Sprecher einer gegebenen Sprache. Die *Grenzen* zwischen menschlichen Gemeinschaften wurden in unserer langen Geschichte durch die Sprache gesetzt. Diese Grenzen sind nicht unbedingt scharf – eng verwandte Dialekte und Sprachen können durchaus verstanden werden. Überwiegen jedoch die Unterschiede, dann werden Sprachen gegenseitig unverständlich, und nur nach einer Zeit des Studiums und der Übung ist eine Kommunikation möglich. Die zahlreichen unterschiedlichen Versionen des Englischen können leicht von jemandem, der Englisch beherrscht, verstanden werden, doch Spanisch in all seinen Varianten ist beispielsweise eine völlig andere Sprache.

Die Definition der frühen menschlichen Gemeinschaften als Sprachgemeinschaft – statt eines unabhängigen Familienverbandes oder einer Volksgruppe – ist wichtig für unser Geschichtsverständnis. Grundsätzlich zeigt sich bei einem Blick auf die Sprache, dass frühe menschliche Gemeinschaften größer waren und mehr miteinander kommunizierten, als allgemein angenommen. Unser übliches Bild der frühen menschlichen Jäger und Sammler – der »Höhlenmenschen« – geht davon aus, dass sie in unabhängigen Gruppen von höchstens zwölf Personen lebten. Zwar haben archäologische Funde tatsächlich Siedlungen oder Lager von Gruppen dieser Größe, auch als »Horde« bezeichnet, als wichtiges Grundmuster aufgezeigt, doch zur Entwicklung und Etablierung von Sprachen bedarf es größerer Gemeinschaften. Nur durch Gruppen von mindestens mehreren Hundert Menschen, die miteinander reden, lässt sich die Einheit und Kontinuität einer Sprache aufrechterhalten. Selbst für die früheste Zeit unserer Spezies müssen wir daher von menschlichen Gemeinschaften ausgehen, die nicht aus unabhängigen Horden bestanden, sondern aus einem Gefüge von Familien oder Horden, zusammengehalten durch eine gemeinsame Sprache. Familien (und Horden), so bedeutend sie auch im Migrationsprozess waren, hatten ihren Platz innerhalb solcher Sprachgemeinschaften.

Die durch eine Muttersprache definierte Gemeinschaft und die örtliche genetische Gemeinschaft hatten die gleiche Größe; sie zählten immer mehr Mitglieder als die einzelne Horde. (Migration und Mischehen ermöglichten es natürlich manchen Familien, Sprachgrenzen zu überschreiten.)

Wie sehen die Muster der Veränderung in menschlichen Sprachgemeinschaften aus? Wir haben keine direkten Nachweise für Sprachgemeinschaften in der Frühzeit. Doch die Muster der Sprachveränderung scheinen gleichmäßig genug, um sie für die gesamte Geschichte unserer Spezies geltend machen zu dürfen. Veränderungen in Vokabular, Aussprache und Grammatik fanden nach Regeln und Mustern statt, die sich nicht sehr von den uns heute bekannten unterschieden haben können. Außerdem haben Linguisten detailliert analysiert, wie neue Wörter und Konzepte gemäß der Erfahrung jeder Gruppe Eingang in den Sprachgebrauch finden. Leben Gemeinschaften relativ isoliert, so werden auch die Sprachgruppen kleiner; damit eine Sprache langfristig Bestand hat, muss sie aber von mindestens mehreren Hundert Sprechern gepflegt werden. Im anderen Extremfall können Sprachgemeinschaften auf Millionen von Sprechern anwachsen, wenn sich ihr Kommunikationsnetzwerk nur ausreichend verdichtet. Die Stammbäume von Sprachgruppen enthüllen das stetige Abweichen von Sprachen voneinander, wenn ihre Sprecher durch Raum und Zeit getrennt werden. Doch kann es auch zu Konvergenzen kommen, zum Beispiel, wenn sich Wörter für Innovationen verbreiten oder wenn mehr Kommunikation unter Menschen einer Sprache oder Sprachversion den Vorrang vor anderen gibt.

Die Mitglieder jeder Gemeinschaft, verbunden durch Sprache, teilten ebenso eine Reihe von *Bräuchen*. Gerade die Sprache ermöglichte es jeder Gemeinschaft, sich zu entwickeln und ihre Bräuche weiterzugeben, das heißt, die zahlreichen Muster des familiären, wirtschaftlichen und zeremoniellen Lebens zu tradieren. Auch Bräuche unterscheiden sich, und so müssen diejenigen, die von einer Gemeinschaft zu einer anderen wandern, nicht nur eine neue Sprache lernen, sondern damit einhergehend außerdem eine Vielzahl neuer Bräuche.

In der heutigen Welt haben wir uns daran gewöhnt, Gemeinschaften als ethnische Gruppen und Nationen zu definieren. Und doch ist die Identifizierung von Gemeinschaften nach Sprache auch in unserer heutigen komplexen Welt eine nahe liegende und nützliche Klassifikation sozialen Unterschieds. Die Nationen, deren Staatsbürgerschaft wir beanspruchen, sind oft nur wenige Jahrhunderte alt, und die ethnischen Gruppen, mit denen wir uns identifizieren, waren erstaunlich unbeständig. Im Gegensatz dazu zeigen Sprachgemeinschaften langfristige Stabilität und stetige Transformationsmuster. Die indogermanischen oder semitischen Sprachen zum Beispiel können relativ zuverlässig über mehrere Tausend Jahre zurückverfolgt werden, obwohl sich die ethnischen Identitäten und Staaten dieser Sprachgemeinschaften wiederholt verändert haben.

Für die Menschen von heute, so wie auch für unsere frühesten Vorfahren, bringt Migration die Aufgabe mit sich, *neue Sprachen und Bräuche zu lernen*. Dieses Lernen ist das spezifische Merkmal der menschlichen Migration, und es ist eine der Hauptquellen für Veränderung und Weiterentwicklung menschlicher Lebensweisen. Die Kenntnis und tägliche Verwendung mehrerer Sprachen ist bei weitem keine seltene Ausnahme, sondern in der heutigen Welt verbreitet, und dies war sie sicherlich ebenso seit den Anfängen unter unseren Vorfahren.

Kategorien der menschlichen Migration

Nach der vorhergehenden kurzen Definition menschlicher Sprachgemeinschaften werden nachfolgend Migrationen innerhalb und zwischen diesen Gemeinschaften definiert. und vier Migrationskategorien aufgezeigt. Drei davon ähneln Migrationsmustern anderer Spezies, besonders denen der Säugetiere. Die vierte Kategorie ist relativ einzigartig und prägt einen Großteil der menschlichen Geschichte.

Die erste Form, *home-community migration*, auch als Binnenwanderung oder Binnenmigration bezeichnet, bezieht sich auf die Bewegung von Individuen von einem Ort zum anderen innerhalb der Heimatgemeinschaft. Dies bedeutet, dass die Nachkommen einer Familie zwecks Partnersuche zu einer anderen Familie ziehen. Binnenmigration ist nötig zur Sicherung des Fortbestands der Spezies, da durch sie ein ausreichend großer Genpool aufrechterhalten wird. Meist sind es junge Männer und Frauen, die durch Heirat von einer Familie zur anderen migrieren. So erleben viele, vielleicht sogar die meisten Menschen diese Form der Migration, wenn sie eine eigene Familie gründen. Allerdings können die Umstände hierfür sehr unterschiedlich sein. In patrilinearen landwirtschaftlichen Systemen kann es der Fall sein, dass junge Männer auf den Höfen ihrer Väter aufwachsen, einen Teil des Landes erben und niemals fortziehen. Solche Gegebenheiten erfordern daher, dass Frauen von einer Familie zu einer anderen und von einem Hof auf einen anderen ziehen, um die Männer zu heiraten und die nächste Generation zu sichern. In matrilinearen landwirtschaftlichen Systemen tendieren die Frauen dazu, in der Familie zu bleiben, in die sie hineingeboren wurden; in diesem Fall ziehen die Männer von einer Familie zur anderen. Beide Systeme funktionieren.

Kolonisation (colonization) ist die Abwanderung von Individuen aus einer Gemeinschaft, um eine neue Gemeinschaft zu gründen, die die Heimatgemeinschaft imitiert. Dieser Migrationstyp stellt die Hauptmethode dar, mit der eine Tierspezies ihren geographischen Lebensraum ausdehnt: Es geht darum, in unbesetztes Territorium zu ziehen oder die vorhandenen Einwohner zu vertreiben. Gewöhnlich siedeln sich die Kolonisten in einer Umgebung an, die der ihrer Heimatgemeinschaft sehr ähnlich ist, und behalten daher den gleichen Lebensstil bei. Das Phänomen der Kolonisation findet sich beim Menschen gelegentlich, vor allem bei Gemeinschaften, die florieren. Die Kolonisten lassen sich nieder und gründen neue Gemeinschaften, ohne dass sie dazu neue Sprachen oder Bräuche erlernen müssten. In diesem Zusammenhang seien als bedeutende Beispiele die frühen Wanderungen nach Australien und Ozeanien sowie Nord- und Südamerika genannt. (Natürlich weist die Vielfalt der Milieus in Australien und Ozeanien und Nord- sowie Südamerika darauf hin, dass schlichte Kolonisation nicht die ganze Geschichte der Ausbreitung von Menschen in diesen riesigen Regionen erzählt.)

Whole-community migration, Gemeinschaftswanderung oder -migration, bezeichnet eine Wanderung aller Mitglieder einer Gemeinschaft. Manche Spezies wandern gewohnheitsmäßig, in der Regel in einem Jahreszyklus – so zum Beispiel Wale und Zugvögel –, und alle außer einigen wenigen Nachzüglern in diesen Gemeinschaften nehmen an jeder Wanderung teil. Im Rahmen dieser Migrationen bewegen sich Gemeinschaften zwischen wechselnden ökologischen Lebensräumen, was es ihnen ermöglicht, ihren Lebenszyklus zu erfüllen. Menschen besitzen keine inhärenten oder universellen Muster dieser Art der gemeinsamen Wanderung – sie migrieren im Allgemeinen nicht als ganze Gemeinschaften. Bei manchen Gemeinschaften jedoch, z.B. Nomaden, ist die Migration Teil ihrer Lebensweise, denn sie passen sich dem Rhythmus ihrer Weide- oder Jagdtiere an. Oft nehmen sie ihr Zuhause mit sich – ihre Zelte sowie ihre Tiere und ihre andere Habe. Dieses Muster, als Transhumanz bekannt, mag für frühe menschliche Gemeinschaften in der Zeit vor dem Beginn der Sesshaftigkeit recht verbreitet gewesen sein. Darüber hinaus kann die Migration ganzer

Gemeinschaften auch andere Gründe haben, sei es die Flucht vor einer drohenden Hungersnot, ausgelöst durch eine Naturkatastrophe, oder die Vertreibung aus dem Heimatland, herbeigeführt durch den Menschen selbst.

Gemeinschaftsübergreifende Migration (*cross-community migration*, auch als interkommunale Migration oder verkürzt nur als ›Migration‹ bezeichnet) bedeutet, dass ausgewählte Individuen und Gruppen eine Gemeinschaft verlassen und fortziehen, um sich einer anderen anzuschließen. Dieses Verhalten findet sich im Allgemeinen nur beim Menschen, selten bei anderen Spezies. Im Wesentlichen beruht es auf sprachlicher Kommunikation. Alle menschlichen Gemeinschaften erleben die Abwanderung von Mitgliedern ihrer Bevölkerung, die zu anderen Gemeinschaften gehen. Migranten verlassen ihre Heimatgemeinschaften aus verschiedenen Gründen – zum Nutzen der Heimatgemeinschaft, zu ihrem eigenen Nutzen, um der Heimatgemeinschaft zu entkommen oder weil sie gewaltsam aus ihr entfernt wurden. Gleichzeitig akzeptiert die Heimatgemeinschaft Einwanderer von anderen Gemeinschaften, die für kurze oder lange Zeit eine Rolle in der Gruppe übernehmen. Die Häufigkeit und die Richtungen von Wanderung können sich beträchtlich unterscheiden, doch Migration an sich ist ein typisch menschliches Verhalten.

Die Existenz von Sprache und die Unterschiede in den Sprachen menschlicher Gemeinschaften verleihen der gemeinschaftsübergreifenden Migration einen besonderen Charakter. Im Fall von Wölfen, Antilopen und Walen besitzen die verschiedenen Gemeinschaften keine eindeutige Sprache, so dass sich ein Individuum eigentlich problemlos von einer Gemeinschaft zur anderen bewegen könnte. Doch da die migrierenden Säugetiere meist genau das selbe soziale Gefüge antreffen, bringen solche Migrationen für gewöhnlich wenig Nutzen und führen de facto überhaupt zu wenig Ergebnissen. Menschen dagegen, die in eine neue Gemeinschaft einwandern, müssen neue Sprachen und Bräuche erlernen. Gleichzeitig können sie wiederum neue Sprachen und Bräuche bei ihren Gastgebern einführen. Dies ist unverkennbar menschliches Verhalten und der Grund dafür, weshalb Migration in der Menschheitsgeschichte nicht nur die Ausbreitung der Menschheit an sich bedeutet, sondern auch einen Aspekt der steten Veränderung menschlichen Lebens darstellt.

Tabelle 1.1 fasst die vier Hauptkategorien der Migration und ihre typischen Merkmale beim Menschen zusammen. Gemeinschaftsübergreifende Migration, obwohl sie nur einen von vier Migrationstypen bildet, beeinflusst jeden Aspekt menschlicher Migration, da sie Veränderungen schafft und verbreitet. Zum Beispiel wirkt sich gemeinschaftsübergreifende Migration auf die Binnenmigration so aus, dass Letztere nicht nur der biologischen Fortpflanzung dient, sondern auch eine Arbeitsteilung ermöglicht. Weiterhin verbreitet interkomunale Migration neue Technologien, und diese wiederum erlauben es, bei der Kolonisation auch neue Umgebungen zu erschließen. Außerdem kann gemeinschaftsübergreifende Migration Gemeinschaftswanderung fördern, indem zum Beispiel Verbindungen zwischen nomadischen und sesshaften Bevölkerungen hergestellt werden.

Migrationen – gleich welcher Entfernung oder Dauer – spielen eine zentrale Rolle in der menschlichen Erfahrung. Die meisten Menschen halten sich selbst für wenig mobil innerhalb ihrer Heimatgemeinschaft. Tatsächlich aber sind die meisten in den Prozess der Binnenmigration eingebunden, auch wenn sie selbst ihre lokal begrenzten Bewegungen zwischen Familien nicht als Migration betrachten. Dagegen verlässt nur eine Minderheit ihre Heimatgemeinschaft und ihre Migrationen nehmen nur einen kleinen Teil ihres Lebens in Anspruch.

Tabelle 1.1 Kategorien der menschlichen Migration

Binnenmigration / *home-community migration*
Funktion: Ausweiten des Genpools durch Bewegung innerhalb der Gemeinschaft
Menschliches Muster: überwiegend weibliche Migranten

Kolonisation / *colonization*
Funktion: Ausweiten des Territoriums der Gemeinschaft
Menschliches Muster: überwiegend männliche Migranten

Gemeinschaftsmigration / *whole-community migration*
Funktion: z. B. Wechsel zwischen ökologischen Umgebungen
Menschliches Muster: jährliche oder gelegentliche Verlagerung der Gemeinschaft

Gemeinschaftsübergreifende Migration/*cross-community migration*
Funktion: Teilen der Gemeinschaftserfahrung
nur *Homo sapiens*
Menschliches Muster: überwiegend männliche Migranten

Nichtsdestotrotz sind es die Kategorien Kolonisation, Gesamtmigration und gemeinschaftsübergreifende Migration im Verein, die es als die stärksten Antriebskräfte für historische Veränderung zu betrachten gilt.

Da die Migrationskategorien für die Individuen, die diese verschiedenen Wege beschreiten, recht spezifisch sind, präsentiert dieses Buch individuelle Beispiele von Migrationen, um die Erfahrung jeder Kategorie, wie sie sich im Laufe der Zeit wiederholt oder verändert hat, zu illustrieren. Selbst wenn man so umfassende Prozesse wie die Anlage der frühesten oder jüngsten Siedlungen in Nord- und Südamerika erforscht, ist es wichtig, die individuelle Erfahrung ebenso wie das Gesamtmuster im Auge zu behalten.

Gemeinschaftsübergreifende Migration: Prozesse und Institutionen

Warum verlassen einzelne Menschen ihre Gemeinschaft? Was ist das Ergebnis von Migration? Zur Beantwortung dieser Fragen müssen die Migranten, ihre Familien, ihre Gemeinschaften und andere Gemeinschaften von Menschen, die als potenzielle Quellen des Nutzens oder der Gefahr in Betracht kommen, untersucht werden.

Ein Migrationsgrund ist die Hoffnung, die eigene Lebenslage zu verbessern. Das kann die Flucht aus einer Situation sein, die durch gesellschaftliche Unterdrückung oder wirtschaftliche Entbehrung verursacht wurde, oder die Möglichkeit bedeuten, am Ende einen höheren Status zu erreichen, sei es daheim oder in der Fremde. Ein weiterer Grund für Migration ist, dass Individuen darauf hoffen, ihrer Familie Vorteile zu verschaffen: Die Migranten können sich aufmachen, um neue Ressourcen zu finden, neue Fähigkeiten zu erlernen oder Hilfe zu holen. In jüngster Zeit bedeutet dies, Geld nach Hause zu schicken; in früheren Zeiten hieß das, auf die Jagd zu gehen oder Mineralien aufzufinden. Ein dritter Grund für Migration ist uneigennützig – der Migrant mag darauf hoffen, der gastgebenden Gemeinschaft zusätzliche Ressourcen oder Vorteile zu verschaffen. Diese Motivation erkennt man wahrscheinlich am besten bei religiösen Missionaren, die in andere Gemeinschaften ziehen mit dem Wunsch, ihren Glauben zu verkünden und neue Anhänger zu gewinnen, doch lässt sie sich auch bei Menschen beobachten, die ausziehen, um neuartige Technologien zu verbreiten. Ein vierter Migrationsgrund – zumindest für manche – ist das Vergnügen am Reisen und daran, neue Orte, Menschen und Ideen kennen zu lernen.

Der Auslöser zur Migration muss jedoch nicht in der Hand des einzelnen Migranten liegen. Manchmal wird dieser Entschluss von den Anführern der Familie oder der weiteren Gemeinschaft getroffen: Die Betroffenen sind oft Kinder, die den Auswanderungsentschluss ihrer Eltern akzeptieren müssen. Andere Migranten wurden zwangsrekrutiert, aus ihrer Heimat verwiesen oder bei Überfällen gefangen genommen.

Wenngleich Migration häufig Hoffnung erweckt, so fordert sie immer auch einen Preis und bringt Gefahren mit sich. Der offensichtlichste Preis der Migration ist der Tod, der durch die Entwurzelung ausgelöst werden kann. Wie hoch auch immer die normale Sterblichkeitsrate in einer Gemeinschaft ist, sie wird wahrscheinlich höher, wenn Mitglieder dieser Gemeinschaft zu Migranten werden. Hunger, Durst, Krankheit, Unwetter, Verletzungen aufgrund von Unfällen, Streitigkeiten im Verlauf der Reise und Krieg und Gewalt – all dies erhöht das Risiko beim Verlassen der Heimat.

Für die Überlebenden gilt, dass sie sich bemühen müssen, eine neue Sprache und neue Bräuche zu lernen, sowohl unterwegs als auch besonders in einer neuen Gemeinschaft. Und selbst nachdem der Migrant die Grundlagen der Kommunikation beherrscht, muss er sich die gesellschaftliche Akzeptanz »erarbeiten«, um sich anschließen und einen angemessenen Platz in der neuen Gemeinschaft oder Familie finden zu können. Dieser Prozess, der als »Eingewöhnung«, »Sozialisation« oder »Akkulturation« bezeichnet wird, stellt einen entscheidenden Schritt hin zum erfolgreichen Abschluss eines Migrationsprozesses dar.

Jede Kategorie von Migranten besitzt ein vorherrschendes demographisches Profil. Heimatgemeinschafts-Migranten sind zumeist weiblich, während Männer wahrscheinlich eher im elterlichen Haushalt bleiben. Kolonisten sind häufiger männlich als weiblich und vorwiegend junge Erwachsene. Gesamtgemeinschafts-Migranten, auch nomadisch oder transhumant genannt, spiegeln das allgemeine demographische Profil ihrer Heimatgemeinschaft wider.

Gemeinschaftsübergreifende Migranten machen in ihrer Heimatgemeinschaft allgemein einen geringen Anteil aus. Bei den meisten Migranten handelt es sich um junge Erwachsene, und die meisten von ihnen sind männlich. Obwohl die Realität dieses Migrationstyps oft komplex ist, möchte ich die einfache Typologie von vier verallgemeinernd verwendeten

Begriffen benutzen, um das Gros dieser Migration zu beschreiben: Siedler, Gäste, Wanderer und Invasoren. *Siedler* sind diejenigen, die abwandern, um sich einer Gemeinschaft anzuschließen, die anders als ihre eigene ist, und zwar in der Absicht, an ihrem Zielort zu verbleiben. (Man beachte die Unterscheidung, die ich zwischen *Siedlern*, die im Rahmen der gemeinschaftsübergreifenden Migration zu einer anderen Gemeinschaft abwandern, und *Kolonisten* mache, die sich im Rahmen der Kolonisierung eines neuen Territoriums durch ihre Heimatgemeinschaft niederlassen.) *Gäste* sind diejenigen, die in eine neue Gemeinschaft einwandern, gewöhnlich zu einem bestimmten Zweck und mit der Absicht, in ihre Heimatgemeinschaft zurückzukehren. Etwas anders sieht es bei *Wanderern* aus, die von Gemeinschaft zu Gemeinschaft ziehen, aber kein Heim für sich haben, in das sie zurückzukehren erwarten. Eine weitere Kategorie sind *Invasoren*, die als Gruppe eintreffen, eher mit dem Ziel, die Kontrolle an sich zu reißen, als sich der neuen Gemeinschaft anzuschließen. Diese vier grundlegenden Kategorien der gemeinschaftsübergreifenden Migration können, je nach der individuellen Erfahrung von Migranten, zu einem komplexeren Muster der Migration beitragen.

Migranten können allein reisen und die Phasen der Migration allein durchleben. Doch weitaus häufiger werden die Unternehmungen gemeinschaftsübergreifender Migranten durch *Netzwerke* unterstützt: Ketten von Menschen, die den Migranten während der Reise begleitend zur Seite stehen und die abschließende Ansiedlung erleichtern. Migrationsnetzwerke tragen, wie wir sehen werden, entscheidend zum Erfolg der gemeinschaftsübergreifenden Migration bei.

Netzwerke von Menschen wurden für verschiedene Zwecke entwickelt. Im konkreten Zusammenhang geht es mir vor allem darum, die allgemeinen Merkmale einer bestimmten Kategorie von Netzwerken zu beschreiben: die *gemeinschaftsübergreifenden Netzwerke*. Solche Netzwerke, bei denen die Kooperation über die Entfernung und Grenzen von Sprache und Kultur hinweg eine Rolle spielt, erleichtern den Ortswechsel. Die Migranten selbst sind bereitwillig oder unfreiwillig Teil des Netzwerks, das Netzwerk wiederum hängt vorwiegend von anderen ab, die die Wanderungsbewegungen von Migranten fördern.

Migrationsnetzwerke entstehen und verschwinden je nach Bedarf, und sie können weniger dauerhaft sein als die Gemeinschaften, die sie miteinander verbinden. Doch erfolgreiche Netzwerke, die in der Lage sind, unzählige Migranten zwischen Gemeinschaften zu bewegen, entwickeln eine eigene Dynamik. Innerhalb eines Migrationsnetzwerks gibt es Personen/Institutionen mit verschiedenen Funktionen: Es beginnt mit Anwerbern, die nach entsprechenden Personen suchen. Wenn sie nach Freiwilligen Ausschau halten, ist es ihre Aufgabe, potenzielle Migranten von den Vorteilen der Abwanderung zu überzeugen; geht es darum, unfreiwillige Kandidaten herauszufiltern, ist es ihre Aufgabe, diese zu finden und eventuell mit Gewalt festzuhalten. Eine weitere Funktion übernehmen die Abfertiger, die Vereinbarungen treffen, um die Migranten auf ihren Weg zu schicken. Wie zuvor unterscheiden sich ihre Aufgaben, je nachdem, ob es sich um freiwillige oder unfreiwillige Migranten handelt. Ein drittes Element des Netzwerks besteht aus Helfern für die Reise. Dazu gehören Führer, Wachen zum Schutz vor Überfällen, Schiffsmannschaften für Migranten, die das Meer überqueren, Führer für Migranten, die in Karawanen reisen, und Leute, die unterwegs für Nahrung und Unterkunft sorgen. Von allen Unterkünften ist wahrscheinlich die wichtigste diejenige am Zielort selbst. Dort trifft der Migrant die Menschen, die ihn bei der Eingewöhnung, dem Prozess des Erlernens der neuen Sprache und Bräuche unterstützen und ihm außerdem helfen, sich zu akklimatisieren und an die neuen Lebensumstände (Essgewohnheiten, Gesundheitsversorgung) zu gewöhnen. Im Verlauf dieses Prozesses erhält der Migrant eine Identität – einen Namen und eine Bezeichnung – in der neuen Gemeinschaft. Das letzte Element des Netzwerks resultiert aus den Beziehungen zur Arbeit; sie ermöglichen es dem Migranten, ein anerkanntes Mitglied der Gemeinschaft zu werden und in ihr eine Rolle zu übernehmen.

Kann es Einzelnen auch gelingen, ohne Netzwerke ihr Ziel zu erreichen, so erzeugen sämtliche Aktivitäten einer größeren Zahl von Migranten bald Netzwerke, um den Prozess der Wanderung zu organisieren. Da sich diese Netzwerke über Entfernungen und Gemeinschaftsgrenzen hinaus erstrecken, ist es nicht leicht, sie zu benennen und einzuordnen. Und da Migrationsmuster im Vergleich zu Gemeinschaften weniger konstant sind, ist es schwieriger, Netzwerke zu definieren und Theorien darüber zu formulieren, als dies bei Gemeinschaften der Fall ist. Dennoch haben diese Netzwerke eine zentrale Rolle dabei gespielt, Verbindungen zwischen Gemeinschaften aufrechtzuerhalten; und solche Verbindungen machen einen Hauptaspekt der menschlichen Geschichte aus. Daher befasst sich dieses Buch vornehmlich sowohl mit den Netzwerken, die eine Migration erleichtern, als auch mit den Personen, die sie erlebten. Im frühen 20. Jahrhundert waren es bei den migrierenden Gruppen aus Südchina und Italien die unzähligen vorangegangenen Migranten und Helfer, die die Reise der nachfolgenden unterstützten. Ein weniger freundliches Netzwerk von Kriegern, Kauf- und Seeleuten förderte die Verschleppung afrikanischer Sklaven in der Frühen Neuzeit; türkische Migranten verließen sich auf militärische und familiäre Netzwerke, als sie im 8. Jahrhundert n. d. Z. begannen, sich ihren Weg aus Zentralasien nach Anatolien zu bahnen.

Migrationsgewohnheiten und kurzfristige soziale Entwicklung

Neben Darstellungen der Migration selbst in ihren verschiedenen Kategorien berichtet dieses Buch davon, was Migration für die menschliche Entwicklung bedeutet. Mit Entwicklung ist der komplexe Prozess von Veränderungen in der menschlichen Gesellschaft gemeint. Das Konzept des Begriffs »Entwicklung« (so wie der des »Prozesses«) ist problematisch. Die Gefahr bei der Benutzung dieser Begriffe liegt in der verbreiteten Praxis, sie zu verwenden, um ein ebenmäßiges Bild des menschlichen Fortschritts zu zeichnen, wobei die Krisen, das Chaos, die Katastrophen, Zerstörungen, der Hass – die jede Phase der Menschheitsgeschichte begleitet haben – ignoriert oder heruntergespielt werden. Selbst wenn man all diese negativen Lebenserfahrungen berücksichtigt, ist dennoch irgendeine Definition des Begriffs »Entwicklung« notwendig, will man die Menschheitsgeschichte auf lange Sicht darstellen. Der Begriff »Geschichte« selbst würde nur wenig Sinn machen, wenn er eine gewisse »Entwicklung« nicht in Betracht zöge.

Das folgende fiktive Beispiel soll in vereinfachter Form die Auswirkungen der Migration in der Weltgeschichte illustrieren. Angenommen, ein existierendes soziales System blüht und expandiert, eventuell durch Kolonisation neuer Gebiete. Dennoch stößt die Gesellschaft letztlich an ihre Grenzen, entweder weil ihre Bevölkerung wächst oder ihre Ressourcen schrumpfen (aufgrund naturbedingter Veränderungen oder einer Ausbeutung durch den Menschen). Dieser Umstand führt zur Abwanderung mancher Benachteiligter, die ihr Wissen, ihre Fähigkeiten und ihre Ängste mit sich zu anderen Gemeinschaften nehmen. Oder sie veranlasst bleibende Mitglieder der Gemeinschaft dazu, Innovationen in Technik und Sozialstruktur zu schaffen. Erweisen sich die Innovationen als erfolgreich, können sie daheim umgesetzt, an die Kolonien oder auch an Menschen in anderen Gemeinschaften weitergegeben werden. Auch wenn sich dadurch das Leben in einer betroffenen Gemeinschaft vielleicht nicht immer verbessert, so bewirken diese Prozesse doch in jedem Fall eine Veränderung. Vor diesem Hintergrund ist die Migration mit der Entwicklung der menschlichen Gesellschaft verknüpft. Diese verschiedenartigen Umstände liefern zusammengenommen ein Muster (und vielleicht einen Zyklus) sozialer Veränderungen.

Sprache, jene Fähigkeit, die Menschen so deutlich von anderen Spezies unterscheidet, ist wichtig für die Verbreitung von Innovationen und trägt letztlich entscheidend dazu bei, dass sich Gemeinschaften stärker in eigene Richtungen entwickeln und voneinander abgrenzen. Gemeinschaftsübergreifende Migration erfüllt zwei Funktionen, indem sie diese divergierenden Gemeinschaften verknüpft. Zunächst verbreitet sie Innovationen von Gemeinschaft zu Gemeinschaft genauso, wie Sprache Innovationen innerhalb einer Gemeinschaft verbreitet. Zweitens regt gemeinschaftsübergreifende Migration zu weiteren Innovationen an, da sie neue Ressourcen und Ideen in eine andere Gemeinschaft einbringt. Dieser Beitrag der Migration zur Schaffung neuer Ideen (nicht nur zu ihrer Verbreitung) ist vielleicht in früheren Analysen vernachlässigt worden. Die neuen Ideen werden, sobald sie existieren, innerhalb von Gemeinschaften durch Sprache und unter Gemeinschaften durch Migration verbreitet.

Obwohl Migration einzelnen Personen und ihren Familien häufig Nutzen bringt, sind die Vorteile der Migration auch für das Kollektiv bedeutend. Der Austausch von Sprache, Bräuchen und Technologie führt zu Innovationen, da unterschiedliche Ideen aufeinander treffen und einander befruchten. Anschließend werden die Innovationen selbst durch den Migrationsprozess verbreitet. Außerdem beschleunigt die Wanderung von Menschen die Ausbreitung von Pflanzen, Tieren und Mineralien, und manche davon bringen der empfangenden Gesellschaft Nutzen und Vorteile.

Gleichzeitig jedoch verlangt die Migration ihren Preis vom Kollektiv: Sie bringt stets Krankheiten, mitunter verheerende Seuchen mit sich; außerdem besteht die Gefahr, dass einwandernde Pflanzen und Tiere das Ökosystem der entsprechenden Region verändern und die Lebensbedingungen verschlechtern. Und während Migration meist zur Entwicklung von Innovationen führt, verbreitet sie unter Umständen auch ältere Errungenschaften, und dies wiederum kann mitunter der Auslöser dafür sein, dass menschliche Gemeinschaften und Lebensweisen aussterben. Migration schafft zum Beispiel neue Sprachen und verursacht gleichzeitig das Verschwinden existierender, wenn es zum Kontakt zwischen den Gemeinschaften kommt.

Dieses Entwicklungsmuster, das besonders durch Sprache und gemeinschaftsübergreifende Migration begünstigt wird, hilft zu erklären, wie es *Homo sapiens* gelang, in einer unglaublichen Vielfalt unterschiedlicher Regionen Fuß zu fassen, ohne dabei auch nur mehr als die winzigsten Schritte biologischer Evolution durchlaufen zu müssen. Sprache, Migration und die sich daraus ergebende Evolution der menschlichen Gesellschaft und Technologie sind die Muster der Menschheitsgeschichte und unterliegen stetem Wandel. Und doch basieren all diese Veränderungen weiterhin auf bestimmten grundlegenden Gewohnheiten, die allgemein gültig sind. Das heißt, die Dynamik von Familien, die ihre Mitglieder aussenden, sich trennen und wandern – sowie lernen –, bleibt ähnlich. Zur gleichen Zeit aber unterscheidet sich eine Ära von der vorherigen, da Lernen und Expansion die menschliche Gesellschaft immer in all ihren Komponenten, bis auf die grundlegendsten, verändern.

Langfristige Konsequenzen der Migration

Die vier Elemente des menschlichen Wanderungsverhaltens, wie sie bis hierher im Rahmen der Darstellung des Modells beschrieben wurden – menschliche Sprachgemeinschaften, ihre hauptsächlichen Migrationskategorien, die migrationsfördernden Prozesse und die soziale Entwicklung –, werden wiederholt Gegenstand der folgenden Kapitel sein. Weiterhin werden die langfristigen Ergebnisse der Migration, die das fünfte Element des Modells bilden, im Laufe der Ausführungen herausgearbeitet.

Gemeinschaftsübergreifende Migration ist hauptsächlich aufgrund der Unterschiede zwischen menschlichen Gemeinschaften von großer Bedeutung. Sie bringt Veränderungen hervor, wodurch sich die Gemeinschaften noch stärker voneinander abheben. Paradoxerweise jedoch führt sie manchmal auch zu größerer Ähnlichkeit zwischen Gemeinschaften. Migration über Gemeinschaften hinweg ist daher für die einzelne Spezies ein bevorzugtes Verhalten, da es Veränderungen in der Gesellschaft schafft und verbreitet.

Beginnen wir ganz allgemein und betrachten die wesentlichsten historischen Muster, die im Zusammenhang mit Migration stehen. Der anatomisch moderne Mensch, *Homo sapiens*, tritt vor etwa 200 000 Jahren in Ost-

und Südafrika in Erscheinung. Unsere Vorfahren verbreiteten sich schrittweise über den afrikanischen Kontinent, kolonisierten dann ganz Eurasien, Australasien, Nord- und Südamerika und letztlich jede Region auf der Erde. Schließlich kam es zur Differenzierung. Über viele Jahrtausende wuchsen diese Unterschiede stetig, indem die Menschen neue Sprachen, neue Technologien, neue Philosophien entwickelten und in immer unterschiedlichere Regionen vordrangen. Mit der Besiedlung neuer Territorien, charakterisiert durch ein spezifisches Ökosystem und bestimmte Ressourcen, änderten menschliche Gemeinschaften ihre Technologie, ihre Sozialstruktur und ihre Anschauungen. Sprachen divergierten aufgrund von Trennung in Raum und Zeit. Selbst Attribute der menschlichen Physis entwickelten sich unterschiedlich, teilweise als Reaktion auf »Gendrift« durch Trennung und teilweise durch genetische Anpassungen an unterschiedliche Umgebungen. Migration zwischen den Gemeinschaften erfüllte die Funktion, durch das Herstellen von Verbindungen neue Ideen zu schaffen sowie neue Ideen und Technologien von einem Ort zum anderen zu tragen.

Auf der anderen Seite griffen Prozesse, die den Mustern der Verbreitung und Differenzierung kontinuierlich entgegenwirkten. Auch wenn menschliche Gemeinschaften voneinander getrennt und abgegrenzt lebten, so blieben dennoch Kontakte und gegenseitige Abhängigkeiten bestehen. Zum Beispiel führten die Beziehungen zwischen Bauern, Hirten und Fischern dazu, dass Ressourcen geteilt wurden, während es bei Beziehungen zwischen Eroberern und ihren Untertanen zur Stärkung der einen Gemeinschaft auf Kosten der anderen kam.

Dass der Lebensstil einer einzelnen Spezies dem Muster von Entwicklung und Veränderung folgt, das ist dem Menschen eigentümlich. Die Kombination aus Verbreitung, Differenzierung und Interaktion von menschlichen Bevölkerungen schuf Innovationen, die eine bemerkenswerte soziale Evolution auslösten, welche viel rascher vor sich ging als die biologische Evolution. Die andauernde Entwicklung menschlicher Gesellschaft bringt Konvergenz mit sich. Im Verlauf der gesamten Menschheitsgeschichte zeigt die Wanderung von Menschen Tendenzen zur Konvergenz, gegenläufig zu den Prozessen der Differenzierung. Besonders in den letzten Jahrhunderten haben unter anderem Wanderbewegungen dazu geführt, dass neue Technologien von vielen gleichermaßen genutzt werden. Ähnlich sieht es in jüngster Zeit auch im Fall von Sprachen und Kalendern aus.

Die großen Veränderungen in der menschlichen Gesellschaft sind am deutlichsten in der Technologie zu erkennen: Fischfang, Schiffsbau, Jagd,

Landwirtschaft, Metallverarbeitung, Handel und Schrift sind nur einige wenige Beispiele. Doch die Entwicklungen in menschlichen Ideen, künstlerischem Ausdruck und gesellschaftlicher Struktur sind genauso wichtig für die menschliche Existenz wie diese technologischen Fortschritte. Und die Veränderungen in der menschlichen Gesellschaft werden nicht einfach an Ereignissen gemessen, die auf einen entscheidenden Augenblick zurückzuführen sind, sondern häufig am komplexen Wechselspiel von Kräften im Verlauf der Zeit. Deshalb lassen sich die langfristigen Muster der Migration nicht auf ein historisches Ergebnis reduzieren, sondern sie sind selbst ein entscheidender Faktor, der in vielen Bereichen die Einzel- und Gruppenentscheidungen in späterer Zeit mit beeinflusste. Das ist beispielsweise der Schluss, den Jared Diamond aus der Untersuchung zu langfristigen Folgen der Domestikation von Pflanzen und Tieren zieht. Ähnlich umfassen die Formen der langfristigen Veränderungen, die in der vorliegenden Migrationsstudie beleuchtet werden sollen, soziale Differenzierung, Konvergenz, Kumulation von Entwicklungen und den langfristigen Einfluss früher Veränderungen, ebenso wie periodische größere Veränderungen in der Gesellschaft. Historiker müssen all diese Aspekte analysieren.

Das langfristige Erbe früherer Migrationen liefert die Grundlage, aus der sich alle nachfolgenden Wanderungen ergeben. Die kleinsten menschlichen Gemeinschaften haben sich zum Beispiel vielleicht nicht sehr in ihrer Größe geändert, doch die größten Gemeinschaften haben beträchtlich an Umfang gewonnen. Die Elemente des Migrationsmodells behaupten sich über die gesamten 200 000 Jahre der Existenz des modernen *Homo sapiens*, doch sie haben einander jedes Mal unterschiedlich beeinflusst.

Schlussfolgerung

In der vorliegenden Analyse der Migration wird eine Reihe von Migrationsprozessen und Verhaltensmustern herausgearbeitet, die für die gesamte Menschheitsgeschichte gültig ist. Um die verschiedenen Komponenten der Migration zu beschreiben, wird ein Modell mit fünf Analyseelementen zugrunde gelegt. Diese Elemente beschäftigen sich mit den Grenzen menschlicher Gemeinschaften, vier grundlegenden Migrationskategorien, dem Prozess der gemeinschaftsübergreifenden Migration, der Rolle der Migration in der sozialen Entwicklung auf kurze Sicht und den langfristigen Auswirkungen von Migration.

Wie interagieren die Elemente der Migration im Sinne der Interpretation, die sich aus diesem Modell ergibt? Menschliche Gemeinschaften werden zunächst von der Sprache her definiert, wodurch das Augenmerk auf die Unterscheidung zwischen gemeinschaftsübergreifender Migration und anderen Migrationskategorien gelenkt wird. Dann werden alle vier Typen der Migration innerhalb von Gemeinschaftsgrenzen und darüber hinaus untersucht – Heimatgemeinschafts-Migration, Kolonisation, Gesamtgemeinschafts- und gemeinschaftsübergreifende Migration. Migranten werden als Kolonisten, Siedler, Gäste, Wanderer, Invasoren und als ganze Gemeinschaften klassifiziert. Diese Untersuchung konzentriert sich besonders auf das Wechselspiel von Institutionen im Rahmen einer Migration: Familien innerhalb von Gemeinschaften und darüber hinaus, Migrationsnetzwerke und die Migranten selbst. Die Analyse der gemeinschaftsübergreifenden Migration (komplexer als andere Migrationstypen, da sie von sozialen Institutionen abhängt) zeigt, wie sie mit Kolonisation, Gesamtgemeinschafts- und Heimatgemeinschafts-Migration in Zusammenhang steht. Die aus gemeinschaftsübergreifender Migration resultierenden Innovationen sind Auslöser gesellschaftlicher Entwicklung und führen selbst wiederum zu neuen Migrationsprozessen. Und schließlich schaffen die langfristigen Ergebnisse dieser Prozesse in allen Gemeinschaften die Voraussetzung für weitere neue Migrationen.

Das Ziel dieses Buches ist es, die sich wiederholenden Muster menschlicher Migration und sozialer Entwicklung zu illustrieren sowie zu zeigen, wie diese dem Muster endloser Neubildung, Innovation und Entdeckung unterliegen – ein Phänomen, das unsere Spezies kennzeichnet. Das Buch versucht, die Veränderungen menschlicher Gesellschaft durch den Blick auf die altbewährten Gewohnheiten – die Instinkte – zu erklären, die nahezu regelhaft Veränderungen im menschlichen Leben bewirkten. Auf der Grundlage dieser Rahmenbedingungen und Ziele wollen wir nun die Migration in der Weltgeschichte auf globaler wie lokaler Ebene erforschen, präsentiert in acht aufeinander folgenden Zeiträumen.

Weiterführende Lektüre

Der Schwerpunkt dieses Buches liegt in der umfassenden Analyse eines einzelnen Themas der Geschichte; somit beschäftigt es sich ebenso mit Kontinuität und Wiederholung menschlicher Lebenssituationen wie auch mit Wandel und Veränderung. James Burke (ein Biologe) und Robert Ornstein (ein Psychologe) verfolgen einen kulturellen Aspekt über einen ähnlich langen Zeitraum in *The Axemaker's Gift: A Double-edged History of Human Culture* (New York 1995). Eine Präsentation im CD-ROM-Format zum Thema Migration über einen kürzeren Zeitraum, doch mit umfangreicheren Quellen bietet Patrick Manning, *Migration in Modern World History, 1500–2000* (Belmont, Kalifornien 2000). Das Thema Urbanisierung im Lauf der Zeit wird behandelt in Tertius Chandler, *Four Thousand Years of Urban Growth* (Lewiston, New York 1987).

Merritt Ruhlen bietet einen verständlichen Überblick über Sprachen und Sprachgemeinschaften in *The Origins of Language: Tracing the Evolution of the Mother Tongue* (New York 1994).

Migration von Gemeinschaften und Migration über Gemeinschaftsgrenzen hinaus sind allgemeine Charakteristika von Tierspezies, doch beim Menschen nehmen sie spezifische Formen an. Eine ausgezeichnete Einführung in die menschliche Migration in den vergangenen 3000 Jahren ist Robin Cohens Buch *Global Diasporas: An Introduction* (Seattle, Washington 1997). Frederik Barths *Ethnic Groups and Boundaries: The Social Organization of Culture Difference* (Oslo, Norwegen 1969) bietet eine gute Analyse der sozialen Funktionen gemeinschaftsübergreifender Migration in jüngerer Zeit.

Was das Thema der Verbindung zwischen Migration und sozialer Entwicklung innerhalb kurzer Zeit (das heißt schon nach einigen wenigen Generationen) betrifft, so war hier das Werk der dänischen Anthropologin Ester Boserup richtungweisend. In *The Conditions of Agricultural Growth* (Chicago, Illinois 1965) analysiert Boserup die Prozesse landwirtschaftlicher Veränderung in Ostafrika und zieht Schlussfolgerungen, die weitgehend übernommen wurden.

Migration in einer Zeitperiode kann auch Konsequenzen mit sich bringen, die sich erst in viel späterer Zeit auswirken. Die einflussreichste neuere Analyse langfristiger Auswirkungen früher Migration findet sich in Jared Diamonds Buch *Arm und Reich. Die Schicksale menschlicher Gesellschaften* (Fischer, Frankfurt 2006). Graeme Snooks' Werk *The Dynamic Society: Exploring the Sources of Global Change* (London 1996) stellt eine weitere sorgfältig durchdachte Interpretation langfristiger Veränderungsprozesse dar, einschließlich der Folgen von Migration.

KAPITEL 2

Früheste menschliche Migrationen bis 40 000 v. h.

Archäologen (einschließlich Paläontologen, die menschliche Skelette studieren), Humanbiologen, Ökologen und Genetikern ist es gelungen, ein relativ detailliertes und zusammenhängendes Bild der menschlichen Evolution zu zeichnen. Es beginnt vor etwa sieben Millionen Jahren mit dem Ursprung der ersten Hominiden in Ost- und Südafrika und der biologischen Trennung dieser Spezies von den anderen Primaten und verfolgt schrittweise die Entwicklung neuer Hominidenspezies und ihrer sich langsam verändernden Lebensweisen. Dieses Bild ist das Ergebnis der interdisziplinären Arbeit einer Vielzahl von Wissenschaftlern; darüber hinaus hat ein reger Austausch zur weiteren Klärung beigetragen. Studien zum Skelettbau, zu Kultur, Lebensführung und Genetik spielten eine entscheidende Rolle bei der Rekonstruktion des Hominidenstammbaums.

Die letzte Phase in der biologischen Evolution des Menschen konnte durch die jüngsten Arbeiten von Genetikern ziemlich genau entschlüsselt werden: Vor ungefähr 200 000 Jahren tritt unsere eigene Spezies *Homo sapiens* in denselben afrikanischen Regionen in Erscheinung, in der die ersten Hominiden lebten – es ist ein entscheidender Wendepunkt in der Menschheitsgeschichte. Genetiker zeigen nicht nur, dass der moderne *Homo sapiens* sich in Afrika entwickelte, sondern behaupten außerdem, dass unsere Spezies sich anschließend ausbreitete, um die ganze Welt zu bevölkern und dabei alle anderen Hominiden im Verlauf ihrer großen Wanderungen zu verdrängen. Die Diskussionen über die Verifizierung und Konsequenzen dieser Interpretation dauern an, vor allem unter Genetikern und Archäologen. (Manche Archäologen haben skeptisch reagiert und die Möglichkeit betont, dass sich der moderne Mensch in verschiedenen Regionen entwickelte oder dass *Homo sapiens* in größerem Umfang Mischehen mit anderen Populationen einging, wie z.B. den Neandertalern in Europa.)

Neue Erkenntnisse und Argumentationslinien werden sicherlich zur Auseinandersetzung um das Auftauchen und die Verbreitung des modernen *Homo sapiens* beitragen. Meines Erachtens sind vor allem die Faktoren Sprache und Migration bei der Interpretation dieser letzten Phase der menschlichen Evolution vernachlässigt worden. Die Analysen von linguistischen Mustern und solchen, die sich mit Migration befassen, stehen im Zusammenhang und liefern Erkenntnisse, die sowohl Genetiker als auch Archäologen bei der Darstellung ihres Verständnisses der Herkunft und Verbreitung des *Homo sapiens* nicht unberücksichtigt lassen dürfen. Die Einbeziehung der Faktoren Sprache und Migration kann die Herkunftsorte und Richtungen von Massenwanderungen klären.

Dieses Kapitel schildert die Hominidenevolution von der Zeit, als sich *Australopithecus* von den übrigen Primaten abspaltete, bis zur Besiedlung der tropischen Zonen der Alten Welt durch *Homo sapiens*. Es fasst die gegenwärtige Interpretation archäologischer und genetischer Funde für die Entwicklung bis zu einem Zeitpunkt vor etwa 40 000 Jahren zusammen. Zusätzlich steht hier besonders eine Interpretation der Migration des *Homo sapiens* im Vordergrund, die auf linguistischen Analysen und auf den typischen menschlichen Migrationsmustern beruht, wie sie im vorhergehenden Kapitel beschrieben wurden. Zwei Abschnitte in der Mitte des Kapitels behandeln die Fragen, worauf unser Wissen über die früheste Menschheitsgeschichte basiert und in welchen Punkten sich die Gelehrten uneins sind. Ich werde die Methoden und Debatten in der Archäologie und Genetik beschreiben und mich besonders den Methoden der linguistischen Analyse zuwenden; hierbei ist vor allem von Bedeutung, welche Rückschlüsse sich von den gegenwärtigen Sprachverteilungen auf vergangene Migrationen ziehen lassen.

Ein Blick auf die lange Entwicklungsgeschichte unserer Spezies *Homo sapiens* zeigt, dass wir eine tropische Spezies sind. Warme Klimazonen und warme Gewässer waren unsere Heimat. So bestanden die Anfangsphasen der menschlichen Kolonisierung neuer Territorien aus der Expansion von der ostafrikanischen Heimat in zugängliche Tropengebiete Afrikas, Asiens und Ozeaniens. Diese Migrationen werden das abschließende Thema des Kapitels sein.

Frühe Hominiden: Ostafrika und die Alte Welt

Die Hominidengeschichte beginnt mit geologischen Veränderungen vor etwa sieben Millionen Jahren. Vor dieser Zeit hatten sich in den Waldgebieten Afrikas, Süd- und Südostasiens Menschenaffen entwickelt. Doch aufgrund einer großen tektonischen Erhebung im Osten Afrikas vom Roten Meer bis nach Südafrika entstand eine durch den Afrikanischen Grabenbruch geprägte Gebirgskette, und als Folge verwandelte sich das Gebiet im Osten des Grabenbruchs von einer Waldregion in trockene Savanne. Die Winde, die Feuchtigkeit vom Atlantischen Ozean nach Osten trugen, verloren den Großteil dieser Feuchtigkeit, wenn sie die neue Gebirgskette erreichten, so dass der Osten Afrikas zusammen mit der Arabischen Halbinsel viel trockener als zuvor wurde.

In den etwa eine Million Jahren nach dieser ökologischen Veränderung gingen aus den Menschenaffen Zentralafrikas neue Spezies hervor: Sie entwickelten sich in den trockeneren Gebieten des Ostens und lebten vornehmlich auf dem Boden statt auf Bäumen; die aufrechte Haltung und ein bipeder Gang entstanden. (Das Gehen auf zwei Füßen ist für Tiere im Allgemeinen nicht ungewöhnlich – wenn man Vögel, Kängurus und Dinosaurier in Betracht zieht –, doch unter Säugetieren ist es selten.) So entwickelte sich die Familie der Hominiden.

Die ersten Hominiden werden der Gattung *Australopithecus* zugewiesen und umfassten *A. afarensis* und *A. rhodesiensis.* Der Lebensraum dieser frühen Hominiden erstreckte sich vom heutigen Äthiopien bis nach Südafrika und weiter nach Westen – hier etwa bis zum Tschad; und es scheint, dass sie sich hauptsächlich von Pflanzen ernährten. Ihr Gehirn besaß ein Volumen von ungefähr 500 cm^3. Zu ihnen gehört das Exemplar, das als Lucy bekannt ist, in Hadar in Äthiopien gefunden wurde und auf ein Alter zwischen drei und vier Millionen Jahren datiert wird; nachweislich bewegte sich Lucy aufrecht fort.

Hominiden gab es schon mehrere Millionen Jahre, bevor sie Steinwerkzeuge erfanden. Die ersten bekannten Werkzeuginventare sind etwa 2,6 Millionen Jahren alt. Zu diesen Oldowan-Geräten (benannt nach der Olduvai-Schlucht, in der sie erstmals entdeckt wurden) gehören kleine Werkzeuge, die leicht bearbeitet wurden, gewöhnlich um eine scharfe Kante auf einer Seite zu schaffen, so dass sie als Schaber verwendet werden konnten. Die Fossilfunde dieser Zeitstufe unterscheiden sich derart von den bis dahin bekannten, dass die Archäologen diese Werkzeugmacher als eine neue Art der Gattung *Homo* definierten und ihr den Namen *Homo habilis* gaben, der »geschickte Mensch«. *Homo habilis* besaß ein Gehirnvolumen von 600–800 cm^3. Die Überreste dieser Spezies wurden hauptsächlich an Seen gefunden, anders als frühere *Australopithecus*-Überreste, die man vornehmlich an Flussufern entdeckte. Das Verbreitungsgebiet des *Homo habilis* blieb größtenteils dasselbe wie das seiner Vorgänger – die Steppen von Ost- und Südafrika –, obwohl sich Klima und Mikroökologie weiterhin veränderten und ihren Einfluss auf das Leben der Hominiden ausübten.

Vor beinahe zwei Millionen Jahren entwickelte sich eine neue Spezies in Ostafrika, *Homo erectus.* Diese Hominiden mit einem Gehirnvolumen von mehr als 800 cm^3 existierten eine Zeitlang neben den Australopithecinen sowie *Homo habilis,* bis sie dann, vor einer Million Jahren, zur einzigen überlebenden Hominidenspezies wurden. Ihr Gehirnvolumen hatte sich nun auf ca. 1 200 cm^3 erweitert. *Homo erectus* war in der Lage, sich in neue Gebiete auszubreiten. Es war eine Migration im Sinne einer Kolonisation, wie im vorhergehenden Kapitel definiert. Das bedeutet, kleine Gruppen verließen die Heimatgesellschaft, um in ökologisch ähnlichen Territorien äquivalente Gemeinschaften zu gründen. Schließlich waren Gemeinschaften von *Homo erectus* in der Lage, in Gebieten zu leben, die sich ökologisch von der ostafrikanischen Heimat unterschieden. Sie konnten West- und Nordafrika besiedeln und waren die ersten Hominiden, die über den afrikanischen Kontinent hinauszogen. Überreste von *Homo erectus,* die auf eine Zeit von vor mehr als 1,5 Millionen Jahren datiert werden, konnten für Jordanien, den Kaukasus, Java und Südchina nachgewiesen werden.

Eine neue Fertigkeit erhöhte die Anpassungsfähigkeit des *Homo erectus* beträchtlich. Vor rund anderthalb Millionen Jahren entwickelte sich in Ostafrika eine so genannte Faustkeil-Industrie (nach einem Fundort in Frankreich auch Acheuléen genannt), und diese scheint besonders mit *Homo erectus* verbunden zu sein. Diese Faustkeile oder bifazialen Werkzeuge waren auf allen Seiten fein bearbeitet und bildeten ein effektives Werkzeug, das gut in der Hand lag. Die Acheuléen-Faustkeile blieben etwa eine Million Jahre lang das bevorzugte Werkzeug. (Faustkeile verbreiteten sich jedoch nicht weiter nach Osten als bis Indien: So benutzte *Homo erectus* in Südostasien weiterhin Oldowan-Werkzeuge, eventuell in Kombination mit Werkzeugen aus Bambus.) Erst vor rund 500 000 Jahren schaffte es *Homo erectus,* die kühleren Waldländer und das schwierigere Terrain Europas zu besiedeln.

Schrittweise gelang es *Homo erectus,* sich eine weitere Entdeckung zu Eigen zu machen, indem er lernte, das Feuer zu beherrschen. Bei archäologischen Ausgrabungen ist es recht schwierig, zwischen einem natürlichen und einem kontrollierten Feuer zu unterscheiden, doch manche 200 000

Jahre alten Fundstellen in Europa und Afrika geben einen relativ klaren Hinweis darauf, dass es sich bei ihnen um bewusst angelegte Feuerstellen handelt, vermutlich dienten sie zum Heizen und Kochen.

Im Laufe der Zeit führten klimatische Schwankungen dazu, dass mal mehr, mal weniger Regen und Schnee in den verschiedenen Regionen der östlichen Hemisphäre fielen: Gletscher weiteten sich aus und schmolzen etwa alle 2 000 Jahre. In der Zwischenzeit setzte sich die Entwicklung neuer Hominidenspezies innerhalb sowie außerhalb Afrikas fort. Vor rund 200 000 Jahren tauchten in den Regionen von Westeuropa bis in das Gebiet um das Kaspische Meer Gemeinschaften von *Homo neanderthalensis* (Neandertalern) auf und hinterließen unter anderem in Höhlen bemerkenswerte Spuren ihrer Aktivitäten, die zeigen, dass sie ihre Siedlungsplätze sorgfältig anlegten und ihre Toten bestatteten.

Obwohl sich Hominiden in viele Bereiche der östlichen Hemisphäre ausgebreitet hatten, bot der afrikanische Kontinent nach wie vor den günstigsten Lebensraum; gewiss waren die Bevölkerungen hier größer als in anderen Gebieten. Und wie zuvor war es wieder in Afrika, wo die bedeutendste neue Entwicklung stattfand.

Homo sapiens: Von der biologischen zur sozialen Evolution in Afrika

Beginnend vor etwa 200 000 Jahren nahm die Geschichte der Hominidenevolution eine entscheidende Wendung. Eine der neuen Spezies, *Homo sapiens*, zeichnete sich durch besondere Anpassungsfähigkeit aus und war in der Lage, sich auf Kosten aller Konkurrenten auszubreiten. Der Körperbau der neuen Spezies war dem des *Homo erectus* recht ähnlich, das Gehirn war nur ein wenig größer und die Schädelform hatte sich geringfügig geändert. Eventuell war der Kehlkopf wesentlich flexibler geworden. Am bemerkenswertesten ist, dass diese bescheidenen biologischen Veränderungen ausreichten, um eine völlig neue Dynamik in Gang zu setzen. Das heißt, innerhalb der letzten 200 000 Jahre war es nicht die biologische, sondern die soziale Evolution der Menschheit, die entscheidende Veränderungen bewirkte, begleitet von einer Bevölkerungszunahme und der geographischen Ausbreitung des *Homo sapiens*.

Genetiker und Molekularbiologen an der University of California in Berkeley sammelten und untersuchten menschliche DNS von Personen auf der ganzen Welt, wobei sie sich auf Mitochondrien-DNS konzentrierten, ein Bestandteil menschlicher Zellen, der nur über die weibliche Linie weitergegeben wird, von der Mutter an all ihre Kinder. Durch einen Vergleich der relativen Unterschiede im Aufbau der Mitochondrien-DNS stellten sie fest, dass die Unterschiede innerhalb Afrikas am größten sind, und schlossen daraus, dass die Vorfahren der Menschheit aus Afrika stammten. Durch Schätzung der Veränderungsrate in der genetischen Zusammensetzung errechneten sie, dass man Gemeinschaften des *Homo sapiens* 200 000 Jahre zurückverfolgen kann. So prägten Journalisten den Begriff »afrikanische Eva« für die Mutter der Menschheit. Die unausweichlichen Diskussionen aber enthüllten, dass es einer Modifizierung der anfänglichen Analyse bedurfte; generell jedoch blieben die Ergebnisse konstant und wurden zwischenzeitlich durch andere Studien bekräftigt. Genetische Analysen gewisser Zellbestandteile, die allein durch das männliche, also das Y-Chromosom bestimmt werden, bestätigen sowohl die Zeit als auch das Gebiet des menschlichen Ursprungs. Jüngste archäologische Ausgrabungen haben die sterblichen Überreste von Menschen zutage gefördert, die physisch nicht von modernen Menschen zu unterscheiden sind und in Äthiopien schon vor 160 000 Jahren existierten.

Damit konnten Genetiker ihre beiden Hauptthesen bestätigen: *Homo sapiens* entwickelte sich in Afrika, und er verdrängte alle anderen Hominiden – in Afrika und ganz Eurasien. Doch auch wenn die Genetik bei der Bestimmung der afrikanischen Herkunft von *Homo sapiens* eine zentrale Rolle spielt, so bedeutet das nicht, dass genetische Studien ausreichen, um die Muster der menschlichen Migration und Entwicklung von dieser Zeit an zu erfassen. Die Geschichte der menschlichen Expansion von Ostafrika aus in die Welt mag im Groben bestätigt sein, nun gilt es, sie mit Details zu füllen. Meines Erachtens lassen sich die Hauptschritte der menschlichen Verbreitung nur rekonstruieren, wenn man auch die sozialen Prozesse und nicht nur das biologische Erbe unserer Geschichte berücksichtigt.

Die bedeutendsten Vorteile dieser neuen Hominidenspezies gegenüber ihren Rivalen waren, dass *Homo sapiens* eine voll artikulierte Sprache besaß und ein Muster der gemeinschaftsübergreifenden Migration. Diese beiden neuen Stärken waren Auslöser für einen stetigen Strom sozialer Veränderungen, indem sie Gemeinschaften schufen, in denen sich Lernen und soziale Veränderungen ergänzen konnten. Das Auftauchen des *Homo sapiens* bedeutete nicht, dass die biologische Evolution nun abgeschlossen war, denn die gleichen Prozesse, die langsam Veränderungen in Spezies verursacht hatten, übten weiterhin ihren Einfluss aus. Bei *Homo sapiens* allerdings erschienen, verbreiteten und wandelten sich neue Formen sozialer Evolution mit rasender Geschwindigkeit.

Die Lebensweise der ersten Gemeinschaften des *Homo sapiens* muss der von *Homo erectus* sehr ähnlich gewesen sein: ein Leben besonders an Wasserwegen, Produktion und Gebrauch von bifazial bearbeiteten Steinwerkzeugen, Sammeln von Pflanzen- und Tiersubstanzen zu Lande und zu Wasser und Gewinnung von Fleisch hauptsächlich durch Aasverwertung. Um sich zu entwickeln und fortzubestehen, benötigte diese neue menschliche Population nach Ansicht der Genetiker mindestens mehrere Tausend Individuen. (Somit wären die ›ersten Menschen‹ Teil einer sich entwickelnden Gemeinschaft statt isolierte Individuen gewesen.) Die einzelnen sozialen Gemeinschaften des frühen Menschen waren bei weitem kleiner als seine biologische Gesamtpopulation; doch um die aufkommenden Sprachen zu erhalten, bedurfte es wenigstens mehrerer Hundert Individuen.

Die anfänglichen Unterschiede zwischen menschlichen Gemeinschaften in Sprachen und Kulturtechniken mögen nach heutigem Maßstab klein gewesen sein. Und doch entwickelten die frühen Gemeinschaften von *Homo sapiens* eine Grundlage für die Wanderung in neue Regionen, indem sie ihre Entdeckungen in Worte fassten, mit anderen Gemeinschaften kommunizierten und alte sowie neue Ideen kombinierten. In neuen Regionen angekommen, konnten sich die Gruppen sogar noch weiter verändern, von anderen Gemeinschaften absetzen und gleichzeitig einen gewissen Kontakt mit den Gruppen ihrer Heimat aufrechterhalten.

Als die Gemeinschaften wuchsen und sich ausbreiteten, sahen sie sich wiederholt vor eine Wahl gestellt: Sollten sie sich auf Uferbereiche konzentrieren oder ihr Augenmerk auf das offene Grasland richten? Schon frühere Hominiden standen vor dieser Wahl und tendierten dazu, die Nähe zum Wasser beizubehalten. Dank der Entwicklung neuer Techniken und der Erforschung neuer ökologischer Regionen gelang es den Menschen, von einem Leben im Grasland und einem Leben am Wasser zu profitieren. Studien zur menschlichen Evolution haben lange Zeit vornehmlich die Jagd und das Grasland als entscheidende Faktoren betont. Demgegenüber möchte ich die andauernde Bedeutung von Flüssen, Seen und dem Meer in der frühen menschlichen Gesellschaft in den Vordergrund stellen. Sammler fanden am Meeresstrand, an Fluss- und Seeufern eine Vielzahl von Pflanzen und Tieren. Es ist wahrscheinlich, dass sie schwimmen konnten und Flöße sowie Boote konstruierten. Obwohl die Nachweise nur indirekt sind, haben Meeresarchäologen das Konstruktionsprinzip des ersten Wasserfahrzeugs aufgezeigt: Baumstämme können als Floß dienen, doch es war praktischer, Schilf – das an Gewässern überall in den Tropen zu finden ist – zu sammeln und zu bündeln, das ideale Material für leichte und gut manövrierbare Wasserfahrzeuge.

Bei der Wahl ihrer ökologischen Spezialisierung konnten sich die Menschen entweder dafür entscheiden, sich auf das Leben am Wasser zu konzentrieren oder die Täler zu verlassen und in höher gelegenes Land zu ziehen; eine weitere Alternative war ein Leben in Gemeinschaften mit Arbeitsteilung, so dass all diese Lebensräume genutzt werden konnten. Das Gleichgewicht der menschlichen Abhängigkeit von den Erzeugnissen des Landes und des Wassers stellte sich in jeder neuen Region und mit jeder neuen Technologie neu ein.

Im Laufe der Zeit wurde die Steintechnologie stetig verfeinert, und damit einhergehend wurden die Jagd- und Fischfangpraktiken immer ausgereifter. Die Verwendung von Verzierungen begann, wie sich an Straußeneischalen zeigt, die in Südafrika gefunden wurden und mit Wellenlinien geschmückt oder mit Löchern für Bänder versehen sind.

All diese Veränderungen stehen im Einklang mit der Praxis der Migration über die Grenzen der eigenen Gemeinschaft hinaus und können nur durch sie erklärt werden. Migration beschränkte sich nicht länger auf den Austausch von Personen innerhalb einer Gemeinschaft, auf die Episoden von Kolonisation durch kleine Familiengruppen oder die gelegentliche Flucht einer ganzen Gemeinschaft vor einer Katastrophe. Zusätzlich verließen nun junge Leute (wahrscheinlich von Anfang an hauptsächlich Männer) ihre Heimatgemeinschaft, um andere Gemeinschaften zu besuchen oder sich ihnen anzuschließen, wobei sie die Sprache und Kultur derer lernten, bei denen sie sich niederließen; sie bekamen Einblick in Ideen zur Technologie, in die Kultur und gesellschaftliche Beziehungen und konnten umgekehrt ihre eigenen Kenntnisse einbringen. Für jede Generation stellte sich die Frage, wer zu Hause blieb und wer auf die Reise ging. Der Strom dieser Migranten diente dazu, den Kontakt zwischen unterschiedlichen Gruppen, selbst weit voneinander entfernten, aufrechtzuerhalten. Gleichzeitig konnten die Verbindungen zwischen voneinander entfernten Gemeinschaften völlig abbrechen, wenn sie nicht stetig durch Migration erneuert wurden. Auf ähnliche Weise sollten in größerem Maßstab und in späterer Zeit die Verbindungen zwischen Asien und Nordamerika schwinden und weitestgehend in Vergessenheit geraten.

Die ersten 100 000 Jahre der menschlichen Existenz brachten eine beträchtliche Veränderung der Bevölkerungsverteilung. In der Zeit bis 60 000 v. h. (»vor heute« oder vor 60 000 Jahren) zogen afrikanische Populationen von ihren Zentren in den Savannen Ost- und Südafrikas, wo ihre Hominidenvorfahren immer am zahlreichsten gewesen waren, in neue Gebiete im Ost-West-Gürtel der nördlichen Savanne zwischen dem heutigen Sudan im Osten und Senegal im Westen. Vier große Sprachgruppen stammen aus dem afrikanischen Kontinent und reflektieren die Aufenthalte und Bewegungen von Menschen für Zehntausende von Jahren. Es scheint, dass jüngste Sprachverteilungen relativ zuverlässig zurückprojiziert werden können, so dass wir von einer Entstehung der Khoisan-Sprachen in den Savannengebieten Ost- und Südafrikas – wo sich die Menschen zuerst entwickelten – vor etwa 60 000 Jahren ausgehen können. Die nilo-saharanischen Sprachen entwickelten sich im mittleren Niltal und die afroasiatischen Sprachen in einer nahe gelegenen Region des mittleren Niltals. Die Niger-Kongo-Sprachen hatten ihr Zentrum westlich der beiden letzteren Sprachgruppen und wurden von Bevölkerungen im Osten und Westen des Tschadsees gesprochen. All dies waren Gebiete, in denen Hominiden zuvor gelebt hatten, aber der Schwerpunkt verlagerte sich nun von Ost- und Südafrika in die Steppen und an die Gewässer der nördlichen Savanne. Zusätzlich und in Übereinstimmung mit den Erkenntnissen zu früheren Hominiden müssen wir davon ausgehen, dass Menschen die Küsten des Indischen Ozeans und des Roten Meeres bevölkerten.

Methodik: Genetik, Linguistik, Archäologie, Anthropologie

Alle vorstehenden Aussagen beruhen auf Forschung und Analyse in verschiedenen Disziplinen. Es ist an der Zeit, sich den Methoden dieser Disziplinen zuzuwenden. Quellen zu frühen menschlichen Gemeinschaften und ihre Bewegungen stammen im Allgemeinen aus vier großen Bereichen: Archäologie, Genetik, historische Linguistik und Anthropologie. (Viele andere Felder – wie die Pflanzenbiologie, Geologie und Ökologie – werden zusätzlich herangezogen.) Die Archäologie, selbst ein multidisziplinäres Forschungsgebiet, hat aufgrund ihrer Ausgrabungen und direkten Analyse menschlicher Relikte lange Zeit eine vorherrschende Rolle bei der Analyse früher menschlicher Entwicklung gespielt. Die Genetik (in Verbindung mit der Molekularbiologie) ist eines von mehreren Fachgebieten der Biologie, das sich als relevant im Zusammenhang mit dieser Fragestellung erwiesen hat. Sie gewinnt zunehmend an Bedeutung und dies umso mehr, wenn erst einmal die Ergebnisse des Humangenomprojekts hinzugezogen werden können. Die Ergebnisse genetischer Studien von Mitochondrien-DNS und der Y-Chromosom-Analyse, die eine Schlüsselrolle in der Diskussion um die Entstehung des *Homo sapiens* in Afrika spielen, sind bisher jedoch noch nicht eingehend mit Analysen anderer Disziplinen verknüpft worden. Im Gegensatz dazu war die historische Linguistik beinahe zwei Jahrhunderte lang der kritischen Analyse unterworfen, häufig auch durch archäologische Erkenntnisse. Und die Entwicklung der historischen Analyse von Sprache und Sprachgemeinschaften entwickelt sich durch neue Forschung und Theorie stetig weiter.

Realistisch gesehen resultiert keines unserer Zeugnisse der entfernten Vergangenheit aus einer direkten Erfahrung mit dieser. Alle Zeugnisse sind nur in der Gegenwart verfügbar. In der Sprachwissenschaft und der Genetik sammeln wir Daten zu Sprache und DNS von lebenden Menschen und projizieren die Ergebnisse in die Vergangenheit. Mitunter besteht die Möglichkeit, frühere Zeugnisse zu untersuchen – zum Beispiel wenn Schriftfragmente und sterbliche Überreste überliefert sind. Ähnlich sieht es in der Archäologie aus, doch ist die Analyse hier auf den winzigen Anteil der Materialien beschränkt, die die Zeiten überdauert haben.

Archäologen bergen und datieren die Relikte vergangener Zeiten. Mit Bezug auf den frühen *Homo sapiens* verfügt die Archäologie über Informationen zu den physischen und ökologischen Bedingungen, Technologie, Verhaltensmustern und Verbindungen des Menschen zu anderen Gemeinschaften. Die Archäologie arbeitet mit authentischen Zeugnissen vergangener menschlichen Gemeinschaften, bezieht ihr Analysematerial also nicht aus der Gegenwart. Sie liefert vielfältige Informationen zu verschiedenen Themen, wobei der Informationsgehalt durch die geringe Größe der Ausgrabungsstellen begrenzt ist. Zu den Zeugnissen gehören menschliche Überreste, Funde, die Hinweise auf die ökologischen Bedingungen geben, und Überreste der materiellen Kultur. Manchmal lassen sich aus diesen Quellen indirekt, doch nur selten direkt Informationen zu Sprache und dem genetischen Aufbau ableiten.

Die Genetik liefert Informationen zur genetischen Zusammensetzung gegenwärtiger und vergangener Gemeinschaften. Für Studien zur Geschichte und Evolution werden Informationen in der Gegenwart gesammelt (von heutigen Zellen) und in die Vergangenheit projiziert. Somit ist die Stimmigkeit oder das Modell der Projektion aktueller Zeugnisse in die Vergangenheit von entscheidender Bedeutung bei der Durchführung einer genetisch-historischen Analyse. Ich möchte in diesem Zusammenhang zwei Themen hervorheben. Unter Berücksichtigung der Tatsache, dass das Individuum zwei Elternteile hat, lässt sich die Herkunft jedes Einzelnen über viele Verzweigungen zurückverfolgen. Der genetische Stammbaum verläuft zudem in zwei Richtungen: Von einem Vorfahren zu vielen Nachkommen und von einem Nachkommen zu vielen Vorfahren. (Tatsächlich verbreitet sich die genetische Herkunft in der Realität nicht so weit wie das Modell, da Individuen mehrfache Rollen im Familienstammbaum spielen.) Dessen ungeachtet wurde in zwei Ansätzen jüngster genetischer Auswertung versucht, die Analyse zu vereinfachen und damit eher konform zur Linguistik zu arbeiten, indem man sich auf mit dem Geschlecht verbundene Eigenschaften von Mitochondrien-DNS und Y-Chromosomen konzentrierte. Doch trotz dieses vereinfachten Modells für bestimmte Analysezwecke bleibt die Tatsache bestehen, dass die menschliche Fortpflanzung an zwei Geschlechter gebunden ist. Folglich müssen Menschen – anders als es bei Sprachen der Fall ist – Vorfahren auf zahlreichen Zweigen des Familienstammbaums haben. Ein zweites Problem beim genetischen Modell ist, dass der Genetiker beim Sammeln von Proben heute lebender Personen Vermutungen darüber anstellt, von welchen vergangenen Bevölkerungen sie abstammen. Zum Beispiel können Genetiker davon ausgehen, dass Personen, die gegenwärtig in isolierten Gebieten von Südostasien leben, direkte Nachkommen der frühesten Bevölkerungen in dieser Region sind. Diese Annahmen beruhen aber auf anderen Zeugnissen als die genetischen Daten, und falls diese ungenau oder falsch sind, müssen die Analyse und Schlussfolgerungen fehlerhaft sein.

Linguisten studieren die heute gesprochenen Sprachen und machen sich aufgrund dieser Studien ein Bild von den Ursprachen, von denen sie abstammten. Wo immer möglich arbeiten Linguisten auch auf der Basis schriftlicher Aufzeichnungen von Sprachen aus vergangenen Zeiten. Bei der Linguistik (wie bei der Genetik) gehen wir davon aus, dass gegenwärtige Daten Überreste der Sprachen früherer Gemeinschaften beinhalten. Doch die Definition einer ›früheren Gemeinschaft‹ ist in jedem Fall eine andere. Für Sprache wird angenommen, dass jede Sprache ein Elternteil hat. Wie oben dargestellt, hat eine Person genetisch betrachtet umso mehr Vorfahren, je weiter man den Stammbaum zurückverfolgt, während eine

Sprache in jeder Phase nur einen einzigen Vorfahren besitzt. Der ›Stammbaum‹ von Sprachen zeigt die Reihe von Sprachen, die von einem Vorfahren abstammt, und weist auf Beziehungen mit anderen Sprachen hin, die von dem selben Vorfahren abstammen. Aufgrund dieses Sachverhaltes (eine Sprache hat einen einzigen Vorfahren), der sich im linguistischen ›Stammbaum‹ spiegelt, enthält Sprache mehr Hinweise zum Migrationsverlauf als die Genetik, die weniger Möglichkeiten berücksichtigt. Einige weitere Prinzipien und Techniken der Sprachanalyse werden im nächsten Abschnitt weiter beschrieben, da sie in diesem Buch weite Anwendung finden.

Die Anthropologie ist das Studium menschlicher Gemeinschaften, insbesondere der sozialen und kulturellen Praktiken kleiner Gemeinschaften. Die Ethnographie, das anthropologische Teilgebiet der Ethnologie, konzentriert sich auf die Analyse von Gemeinschaften durch direkte Beobachtungen. Die Ethnographie befasst sich somit auch mit der Beschreibung kultureller Praktiken in Gemeinschaften. Ethnologen haben vorgeschlagen, diese Praktiken – soweit man sie als ererbt betrachten kann – ebenfalls in »Stammbäumen« abzubilden; sie arbeiten dabei auf der Grundlage von Beobachtungen bei gegenwärtigen Völkern und stellen hiervon ausgehend Hypothesen über die kulturellen Praktiken von Ahnenbevölkerungen an. Was das Thema Migrationen betrifft, so existieren hierzu kaum bedeutende ethnologische Studien, da die Anthropologie in der Regel Gruppen isoliert voneinander untersuchte. Das Werk des dänischen Ethnographen Frederik Barth über westafrikanische Bevölkerungen in den 60er Jahren gewann jedoch weite Aufmerksamkeit, da es primär der Frage nachging, wie sich die Identität von Menschen verändert, die im Verlauf ihres Lebens von einer Ethnie zu einer anderen wechseln.

Es besteht die Hoffnung, dass jedes dieser vier Studiengebiete zu einem konsistenten Gesamtbild menschlicher Geschichte beiträgt. Doch die verschiedenen Disziplinen müssen nicht unbedingt identische Ergebnisse liefern, um hilfreiche und präzise Informationen zur Entschlüsselung der Vergangenheit zu liefern. Zum Beispiel müssen genetische Veränderung und linguistische Veränderung nicht unmittelbar in Zusammenhang stehen. So lassen sich häufig Fälle finden, in denen eine bedeutende Sprachveränderung, aber eine nur geringe genetische Veränderung in einer Gemeinschaft stattfand. Beispielsweise übernahmen die Keltisch sprechenden Gallier Frankreichs unter römischer Herrschaft die lateinische Sprache (vor nur 2000 Jahren), und das bei nur geringer genetischer Veränderung. Doch auch für den umgekehrten Fall, also eine bedeutende genetische Veränderung bei geringer Sprachveränderung, gibt es – wenn auch seltener – Belege: Sobald sich Englisch, Spanisch und Portugiesisch als die Hauptsprachen Nord- und Südamerikas etabliert hatten, übernahmen Immigranten aus allen Teilen Afrikas und Europas diese Sprachen, als sie sich auf dem amerikanischen Kontinent ansiedelten.

In drei von vier Bereichen – Archäologie, Genetik und Linguistik – besteht eines der großen Anliegen darin, die Vergangenheit zu datieren. Forscher haben versucht, Daten für ihre Beobachtungen zu Naturphänomenen, sterblichen Überresten von Menschen, Sprache und Technologie festzulegen. Dabei kann die Datierung sowohl relativ als auch absolut sein. Alle drei Forschungsfelder liefern recht gute Ergebnisse, wenn es um die Bestimmung einer relativen Chronologie geht, doch bleiben beträchtliche Zweifel an der absoluten Chronologie bestehen. Auf die Datierung archäologischer Funde wurde weitaus mehr Mühe verwendet als auf die Datierung von Veränderungen in Sprache und genetischer Zusammensetzung. Ein Großteil der archäologischen Datierung beruht auf aufwendigen Vergleichen verschiedener Datentypen. Die grundlegendste Technik zur Datierung ist die Stratigraphie, das heißt die Untersuchung der Tiefe und Anordnung von Straten oder Schichten von Erde und anderen Überresten, in denen bestimmte Artefakte oder menschliche Überreste bei einer Ausgrabung entdeckt werden. Eine Datierung wird ebenso durch Analyse der umgebenden Pflanzen- und Tierwelt, der bodenkundlichen Merkmale und klimaanzeigenden Faktoren durchgeführt. Diese Methoden der relativen Datierung haben Archäologen durch Methoden zur absoluten Datierung ergänzt. Die Radiokarbondatierung beruht auf der Messung des radioaktiven Kohlenstoffs in organischen Materialien und liefert absolute Daten für bis zu 50 000 Jahre alte Funde. Mit einer vergleichbaren Methode, der Kalium-Argon-Datierung, lassen sich über 500 000 Jahre alte Überreste absolut datieren. Die neuere Methode der Thermolumineszenz schließt einen Teil der Lücke zwischen diesen beiden Hauptverfahren, und andere Techniken befinden sich in der Entwicklung. Insgesamt arbeiten Archäologen und andere Spezialisten intensiv an einer fundierten Datierung der Zeugnisse menschlicher Vergangenheit. Ihre Arbeit schreitet jedoch langsam und mit der für sie typischen Vorsicht voran: Die meisten Analysen unterschätzen das tatsächliche Alter der Veränderungen, die sie zu identifizieren versuchen.

In der Genetik und Linguistik geht es bei der Datierung nicht um die Altersbestimmung spezifischer Überreste wie in der Archäologie, sondern um die Schätzung des Trennungszeitpunktes von Gruppen in Untergruppen, das heißt in Genpools oder Sprachgruppen. Die relative Datierung in der Genetik ist unkompliziert: Sobald die enorme Aufgabe, die Sequenz der Elemente in den untersuchten Proteinen und der DNS zu bestimmen, abgeschlossen ist, ist es nicht schwierig, den Grad des Unterschieds zwischen einzelnen Proben festzustellen. Wie oben angesprochen, können diese Unterschiede von heutigen Individuen auf vergangene Bevölkerungen zurückprojiziert werden, vorausgesetzt, die Abfolge der Bevölkerungen wurde angemessen rekonstruiert. Soweit man von einer stetigen Rate genetischer Veränderung ausgehen kann, die zu Trennungen unter Bevölkerungen führt, kann man dann die relative Datierung in eine absolute verwandeln. Solche Schätzungen bilden die Basis für die Aussage der Genetiker, dass *Homo sapiens* vor etwa 200 000 Jahren in Erscheinung trat.

In der Linguistik ist der relative Unterschied zwischen Sprachen aufgrund der Komplexität und Veränderlichkeit der Sprache etwas schwieriger zu bestimmen, als dies in der Genetik der Fall ist. Auswahllisten alltäglicher Wörter (für Zahlen, Körperteile und gesellschaftliche Rollen) haben sich als erstaunlich gute Informationsquellen zur Bestimmung des relativen Unterschieds zwischen Sprachen erwiesen. Doch zusätzlich besitzen Sprachen grammatikalische Strukturen, die sich sehr unterscheiden, und sie enthalten auch Wörter, die aus anderen Sprachen entlehnt sind – jeder dieser Faktoren kann Informationen liefern, die für den relativen Unterschied zwischen Sprachen wichtig sind. Obwohl die Arbeit manchmal langsam fortschreitet, ist die Anwendung dieser Prinzipien vielversprechend. Linguisten, die an bestimmten größeren Sprachgruppen arbeiten – insbesondere an der indoeuropäischen und nilo-saharanischen –, waren in der Lage aufzuzeigen, dass die verschiedenen Untergruppen dieser Familien sich nicht gleichzeitig in einem einzigen Prozess trennten, sondern eine nach der anderen über einen langen Zeitraum.

Im Bereich der Sprachforschung hat es nur wenig Fortschritt hinsichtlich der Möglichkeiten zur absoluten Datierung wesentlicher Veränderungen gegeben. Ein Verfahren, die Trennung von Sprachen absolut zu datieren, war die so genannte Glottochronologie; sie verglich Sprachen anhand einer Standardliste von etwa 200 Wörtern und ermittelte das Datum der Sprachentrennung auf der Grundlage des Anteils ähnlicher Wörter. Dieses Verfahren, das ohnehin als nur anwendbar auf Veränderungen innerhalb von 5 000 Jahren galt, wurde rasch kontrovers diskutiert und verlor bald an Bedeutung. In letzter Zeit haben Linguisten versucht, absolute

Daten zu ermitteln, indem sie sich an Methoden der Archäologie orientieren: So ziehen sie ein breites Spektrum anderer verfügbarer Daten hinzu, um zu schätzen, wann Sprachgemeinschaften divergierten. Dazu werden die Wörter für Techniken, Pflanzen, Tiere und soziale Organisationen (einschließlich von entlehnten Wörtern) ausgewertet und mit archäologischen Daten abgestimmt.

Archäologen sind häufig vorsichtig in der Schätzung des Alters ihrer Funde und des Alters der umfassenden Prozesse, die sie dokumentieren. Auf ihre spezifischen Funde wenden sie eine Kombination verschiedener Datierungsmethoden an und übernehmen nicht überstürzt das älteste Datum. Geht es um die Erschließung umfassender Prozesse, so datieren Archäologen im Allgemeinen den Beginn eines Phänomens mit der ältesten bekannten Entdeckung. Doch da archäologische Arbeit zwangsläufig nur Ausschnitte erfasst, ist es möglich, dass das älteste Zeugnis noch nicht gefunden wurde. Linguisten sind auf andere Weise zurückhaltend: Sie sind bereit, Daten für die Divergenz von Sprachgemeinschaften für die letzten paar 1000 Jahre anzubieten, tun dies aber nur ungern für weiter zurückreichende Zeiten. Genetiker sind im Vergleich dazu offen und willens, für die von ihnen untersuchten Phänomene relativ frühe Daten anzusetzen.

Verwendung der Sprache zur Migrationsanalyse

Die Erarbeitung eines sehr groben Überblicks über menschliche Sprachen hat erst vor kurzem richtig begonnen, und um sie abzuschließen, wird es der detaillierten Arbeit von Hunderten von Linguisten bedürfen. Die Bestimmung der chronologischen Tiefe der verschiedenen Sprachfamilien oder -gruppen wird schwierig sein, und unsere Methoden sind derzeit noch recht grob. Tausende individueller Sprachen sind in jüngster Zeit verloren gegangen und noch mehr in der Vergangenheit. Manchmal ist der Verlust einer Sprache das Ergebnis des Aussterbens von Bevölkerungen, doch häufiger ist er die Folge davon, dass Bevölkerungen andere Sprachen übernommen haben. Dementsprechend kann man sich vorstellen, dass nicht nur individuelle Sprachen, sondern ganze Gruppen oder Familien von Sprachen ausstarben, als ihre Bevölkerungen in anderen Sprachgruppen aufgingen, deren Bevölkerungen sich erfolgreicher fortpflanzen konnten.

Joseph Greenberg hat mehr als jeder andere dazu beigetragen, ein Bild der Hauptgruppen menschlicher Sprachen aufzustellen. Im Verlauf seines langen Wirkens klassifizierte er die Sprachen Afrikas, Nord- und Südamerikas, eines Großteils von Eurasien und Teilen der Pazifikregion. Greenberg schrieb ausführlich über die Methodik der Sprachklassifizierung. Diese Klassifizierung begann mit dem Werk Sir William Jones', der 1786 eine Beschreibung dessen veröffentlichte, was als die indoeuropäische Sprachenfamilie bekannt wurde. Diese Beschreibung unterschied die indoeuropäische Familie von anderen Sprachen der Alten Welt. Historische Linguisten von Jones bis zu Greenberg haben es verstanden, Sprachveränderung durch drei allgemeine Verfahrenstypen zu interpretieren: die »genetische« Herkunft und Veränderung von Sprachen, die Entlehnung von Wörtern und die gegenseitige Beeinflussung von Sprachen. Trotz aller Komplexität und Vielfalt der vielen Sprachen der Welt sind diese drei allgemeinen Prinzipien sehr aufschlussreich für das Verständnis der Sprachveränderung.

Zunächst zur »genetischen« Herkunft und Veränderung von Sprachen: Sprachen verändern sich im Lauf der Zeit mit relativ konstanter Geschwindigkeit – sowohl im Vokabular als auch in der Grammatik. Sprachen sind »genetisch« miteinander verwandt in dem Sinne, dass eine Ahnensprache mit der Zeit Tochtersprachen hervorbringen kann, aus denen dann wiederum andere Sprachen hervorgehen. (Zum Beispiel kann man die Grammatik und das Vokabular des antiken Latein erahnen, indem man sich von Mustern in Sprachen zurückarbeitet, die bekanntlich von der lateinischen Sprache abstammen.) Die Klassifizierung von Sprachen entsteht durch den Vergleich von Wörtern und Sprachstrukturen miteinander, und darauf aufbauend lässt sich eine Interpretation von »Sprachfamilien« entwickeln. Bei der Betrachtung zweier Sprachen versucht man, zwei Fragen zu beantworten: zunächst, ob es einen potenziellen gemeinsamen Vorfahren gibt und wenn ja, wie nah die beiden Sprachen miteinander und mit dem gemeinsamen Vorfahren verwandt sind. (Bei der Anstellung dieser Vergleiche ist es gewöhnlich am besten, zahlreiche Wörter und Strukturen bei der Analyse zweier Sprachen zu vergleichen und zahlreiche Sprachen durch Analyse ihrer Gruppierung.)

Zweitens die Entlehnung von Wörtern: Während sich die meisten Wörter in einer Sprache aus der Ahnensprache herleiten, werden manche Wörter aus anderen Sprachen oder sogar aus anderen Sprachfamilien entlehnt. So haben im Deutschen die elementaren Wörter für Zahlen und

Körperteile ihren Ursprung im Althochdeutschen und in früheren Sprachen, dagegen stammt das Wort »Büro« aus dem Französischen, das Wort »Algebra« aus dem Arabischen und das Wort »Tee« letztendlich aus dem Chinesischen. Im 20. Jahrhundert wurde der Begriff »OK« in vielen verschiedenen Sprachen benutzt. All diese Wortentlehnungen reflektieren so eine Bewegung von Ideen, Artefakten und Menschen. Im Allgemeinen verläuft die Entlehnung von Wörtern parallel zur Entlehnung von Technologien und Ideen, spiegelt also diesen Prozess. Entlehnung und Übernahme von Wörtern sind folglich mit der gemeinschaftsübergreifenden Migration verknüpft.

Drittens die gegenseitige Beeinflussung von Sprachen: Sprachen, die in unmittelbarer Nähe einer anderen gesprochen werden, übernehmen häufig, selbst wenn sie zu völlig anderen Familien gehören, einige der ähnlichen Eigenschaften in Grammatik und Ausdrucksweise. Dies kann man als logische Folge dessen ansehen, dass zahlreiche mehrsprachige Individuen routinemäßig von einer Sprache zur anderen wechseln und Muster entwickeln, sich immer ähnlich auszudrücken trotz der beträchtlichen Unterschiede im Vokabular und der Grammatik ihrer verschiedenen Sprachen. Ein herausragendes Beispiel findet sich in Südafrika: Die Khoisan-Sprachen sind fast einzigartig, da sie mehrere Implosivlaute umfassen. So sprechen zum Beispiel die !Kung-Stämme Namibias ihren Namen mit einem implosiven Klicklaut (!) vom Gaumendach aus. Verschiedene benachbarte Bantu-Sprachen haben die Klicklaute übernommen, obwohl sie sich in Grammatik und Vokabular wesentlich unterscheiden. Die Xhosa beispielsweise sprechen ihren Namen mit einem Klick (x) von der Mundseite aus. Im Gegensatz zur Entlehnung einzelner Wörter sind dies Beispiele von Sprachen, die Klangtypen oder Ausdrucksstrukturen austauschen.

Diese drei grundlegenden Prinzipien der Linguistik zeigen das Spektrum und die Flexibilität linguistischer Analyse. Das Prinzip der genetischen Herkunft betont die Einzigartigkeit jeder Sprachgemeinschaft. Die Prinzipien der Entlehnung und gegenseitigen Beeinflussung von Sprachen gehen demgegenüber davon aus, dass Menschen zu allen Zeiten die Grenzen dieser Gemeinschaften überschritten und dies auch weiterhin tun werden. Daher muss das Studium der Linguistik in ihren grundlegendsten Prinzipien die menschlichen Muster der Migration und gegenseitigen Verbindung berücksichtigen.

Trotz des Verschwindens vieler einzelner Sprachen und eventuell einiger größerer Sprachfamilien sind die überlebenden Sprachzeugnisse äußerst hilfreich, will man die Pfade früher menschlicher Migration bestimmen. Es ist klar, dass alle größeren Sprachgruppen auf eine Zeit vor der Entwicklung der Landwirtschaft zurückgehen. (Die frühen Sprachgruppen Australiens und Neuguineas, die offensichtlich aus der Zeit der Erstbesiedlung dieser Regionen vor 60 000 Jahren stammen, liefern das beste Beispiel für die Langlebigkeit mancher Sprachfamilien.) In diesem Kapitel werde ich mich daher hauptsächlich auf linguistische Zeugnisse stützen, um die Muster der Migration in dem Zeitraum zwischen 100 000 und 40 000 Jahren v. h. zu skizzieren. In den nächsten beiden Kapiteln werde ich mich dann ebenso den Sprachzeugnissen zuwenden, um die Migration von Menschen zwischen 40 000 und 15 000 v. h. und schließlich in der frühen Phase der Landwirtschaft von 15 000 bis 5 000 v. h. (d. h. 3 000 v. d. Z.) zu verfolgen.

Abbildung 2.1 zeigt die ungefähre geographische Verteilung von zwölf Sprachgruppen im Jahr 1500 n. d. Z., in die alle Sprachen eingeordnet werden können, die es zu dieser Zeit gab. Die dene-kaukasischen (einschließlich der sino-tibetischen) und eurasiatischen Sprachgruppen besaßen die größte Zahl von Sprechern, die Niger-Kongo- und austrischen Gruppen die größte Zahl von Sprachen. Wie im Weiteren ausgeführt, enthält diese Verteilung der Weltsprachen eine Menge wertvoller Informationen zu menschlichen Bevölkerungen und Migrationen in der Vergangenheit. (Die Karte wurde aufgrund der Sprachverteilung von 1500 n. d. Z. erstellt, da Migration seit diesem Zeitpunkt das Muster der Sprachverteilung wesentlich verändert hat.)

Mit Hilfe einer Technik, die bei historischen Linguisten weite Anwendung findet, soll nun gezeigt werden, wie die Verteilung von Sprachen Informationen zu den geographischen Ursprungsorten und den Migrationswegen von Bevölkerungen und ihren Sprachen liefern kann. Die genaue Bestimmung der Herkunft und der Wege von Bevölkerungen sowie ihrer Sprachen erfordert Fachkenntnisse aus vielen Bereichen. Doch mit einer einfachen Technik – dem Prinzip, bei dem das Augenmerk auf die kürzesten Wanderungen gerichtet ist – kann auch ein Laie rasche und beachtliche Schätzungen der Ursprungsorte und Migrationsrichtungen vergangener Bevölkerungen anstellen. Es sind nur zwei Arten von Informationen nötig und beide werden in vielen Fällen von Linguisten geliefert: (1) eine genetische Klassifizierung verwandter Sprachen, die die weitreichenden Gruppierungen von Sprachen in früheren Zeiten von den engeren Gruppierungen eng verwandten Sprachen in jüngeren Zeiten unter-

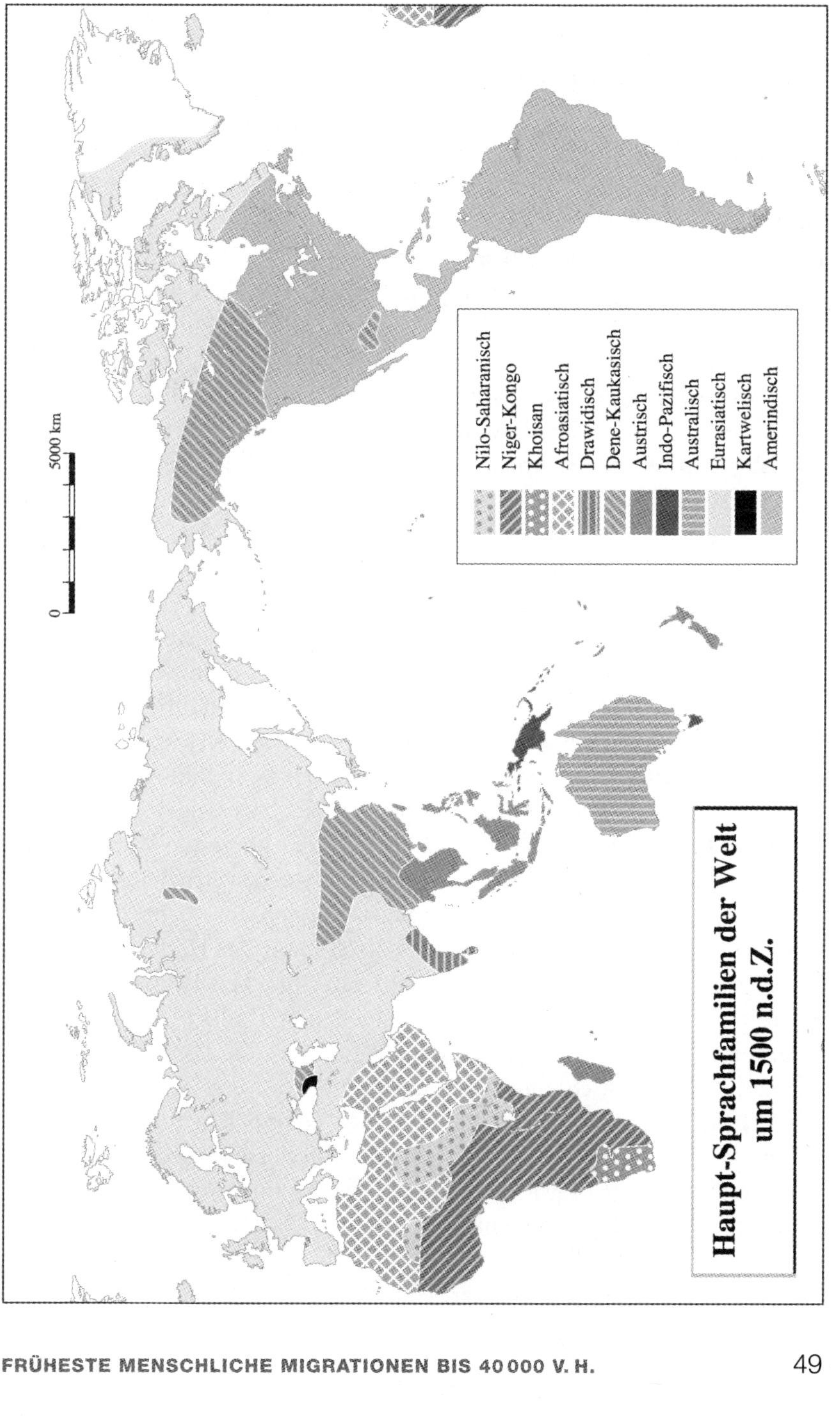
Haupt-Sprachfamilien der Welt
um 1500 n.d.Z.
Nilo-Saharanisch
Niger-Kongo
Khoisan
Afroasiatisch
Drawidisch
Dene-Kaukasisch
Austrisch
Indo-Pazifisch
Australisch
Eurasiatisch
Kartwelisch
Amerindisch
0
5000 km

scheidet, und (2) eine Karte mit den Standorten von Bevölkerungen, die eben diese Sprachen und Sprachgruppen sprechen.

Nehmen wir als Beispiel die Sprecher des Portugiesischen. Wo war das Heimatland, aus dem die Vorfahren kamen? Linguisten haben das Portugiesische als eine romanische Sprache klassifiziert, ebenso wie Spanisch, Französisch, Italienisch und Rumänisch. Die Lokalisierung des Heimatlands einer Sprachgruppe nach dem erwähnten Prinzip geht folgendermaßen vor sich: (1) Auf der Karte in Abbildung 2.2 sucht und markiert man die Punkte, die jeweils das geographische Zentrum einer Sprache darstellen; dann (2) sucht man den Punkt, von dem all diese Punkte am wenigsten weit entfernt sind. Wenn wir also Punkte in den geographischen Zentren Portugals, Spaniens, Frankreichs, Italiens und Rumäniens platziert haben, liegt unserer Einschätzung nach der Ursprungsort der gesamten Sprachgruppe irgendwo im Nordwesten Italiens. Von hier aus sind auf dem kürzesten Weg die anderen Sprachzentren erreichbar. Und tatsächlich entspricht dies recht gut dem Sachverhalt, dass Latein sprechende Römer, besonders aus der Nordhälfte Italiens, all diese Gebiete vor mehr als 2000 Jahren kolonisierten und jenen Prozess in Gang setzten, der zu den heutigen Sprachen führte. (Die wahrscheinlich bedeutendste Veranschaulichung dieses Prinzips gelang Joseph Greenberg, als er in den 60er Jahren nach dieser Methode vorging und aufzeigte, dass die Bantu sprechenden Bevölkerungen, die beinahe im gesamten südlichen Drittel des afrikanischen Kontinents verbreitet waren, ihren Ursprung in Südost-Nigeria haben, wo auch ihre nächsten linguistischen Nachbarn angesiedelt waren.)

Unser Beispiel zur Erklärung des Prinzips der kürzesten Wanderungen ist im höchsten Maß vereinfacht und hat eine Menge verfügbarer Informationen ausgelassen. So gab es beispielsweise weitaus mehr romanische Sprachen als nur die fünf, die ich aufgelistet habe; das Herkunftszentrum des Portugiesischen oder einer der anderen Sprachen kann genauer bestimmt werden, indem man die verschiedenen Dialekte berücksichtigt; es gibt riesige Bevölkerungen außerhalb Europas, die Portugiesisch, Spanisch und Französisch sprechen (auch wenn dies erst eine Erscheinung der letzten Jahrhunderte ist); und so weiter. Dennoch ermöglicht es diese Methode dem Laien, sich ein eigenes Bild von der Interpretation vergangener menschlicher Migrationen durch das Studium von Zeugnissen zur Sprachklassifizierung zu machen.

Wenn wir die Herkunft der Portugiesisch-Sprecher durch die Analyse der romanischen Sprachen über 2000 Jahre zurückverfolgen können –

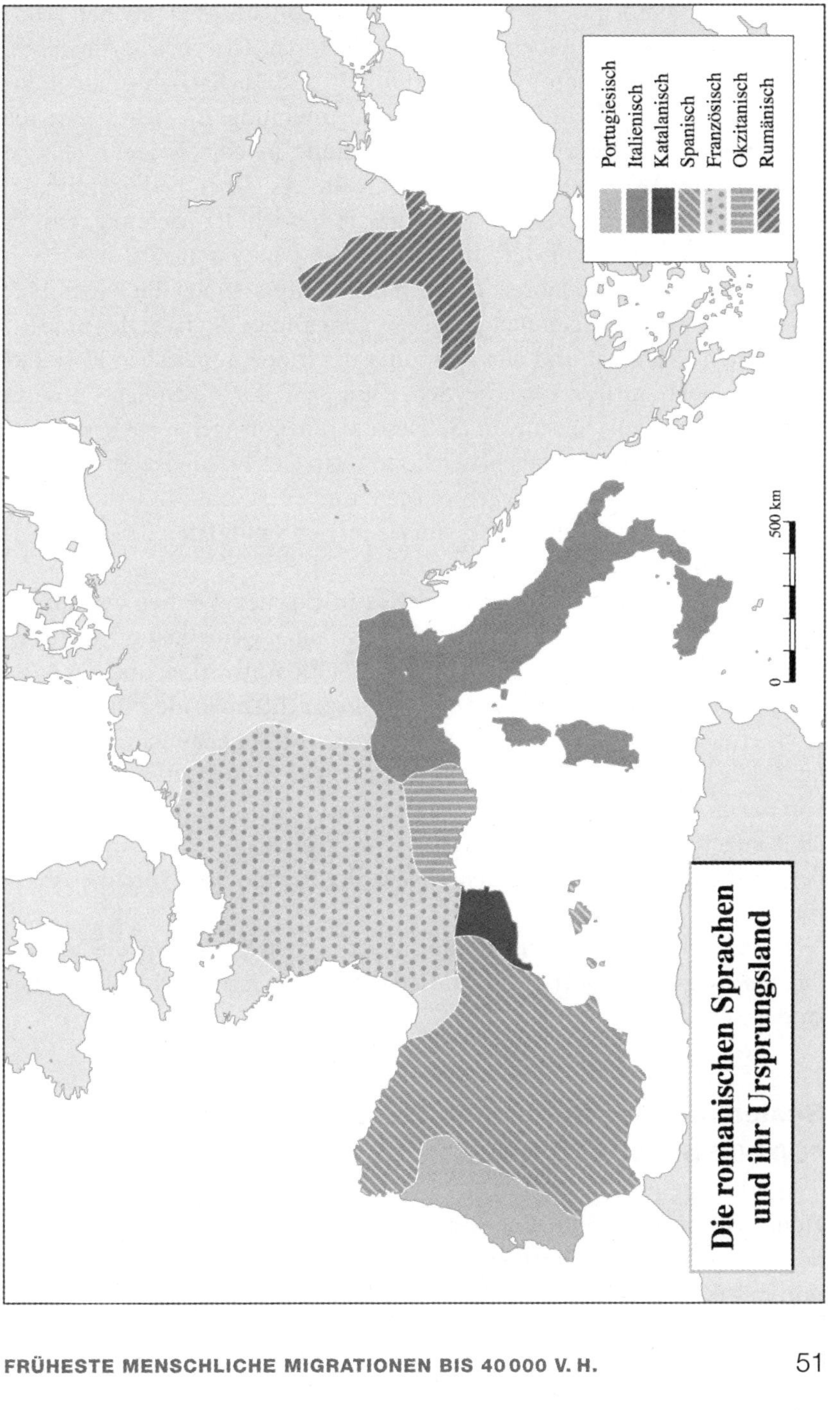
Die romanischen Sprachen
und ihr Ursprungsland
Portugiesisch
Italienisch
Katalanisch
Spanisch
Französisch
Okzitanisch
Rumänisch
0
500 km

können wir sie noch weiter zurückverfolgen? Romanische Sprachen gehören – unter anderem neben Gemanisch, Keltisch, Griechisch, Albanisch, Slawisch, Baltisch, Anatolisch, Indoiranisch und Tocharisch – zur indoeuropäischen Sprachfamilie. Wie man in Abbildung 2.3 sieht, führt die Schätzung nach der uns bekannten Methode in eine indoeuropäische Urheimat an den Küsten des Schwarzen Meeres. Über den Zeitrahmen kann man nur mutmaßen, doch wie gesagt bin ich der Meinung, dass es diese Gruppe bereits vor der Entwicklung der Landwirtschaft, also schon vor mindestens 15 000 Jahren, gegeben haben muss. In der Tat haben Linguisten und Archäologen heftige Diskussionen über die Lage der indoeuropäischen Urheimat und den Zeitpunkt der indoeuropäischen Herkunft geführt. Doch unsere einfache Schätzung auf der Grundlage unserer Methode reicht aus, um uns in die Debatte einzubringen – sie bringt uns genau zu einem der Hauptgebiete, die von den Gelehrten als indoeuropäisches Heimatland vorgeschlagen werden, und es ist exakt innerhalb einer Reichweite von 1 000 Kilometern von jedem der Kandidaten für die Urheimat entfernt.

Wenn wir tiefer in die Vergangenheit zurückgehen, können wir uns die Frage stellen, ob das Indoeuropäische Teil einer weiteren und früheren Gruppe von Sprachen war. Tatsächlich lautet die Antwort ja, und das beste Argument liefert Greenberg, der eine Supersprachfamilie identifizierte, die er als eurasiatische bezeichnete. Die eurasiatische Supersprachfamilie umfasst sieben größere Sprachfamilien Eurasiens und des arktischen Raums, von denen die indoeuropäischen Sprachen nur eine sind. Wie ich in Kapitel 3 zeigen werde, wird das eurasiatische Heimatland unter Anwendung der uns bekannten Methode in der Nähe der Pazifikküste Nordasiens vermutet.

Damit schließe ich meine komprimierte Darstellung über die Methoden der Linguistik zur Interpretation der Migrationsgeschichte. Nun ist es an der Zeit, sie anzuwenden.

Besiedlung der tropischen Zonen der Alten Welt, 100 000 bis 40 000 v. h.

Homo sapiens besiedelte eine Region der Welt nach der anderen, zuletzt den amerikanischen Kontinent. Wie zuvor gezeigt, begann diese Migration mit der Differenzierung von *Homo sapiens*-Bevölkerungen innerhalb

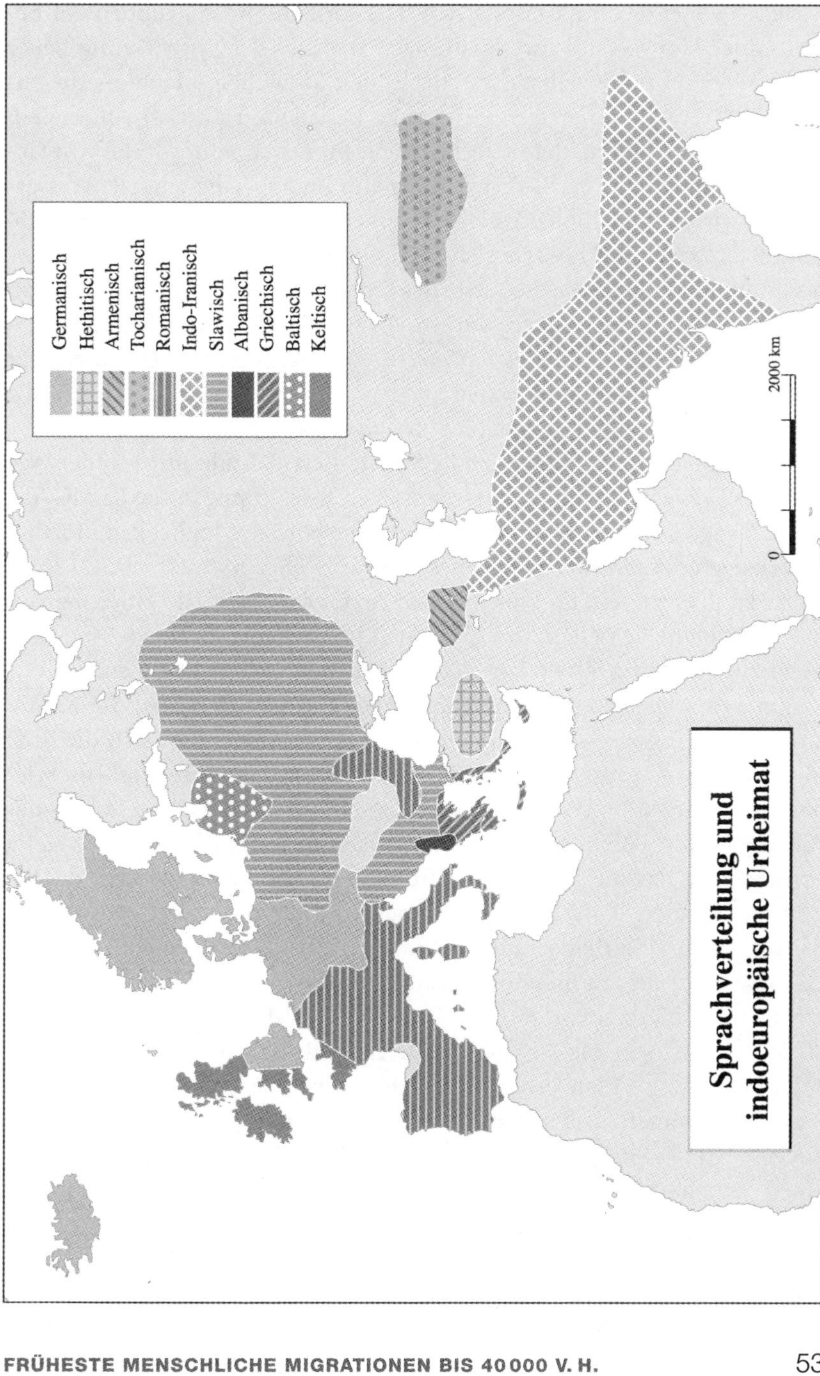
Germanisch
Hethitisch
Armenisch
Tocharianisch
Romanisch
Indo-Iranisch
Slawisch
Albanisch
Griechisch
Baltisch
Keltisch
0
2000 km
Sprachverteilung und
indoeuropäische Urheimat

Afrikas (wobei das Aufkommen von vier großen Sprachgruppen ein bedeutsamer Hinweis auf ihre Spaltungen ist) und der Entwicklung neuer Technologien und Sozialsysteme, die es den Menschen erlaubten, die zunehmend verschiedenartigen Gebiete zu besiedeln. Dann überquerte ein Strom von Migranten, deren Technologie ein Leben in der Nähe von Gewässern ermöglichte (z. B. Verwendung von Booten), die schmale Wasserstraße zwischen Äthiopien und dem Jemen (zu jener Zeit weniger als 20 Kilometer breit) und breitete sich nach Osten aus: Diese Migranten kolonisierten relativ mühelos die Küste des Indischen Ozeans und drangen von hier aus weiter in das Innere von Inseln und Festland vor. Bereits bestehende Populationen von *Homo erectus* leisteten diesen Migranten nur geringen Widerstand und waren in den Küstengebieten, durch die die Siedler zogen, möglicherweise nicht besonders zahlreich.

Der vielleicht bemerkenswerteste Schritt dieser Wanderung war der Weg über das Gebiet der heutigen indonesischen Inselgruppe in die Länder, die heute Neuguinea und Australien bilden. Die einzige Möglichkeit, dorthin zu gelangen, bestand darin, offenes Gewässer über mindestens 100 Kilometer zu überqueren; und doch haben Archäologen durch Datierung von menschlichen Überresten und Artefakten in Australien nachgewiesen, dass Menschen vor rund 60 000 Jahren diese Leistung vollbracht haben.

Ein wesentlicher Teil der Informationen für diese Interpretation stammt aus der Arbeit von Geologen. Sie haben nachgewiesen, dass sich die Erde in der Zeit von 130 000 bis 20 000 v. h. abkühlte und anschließend wieder rasch erwärmte. Während dieser langen Abkühlungsphase wuchs das Packeis an den Polen, Meeresspiegel sanken und das Klima wurde stetig trockener, da das meiste Wasser gefroren war. Abbildung 2.4 fasst die Ergebnisse jüngster Forschung zusammen und dokumentiert Messungen, die auf der Insel Barbados durchgeführt wurden, um den Anstieg und Fall des Meeresspiegels in diesem Zeitraum zu bewerten. Die Ergebnisse weisen darauf hin, dass von 80 000 bis 60 000 v. h. der Meeresspiegel 60 bis 80 Meter niedriger lag, als dies heute der Fall ist. So bewegten sich die Migranten, die als Erste ihren Weg an der Tropenküste entlang nach Osten machten, an einer Küstenlinie, die seitdem durch den Anstieg des Wassers am Ende der Eiszeit versunken ist. Dieser niedrige Wasserspiegel enthüllte einen erweiterten südostasiatischen Subkontinent, den die Geologen Sunda getauft haben. Die niedrigeren Gewässer verbanden außerdem Australien und Neuguinea zu einem Kontinent, den Geologen Sahul oder Meganesien nennen.

Selbst als die Landfläche durch den niedrigen Wasserspiegel ein maximales Ausmaß erreicht hatte, blieb immer noch die Aufgabe, von einer Insel zur anderen zu gelangen, was die Überwindung von mindestens 100 Kilometern auf dem Wasserweg bedeutete. Bei den Booten mag es sich um Schilf- oder Bambusflöße gehandelt haben. Aufgrund von genetischen Forschungsergebnissen, die Unterschiede zwischen den Bevölkerungen Australiens und Neuguineas aufzeigen, fand diese Überquerung nicht in einer, sondern in mehreren Etappen statt. Nach erfolgreicher Überquerung konnten die Siedler sich über ganz Sahul ausbreiten.

Diese Vorstellung einer am Wasser entlangführenden Migration von Afrika nach Australien von etwa 80 000 bis 60 000 v. h. scheint mehr als plausibel. Wenn eine Technologie entwickelt wurde, die es Menschen ermöglichte, an der Grenze des tropischen Ozeans und eines Landes mit variierenden Niederschlägen zu gedeihen, dann standen ihnen Tausende von Kilometern Küstenlinie mit vergleichbaren Öko-Systemen vom Horn von Afrika bis nach Sahul ebenfalls als Lebensraum zur Verfügung. Ihre Verpflegung kann aus gesammelten Pflanzen und Schalentieren sowie eventuell Fisch bestanden haben. Boote wären eine Lebensnotwendigkeit gewesen. Das Ergebnis war, dass indopazifische und australische Sprachgruppen, und eventuell die Vorfahren der sino-tibetischen, austrischen und drawidischen Gruppen, um 60 000 v. h. an Ort und Stelle waren. Die Karte mit den Migrationsrouten des Homo sapiens (Anhang) fasst die Zeugnisse der Verteilung tropischer Sprachgruppen zusammen, wobei für jede größere Sprachgruppe ein Punkt im Heimatland gesetzt wurde (gemäß der oben dargelegten Methode, die die geringste zurückgelegte Entfernung berücksichtigt).

Welches waren die Sprachen derjenigen, die Afrika verließen und an der Küste entlang nach Osten zogen? Sie können zu jeder der vier Sprachgruppen des heutigen Afrika gehört haben oder zu einer anderen Sprachgruppe, die seitdem verschwunden ist. Berücksichtigt man nur die gegenwärtig bestehenden afrikanischen Sprachgruppen, dürften die Migranten wohl eine Sprache aus der nilo-saharanischen Gruppe gesprochen haben. Dies lässt sich aus der geographischen Verteilung der nilo-saharanischen Sprachen schließen, deren Heimatland wahrscheinlich in Reichweite der Küste des Roten Meeres lag, und aus der Tatsache, dass für die Nilo-saharanisch Sprechenden jüngerer Zeit eine Lebensweise belegt ist, die Christopher Ehret als »aquatische Kultur« bezeichnet hat. Als zweite Möglichkeit für die Herkunft der Migranten nach Osten möchte ich die afroasiatischen Sprachen

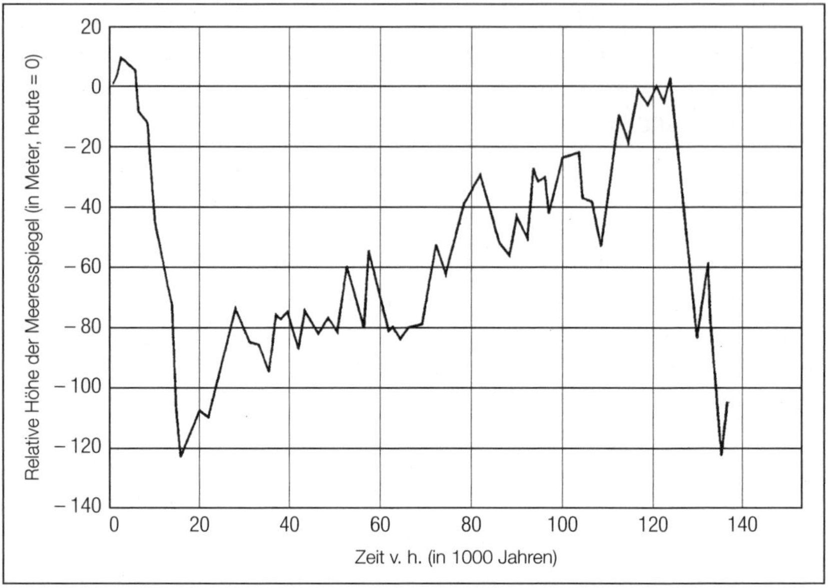

Globale Schwankungen in der Höhe der Meeresspiegel, 140.000 v. h. bis heute (nach Bard/Hamelin/Fairbanks in Nature 346 (6283), August 1990, S. 456–458)

vorschlagen: Auch diese scheinen ein Heimatland an der Grenze des heutigen Äthiopien und des Sudan gehabt zu haben und waren geographisch günstig angesiedelt, um nach Osten zu wandern.

Zwei andere Gruppen kommen als Ursprungsgemeinschaften der Besiedlung Asiens weniger in Betracht, können allerdings nicht ausgeschlossen werden. Im Fall der Niger-Kongo-Sprachen scheint das Heimatland recht weit im Westen zu liegen (mindestens so weit wie Kordofan im Westsudan), doch viele Niger-Kongo-Sprecher haben sich in jüngster Zeit für ein Leben am Wasser entschieden. Was die Khoisan-Sprachen angeht, so leben die heutigen Khoisan-Sprecher relativ weit von der ostafrikanischen Küste entfernt. Auf der anderen Seite deuten genetische Vergleiche darauf hin, dass Khoisan-Sprecher enger mit asiatischen als mit anderen afrikanischen Gruppen verwandt sind, doch das mag eher jüngere Verbindungen widerspiegeln.

Wenn die nilo-saharanischen Sprachen die Quelle der Migration nach Osten waren, müsste man letztendlich erwarten können, dass alle tropischen asiatischen und ozeanischen Sprachgruppen mit dem Nilo-saharanischen verwandt sind, vermutlich als Tochtersprachgruppen. Dazu würden die drawidischen, sino-tibetischen (oder dene-kaukasischen), austrischen, indopazifischen und australischen Sprachen gehören. Die Sprachklassifizierung wird diese Beziehungen sicherlich genauer klären.

(Als ergänzende Anmerkung zu dieser These der menschlichen Besiedlung der Tropen sei hier erwähnt, dass Madagaskar und die Komoren vor der Südostküste Afrikas nicht als Teil der anfänglichen menschlichen Ausbreitung und wahrscheinlich erst vor rund 3 000 Jahren von Menschen besiedelt wurden. Madagaskar und die Komoren liegen jedoch jeweils etwa 400 Kilometer von der Küste Afrikas entfernt, eine bei weitem größere Entfernung als die, die von den Seefahrern von Afrika nach Arabien oder von Sunda nach Sahul überwunden wurde.)

Waren die Migranten durch Pioniergeist motiviert, als sie an der tropischen Küste entlang nach Osten zogen? War ihr Migrationsmuster hauptsächlich eine Kolonisation unbesiedelten Territoriums oder eine sich überschneidende Reihe von gemeinschaftsübergreifenden Migrationen? Zweifellos vermitteln die in Neuguinea und Australien überlieferten Zeugnisse mehrerer Migrationen über das offene Meer das Bild einer aggressiven Expansion. Doch ich glaube nicht, dass Menschen über Tausende von Jahren anhaltende Expansionszüge durchführen können. Wenn wir uns jüngeren Beispielen von Gruppen mit hoher Migrationsaktivität zuwenden – den Polynesiern, Wikingern, Phöniziern und in jüngerer Zeit den Schotten und Libanesen –, dann sehen wir, dass ihre Migrationen mehrere hundert Jahre dauern konnten und dann Mustern wichen, die Migrationen über weitaus geringere Entfernungen beinhalteten. Wenn wir auf der anderen Seite die Phönizier und Libanesen als verwandt betrachten, können wir argumentieren, dass bei bestimmten Völkern Perioden aktiver Kolonisation und Perioden weniger aggressiver Migration einander abwechseln.

Meines Erachtens sollten wir der Versuchung widerstehen, die Besiedlung der Erde als eine Serie von Kolonisationskampagnen zu betrachten, bei denen Gruppen von Siedlern sich absichtlich darauf konzentrierten, immer neue Länder zu erobern. Sicherlich, solche Kampagnen der Kolonisation fanden statt, doch sie bilden nicht die gesamte Geschichte: Sie waren Teil eines breiteren und komplexeren Musters menschlicher Bewegung und Interaktion. Jeglicher Pioniergeist, der eine Bevölkerung eine Zeit lang beherrschte, war mit Technologien, Lebensweisen und spezifischen Anpassungen an die Umwelt verbunden. Er muss aus der gemeinschaftsübergreifenden Migration hervorgegangen sein, die Ideen kombiniert, um so auch die bahnbrechende gesellschaftliche Ordnung zum Leben zu erwecken.

Schlussfolgerung

Die Bestätigung der afrikanischen Herkunft des *Homo sapiens* hat zu einem Überdenken der Beziehungen zwischen den Weltregionen angeregt. Sie hat zu einer multidisziplinären Bemühung geführt, unser Verständnis der Prozesse über die weltweite Ausbreitung des Menschen zu klären und in ein Gesamtbild zu fassen. Diese Entdeckung bestätigt unverkennbar die Einheitlichkeit menschlicher Bevölkerungen, doch sie lenkt die Aufmerksamkeit außerdem auf die menschliche Differenzierung in Gemeinschaften, die sich schließlich wesentlich in Sprache, Kultur und Aspekten ihrer physischen Erscheinung voneinander unterscheiden. In der Analyse dieser Themen geht es mir um die Klärung unserer Vergangenheit und darum wie diese Analyse durch größere Aufmerksamkeit für die Geschichte von Sprachgruppen und für die detaillierten Muster der menschlichen Migration gelingen kann.

Und so möchte ich zu den Typen von Migranten zurückkehren, wie ich sie klassifiziert habe, um darüber nachzudenken, wie diese Typen individueller Migration den Gesamtprozess der menschlichen Besiedlung der Erde unterstützt haben könnten. Migration ganzer Gemeinschaften war gewöhnlich eher eine Migration aus Verzweiflung denn aus Hoffnung: Meistens waren es Flüchtlinge, die durch Dürre oder Eroberung vertrieben wurden. Kolonisation war wahrscheinlich die optimistischste Form der Migration. Menschliche Muster der Migration von einer Sprachgemeinschaft zur anderen unterschieden sich von der Migration aller anderen Spezies und ermöglichten eine rasche Besiedlung der Welt. Immigration reflektierte und bewirkte eher die Stärkung von existierenden Gemeinschaften als die Schaffung neuer. Eroberung spricht für die Attraktivität existierender Gemeinschaften, wenn auch nicht für ihre Stärke. Besuche fanden eventuell statt in Gebieten mit einer Bevölkerungskonzentration oder bei entfernten Quellen begehrter Ressourcen. Die stets kleinen Gruppen von Wanderern könnten nichtsdestotrotz eine wichtige Rolle im Zusammenhang mit Dienstleistungen oder im Austausch von Informationen gespielt haben. Diese vier Muster der gemeinschaftsübergreifenden Migration bildeten das übergeordnete Muster der menschlichen Kolonisation. Sie erleichterten die sukzessive Entwicklung menschlicher Technologien und sozialer Organisationen, wie Uferbesiedlung, Bootsbau, Jagd und Hausbau, die die Kolonisation neuer Länder erlaubten.

Bei der Analyse der Muster menschlicher Migration ist es wichtig, das grundlegende Thema der Lebensweise im Auge zu behalten: das Gleichgewicht der menschlichen Abhängigkeit von Erde und Wasser. Zu häufig wurde achtlos angenommen, dass der Mensch eine Landspezies ist, auch dort, wo gerade die Verbindungen zu Flüssen, Seen und Meeren eine zentrale Rolle gespielt haben mögen. In diesem Buch versuche ich, in jeder Phase der Argumentation und Darstellung den Anteil der Bevölkerung an der entsprechenden Lebensweise (ausgerichtet auf das Land oder das Wasser) zu verfolgen und ebenso im Auge zu behalten, welche die neuesten technologischen Fortschritte aufwies.

Ein weiterer Punkt ist, die Aufmerksamkeit auf die noch ungelöste Streitfrage der Geschwindigkeit von Veränderung in der menschlichen Evolution zu lenken. Bei der Diskussion über die Evolution sind Wissenschaftler in zwei Hauptlager gespalten. Eine Seite argumentiert, dass die Evolution hauptsächlich ein langsamer und stetiger Veränderungsprozess war, die andere, dass Perioden rascher Veränderung, die von Zeit zu Zeit auftraten, einen Großteil der gesamten genetischen Veränderung ausmachten. Und so muss ich meinen Standpunkt zum Gleichgewicht von Evolution und Revolution in menschlicher genetischer und sozialer Veränderung darlegen.

In meiner Interpretation, die davon ausgeht, dass *Homo sapiens* sich von all seinen Vorfahren durch eine voll artikulierte Sprache und ein Muster der Migration zwischen Gemeinschaften unterscheidet, betrachte ich diese Entwicklungen als eine revolutionäre, nicht als evolutionäre Veränderung. Ob sich diese Muster in einem raschen Veränderungsschub entwickelten oder langsam über Tausende von Jahren, kann man immer noch nicht sagen. Doch sobald diese neuen Eigenschaften erst einmal fest in *Homo sapiens* verwurzelt waren, bedurfte es keiner großen neuen Veränderungen im menschlichen Wesen mehr, damit sich unsere Geschichte so fortsetzte, wie wir sie in ihren Grundzügen von jener Zeit an bis in die Gegenwart nachzeichnen können. Die Muster der Migration über die eigene Gemeinschaft hinaus in eine neue und die Übertragung von Ideen reichten aus, einen schneller werdenden Strom von Innovationen hervorzubringen, so dass sich nach und nach Technologie, Kunst und soziale Struktur entwickelten. Dieses Muster der beschleunigend wirkenden Innovation durch Kommunikation und Migration begann nicht erst mit der Industrialisierung und dem Aufkommen der Naturwissenschaften vor 200 Jahren, nicht mit dem Beginn der Landwirtschaft vor etwa 10 000 Jahren, sondern vor mehr als 100 000 Jahren.

Weiterführende Lektüre

Die Evolution früher Hominiden liefert den Hintergrund für die Evolution und Migration des modernen *Homo sapiens*. Eine knappe Übersicht dieses Hintergrunds findet sich in den ersten Kapiteln von Peter Bogucki, *The Origins of Human Society* (Oxford 1999); eine detailliertere Darstellung präsentiert das Buch von D. W. Phillipson, *Archaeology of Africa* (2. Aufl., Cambridge 1993).

Die erwähnten Werke sind außerdem hilfreich für Studien zur Evolution und Ausbreitung des *Homo sapiens*. Eine gute allgemeine Übersicht des Aufkommens und der Verbreitung von *Homo sapiens* bietet Steve Olson, *Herkunft und Geschichte des Menschen. Was die Gene über unsere Vergangenheit verraten* (Berlin 2004). Weiterhin gibt es die lebendige und kontrovers diskutierte Analyse des Paläontologen Chris Stringer in Zusammenarbeit mit Robin McKie: *Afrika. Wiege der Menschheit* (München 2002). Eine eingehende und wichtige Besprechung der Archäologie des modernen *Homo sapiens* ist die Studie von Sally McBrearty und Alison S. Brooks »The Revolution that Wasn't: A New Interpretation of the Origin of Modern Human Behavior«, *Journal of Human Evolution* 39 (2000), S. 453–563.

Eine detaillierte, doch gut verständliche Übersicht über die Genetik des *Homo sapiens*, die auch Themen wie Sprache, Sprachentwicklung und Datierungsprobleme anspricht, bietet Luigi Luca Cavalli-Sforza in *Gene, Völker und Sprachen. Die biologischen Grundlagen unserer Zivilisation* (Darmstadt 1996). Eine tiefer gehende Darstellung der genetischen Analyse menschlicher Bevölkerungen findet sich in Luigi Luca Cavalli-Sforza, Paolo Menozzi und Alberto Piazza, *The History and Geography of Human Genes* (Princeton, New Jersey 1994). Zu archäologischen Datierungsmethoden beinhaltet Peter Boguckis Buch *The Origins of Human Society* (Oxford 1996) einen guten Beitrag, hier mit Bezug auf die frühesten menschlichen Überreste in Australien.

Eine Übersicht zur Sprache in der Geschichte liefert Merritt Ruhlen in *The Origins of Language Tracing the Evolution of the Mother Tongue* (New York 1994). Ich folge Ruhlens Argumentation weitgehend, allerdings stimme ich nicht seiner Ansicht der engen Verbindung von afroasiatischen und eurasiatischen Sprachen zu. Bernd Heine und Derek Nurse (Hg.) behandeln die Sprachen Afrikas in *African Languages: An Introduction* (Cambridge 2000). Joseph Greenbergs wegweisende Klassifizierungen von

Hauptsprachgruppen der Tropen der Alten Welt sind zusammengefasst in *The Languages of Africa* (Bloomington, Indiana 1963) und »The Indo-Pacific Hypothesis« in Thomas A. Seboek (Hg.), *Current Trends in Linguistics*, Bd. 8 (Den Haag 1971), S. 807–871.

Die Vorstellung, dass die frühen Menschen besonders auf dem Wasserweg migrierten, wurde von den Wissenschaftlern in den Vordergrund gestellt, die Australien und Neuguinea studiert haben. Studien späterer Zeiten, die einen Einblick in die wahrscheinlichen Praktiken der frühen maritimen Lebensweise bieten, finden sich in Paul Johnstone, *The Sea-Craft of Prehistory* (Cambridge, Massachusetts 1980) und Christopher Ehret, *The Civilizations of Africa: A History to 1800* (Charlottesville, Virginia 2002).

KAPITEL 3

Besiedlung der nördlichen eurasischen und amerikanischen Regionen, 40 000 bis 15 000 v. h.

Um 60 000 v. h. gab es eine Reihe menschlicher Gemeinschaften, deren Aktivitäten sich von den Küsten- und Binnenlandgebieten der Tropen von Westafrika bis in den Südpazifik erstreckten. Ihre Lebensweise wurde höchstwahrscheinlich bestimmt vom Sammeln tierischer und pflanzlicher Nahrung in Uferzonen – an Meeren, Flüssen und Seen. Dieses Vorgehen scheint jedoch nicht geeignet gewesen zu sein für das Leben in kühleren oder trockeneren Klimazonen nördlich der Tropen. Die Verbreitung der Menschen blieb somit auf die Tropen begrenzt, bis sie Techniken für ein Leben unter anderen ökologischen Bedingungen entwickelten.

Das Leben in gemäßigten Zonen erforderte die Entwicklung verschiedener Fertigkeiten, die auf dem Sammeln von Pflanzensubstanzen beruhten und mit der Jagd auf große Tiere verbunden waren. Neue Technologien umfassten bessere Speere und (später) die Speerschleuder, Techniken, um einzelne große Tiere von der Herde zu trennen und zu erlegen, sowie das Nähen, um Kleidung für kaltes Wetter herzustellen und um die Holzgerüste der Boote mit Häuten bespannen zu können. Sobald diese Techniken entwickelt waren, ermöglichten sie die rasche Besiedlung der nördlichen zwei Drittel Eurasiens. Nachdem die Menschen die Fähigkeit erworben hatten, in den gemäßigten Zonen zu leben, konnten sie sich, unabhängig von ihrem Weg aus den Tropen, mühelos ausbreiten, um die Länder und Uferzonen vom Atlantik bis zum Pazifik zu besiedeln.

Die Fähigkeit, sich in Nordeurasien anzusiedeln, legte den Grundstein für den Aufbruch nach Nordamerika, entweder zu Fuß oder mit dem Boot. Bei ihrer Ankunft auf dem amerikanischen Kontinent begegneten die Menschen keinen konkurrierenden Artgenossen. Doch ebenso wie in Australien und Nordeurasien trafen sie auf eine Megafauna – in diesem Fall auf große Säugetierarten –, und ihre Expansion fällt mit dem Verschwinden dieser Megafauna zusammen. Archäologische Überreste früher Menschen in Nord- und Südamerika sind bisher selten, was darauf hinweist, dass die einzelnen Gruppen entweder spät ankamen oder nur langsam wuchsen. Linguistische Zeugnisse sprechen für eine frühe Besiedlung des amerikanischen Kontinents – vor der letzten großen Eiszeit.

Zwischen 30 000 und 15 000 v. h. kam es zu einer erneuten Abkühlungsphase auf der Erde: Massive Eisflächen bildeten sich an beiden Polen und erstreckten sich über den Großteil Europas und Nordamerikas. Der Meeresspiegel fiel um 40 Meter (siehe Abb. 2.4). Die wenigen Menschen in Nordeurasien und die noch kleinere Bevölkerung auf dem amerikanischen Kontinent mussten sich in südlichere Regionen zurückziehen; alle mussten sich nun an ein Klima gewöhnen, das kälter und auch trockener war (da so viel Wasser in Form von Eis gebunden war).

Die Grundzüge der menschlichen Bewegung nördlich der Tropen und nach Nord- und Südamerika bilden den Gegenstand dieses Kapitels. Zu den Hauptthemen gehören die Routen, die zeitliche Bestimmung und die Technologie, die dieser Wanderung nach Norden zugrunde lag. Wie im vorangegangenen Kapitel werde ich darlegen, dass uns linguistische Zeugnisse in Kombination mit Zeugnissen der Archäologie und anderer Disziplinen wichtige Hinweise zu diesen Bewegungen geben.

Besiedlung der nördlichen Regionen, 40 000 bis 30 000 v. h.

Die Erklärung für die in Kapitel 2 beschriebene menschliche Ausbreitung nach Osten von Afrika entlang der Küsten des Indischen Ozeans auf den Sahul-Kontinent liefert eine relativ einfache Analyse, sobald man ihre grundlegende Annahme akzeptiert hat. Archäologische und genetische Zeugnisse, bestätigt durch die der Sprache, vermitteln ein konsistentes Bild der tropischen Expansion des *Homo sapiens.*

Die Rekonstruktion der menschlichen Besiedlung Nordeurasiens und des amerikanischen Kontinents ist ein komplexeres Problem. Sie ist verbunden mit der Untersuchung mehrerer möglicher Migrationsrouten und erfordert eine Entscheidung zwischen widersprüchlichen Zeugnissen der Genetik, Archäologie und Sprache. Ich möchte das folgende Gesamtszenario vorschlagen. Noch um 40 000 v. h. war *Homo sapiens* auf die tropischen Gebiete Afrikas, Asiens und Ozeaniens begrenzt. Bis 30 000 v. h. war er in weitere Regionen vorgedrungen und hatte ganz Eurasien besiedelt, wobei er frühere Hominiden (*Homo erectus* in der östlichen und Neandertaler in der westlichen Hemisphäre) verdrängte; erste Gemeinschaften lebten in Nordamerika, in Südamerika gab es dagegen wohl noch keine Besiedlung, obwohl die Einzelheiten der Besiedlung Amerikas in der Wissenschaft nach wie vor umstritten sind. Linguistische Zeugnisse könnten zu einer weiteren Klärung beitragen.

In der folgenden Analyse stelle ich Regionen linguistischer Einheitlichkeit (als mögliche Zielgebiete bestimmter Wanderbewegungen) Regionen linguistischer Vielfalt (als mögliche Ursprungsgebiete) gegenüber. Wie Abbildung 3.1 zeigt, liegen die Hauptregionen linguistischer Einheit in Nordeurasien und auf dem amerikanischen Kontinent. Die eindrucksvollste Region linguistischer Einheit ist Eurasien, wo die einzige große Sprachfamilie des Eurasiatischen heute vom Atlantik zum Pazifik und selbst bis zum Indischen Ozean gesprochen wird. In nur kurzem Abstand dazu folgen hinsichtlich linguistischer Einheit die amerindischen Sprachen, die sich ohne Unterbrechung über ganz Südamerika und den größten Teil Nordamerikas ausbreiteten (obwohl sie seither beträchtlich von den indoeuropäischen Sprachen verdrängt wurden). Ein drittes Beispiel linguistischer Einheit, das sich durch eine weite Verbreitung verwandter Gruppen auszeichnet, bilden die dene-kaukasischen Sprachen.

Im Gegensatz dazu möchte ich vier bedeutende Zentren linguistischer Vielfalt herausstellen: Regionen, in denen die Existenz verschiedener, doch verwandter Sprachen in einem kleinen Gebiet den Eindruck erweckt, als seien dies Regionen, aus denen Migranten aufbrachen (zu den Regionen siehe Abb. 2.1 im vorhergehenden Kapitel). Eine solche Region der Vielfalt ist der Kaukasus. Dort, in den niedrigen Bergen zwischen dem Schwarzen und dem Kaspischen Meer, finden wir die nordkaukasischen Sprachen (darunter das moderne Tschetschenisch) und die kartwelischen Sprachen (darunter das moderne Georgisch) – alle nur entfernt mit anderen Sprachen verwandt – sowie Vertreter der indoeuropäischen und altaischen Familien des Eurasiatischen. Dem Kaukasus als mögliches Zentrum menschlicher Expansion widmete man große Aufmerksamkeit. So stammt die Verwendung von »Kaukasier« als Bezeichnung einer Rasse aus dem 18. Jahrhundert und beruht auf der Behauptung, dass der Kaukasus Heimat einer reinen »kaukasischen« Rasse sei, und auf Vorstellungen des 19. Jahrhunderts, nach denen dieselbe Region das Heimatland der indoeuropäischen Sprachen war. Da Genetiker nun argumentieren, dass die Eigenschaften von »Rasse« genetisch eher oberflächlich und nicht von Be-

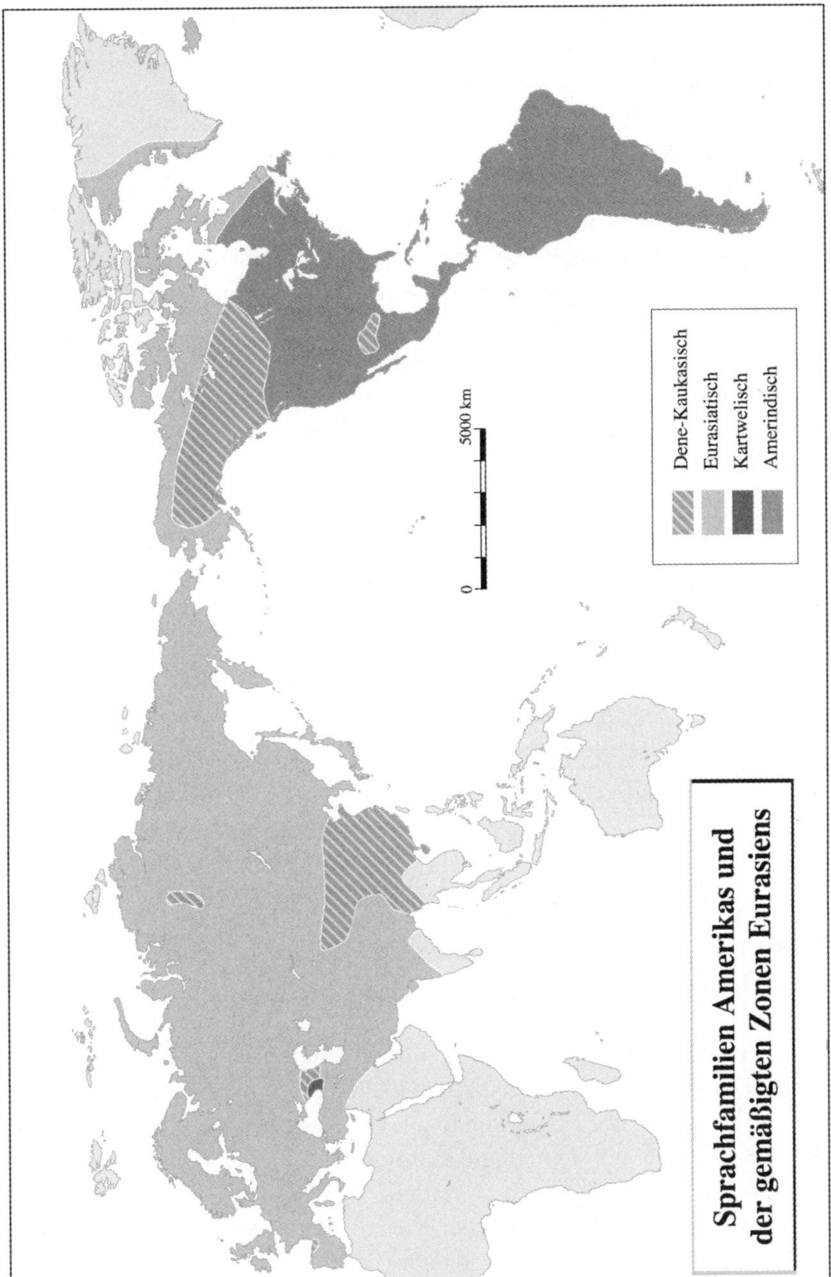
Sprachfamilien Amerikas und
der gemäßigten Zonen Eurasiens
0
5000 km
Dene-Kaukasisch
Eurasiatisch
Kartwelisch
Amerindisch

deutung sind, ist die Relevanz des Kaukasus für die Rassenanalyse obsolet geworden. Die linguistische Bedeutung des Kaukasus bleibt aufgrund seiner sprachlichen Vielfalt jedoch groß.

Eine zweite Region linguistischer Vielfalt weckte wesentlich weniger Aufmerksamkeit. Innerhalb der großen linguistischen Einheitlichkeit der eurasiatischen Sprachen findet sich die größte Vielfalt von Sprachen an der Nordostküste Asiens, an der vier der sieben Untergruppen des Eurasiatischen ihr Heimatland gehabt zu haben scheinen. (Siehe Abb. 3.2) Joseph Greenbergs jüngstes Werk betont die Bedeutung dieser Region. Ich stimme ihm zu; es sind jedoch weitere Studien notwendig, um diese zu bestätigen. Die Giljak- (oder Nivch-) und Tschuktscho-Sprachgruppen wurden nicht besonders eingehend studiert und das Koreanische, Japanische sowie Ainu erst kürzlich als eine einzige Gruppe anerkannt. Die Altai-Sprachen zeigen die größte Vielfalt im östlichen Teil ihres Verbreitungsgebietes, was darauf hinweist, dass die Gruppe aus dem Osten stammt. Eine Schätzung nach dem Prinzip der kürzesten Wanderbewegungen platziert das Heimatland des gesamten Eurasiatischen in die Nähe der Pazifikküste und lässt darauf schließen, dass die Steppen Eurasiens eher vom Osten als vom Westen her besiedelt wurden. Obwohl die indoeuropäischen Sprachen heute die größte und bevölkerungsreichste Gruppe innerhalb der eurasiatischen Sprachen darstellen, sind sie die vom mutmaßlichen Heimatland am weitesten entfernten. Daher könnten sie ihren Ursprung in westlichen Ausläufern unter den Sprechern des Eurasiatischen gehabt haben.

Eine dritte Region linguistischer Vielfalt datiert weiter zurück: das Heimatland der sino-tibetischen und austrischen Sprachen im Südwesten Chinas. Alle vier Hauptuntergruppen der sino-tibetischen Sprachen sind im heutigen Südwestchina vertreten, entlang der großen Flüsse Südostasiens. In ungefähr denselben Gebieten, nur leicht flussabwärts, befinden sich die Heimatländer der austrischen Sprachen (häufiger thematisiert in ihren vier Untergruppen: Austroasiatisch, Miao-Yao, Tai und Austronesisch). Dieses Zentrum linguistischer Vielfalt scheint eine Region zu sein, von der aus sich frühe Migranten in alle Richtungen ausbreiteten, da Sprachen, die aus diesem Heimatland stammen, nun in allen Gebieten Asiens und darüber hinaus gesprochen werden.

Die vierte Region linguistischer Vielfalt datiert sogar noch weiter zurück. Dabei handelt es sich um das mittlere Niltal, in dem afroasiatische und nilo-saharanische Sprachen ihr Heimatland hatten und in dessen

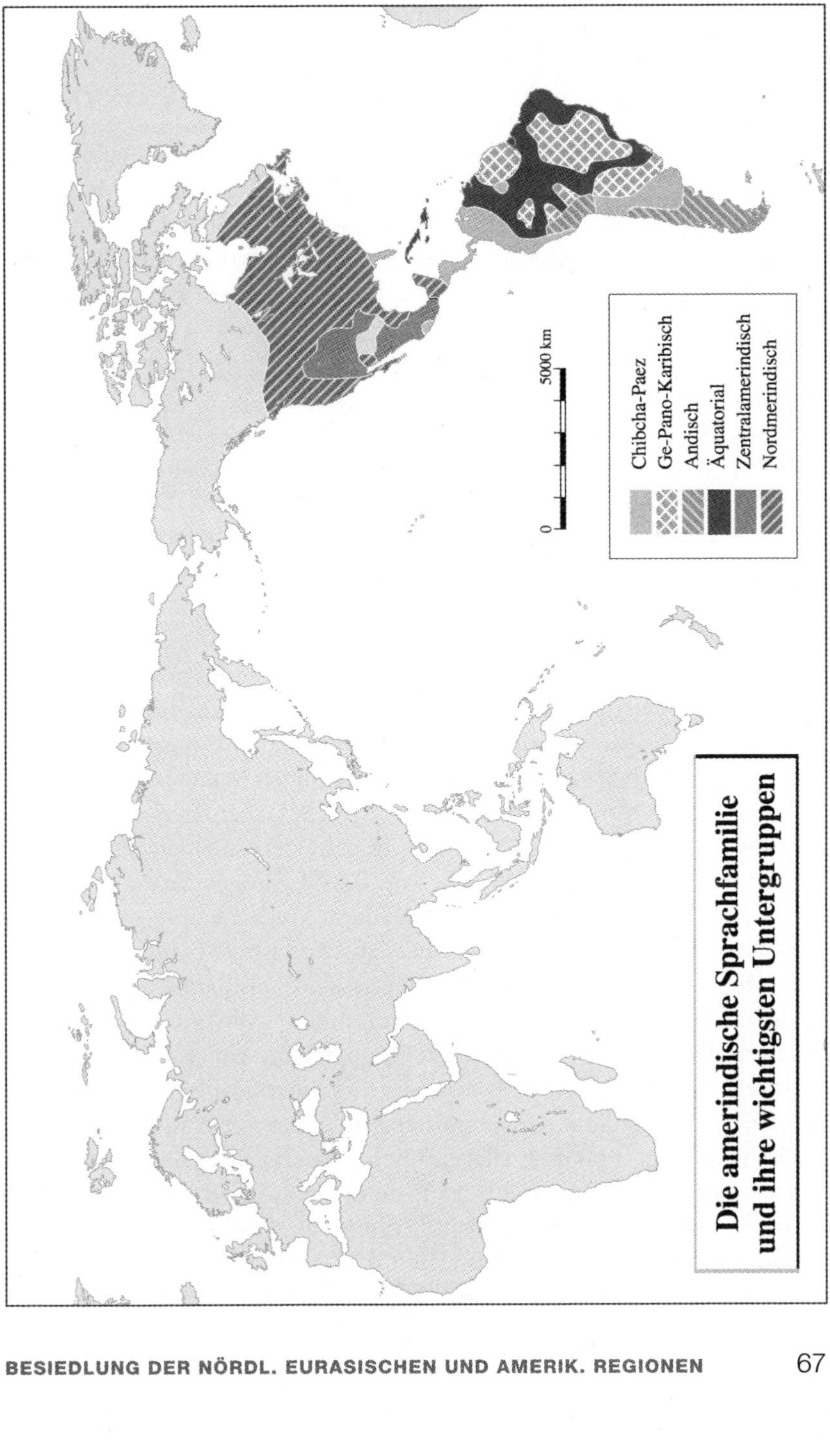
Die amerindische Sprachfamilie
und ihre wichtigsten Untergruppen
Chibcha-Paez
Ge-Pano-Karibisch
Andisch
Äquatorial
Zentralamerindisch
Nordmerindisch
0
5000 km

unmittelbarem Westen sich eine kleine, doch wichtige Gruppe von Niger-Kongo-Sprachen findet. Am mittleren Nil begann wahrscheinlich vor 80000 Jahren die Expansion nach Osten. Von hier aus könnte in späterer Zeit auch eine Expansion nach Norden ausgegangen sein.

Archäologische Zeugnisse beweisen, dass *Homo sapiens* vor etwa 40000 Jahren begann, gemäßigte Gebiete Eurasiens vom Atlantik bis zum Pazifik zu besiedeln – und etwas später die arktischen Randbereiche Eurasiens. Zwischen der Besiedlung der Tropen um 60000 v. h. und der Wanderung in das gemäßigte Eurasien scheint es eine Pause gegeben zu haben. Es war eine Art Durchbruch in der Technologie und eventuell in der Sozialstruktur nötig, damit größere Mengen von Menschen in der Lage waren, nach Norden zu ziehen.

Nach dieser Einführung wollen wir uns einer Untersuchung der eurasiatischen Sprachen zuwenden, der Familie von Sprachen, die nun den größten Teil des eurasiatischen Territoriums beherrschen. Die von Greenberg vorgeschlagene Karte der eurasiatischen Sprachen deckt ein so riesiges Gebiet ab, dass man leicht in Versuchung gerät, anzunehmen, ganz Nordeurasien sei in einer raschen Bewegung besiedelt worden, die von einer einzigen Region in den Tropen ausging. Die Bestimmung dieser großen Familie (manchmal Superfamilie genannt) von Sprachen ist eine beträchtliche Leistung: Sie stellt einen großen Fortschritt im Vergleich zum vorhergehenden Jahrhundert dar; hatte man sich hier noch auf die indoeuropäischen Sprachen konzentriert, so haben sich diese nun als eine von sieben Untergruppen der eurasiatischen Sprachen erwiesen. Die Geschichte der eurasiatischen Sprachgruppe geht viel weiter zurück und umfasst eine bei weitem größere Reihe von Bevölkerungen als die indoeuropäische Untergruppe. Linguisten haben diese Möglichkeit seit einiger Zeit erwogen: Greenbergs Analyse des Eurasiatischen verlief parallel zur Arbeit von Gelehrten in Europa (vor allem in Russland), die den Begriff »Nostratisch« einführten, der sich auf die Kombination indoeuropäischer, altaischer, uralischer und anderer Sprachgruppen bezieht. Ein erst kürzlich erzielter Fortschritt besteht in dem zunehmenden Konsens zwischen der Schule Greenbergs und der Linguistenschule, die mit dem Begriff »Nostratisch« arbeitet. Praktisch alle stimmen mittlerweile darin überein, dass die nostratische oder eurasiatische Familie nicht die afroasiatischen, drawidischen oder kartwelischen Familien einschließt. (Es bleibt der Unterschied, dass Greenberg den Sprachen der Pazifikküste größeren Nachdruck verleiht, als dies bei den Nostratisch-Forschern der Fall ist.) Somit herrscht weitgehend Einigkeit über den Aufbau einer Sprachfamilie, die sich über den größten Teil Eurasiens erstreckt.

Der nächste Schritt bei der Lösung des Rätsels der Besiedlung der gemäßigten Zonen ist die Analyse der Sprachen Nord- und Südamerikas. Greenbergs Ergebnisse sind in Abbildung 3.2 skizziert. Vor seiner Klassifizierung des Eurasiatischen veröffentlichte er 1987 eine Klassifikation der Sprachen des amerikanischen Kontinents. Seine Identifizierung des Amerindischen als eine einzige Familie, die den Großteil der amerikanischen Sprachen umfasst, rief eine heftige Reaktion unter Amerikanisten und Linguisten hervor, die sich weigerten, die Existenz dieser größeren Gruppierung von Sprachen zu akzeptieren. In der Folge brachten beide Lager stichhaltige Argumente vor, und es bleibt abzuwarten, wie sich die Diskussion weiterentwickeln wird. Für die folgende Untersuchung wird Greenbergs Klassifikation zugrunde gelegt.

Greenberg argumentierte, dass Amerindisch eine Schwestergruppe des Eurasiatischen ist. (Wenn er Amerindisch als eine Tochtergruppe betrachtet hätte, hätte er sie gemeinsam mit Eskimo-Aleutisch als eine Untergruppe des Eurasiatischen klassifiziert.) Aus dieser Klassifizierung ergibt sich, dass Eurasiatisch und Amerindisch beide Nachkommen eines Vorfahren sind, den Linguisten wahrscheinlich identifizieren werden. Wenn also das Eurasiatische etwa gegen 40 000 v. h. aufkam, eventuell unter Fischern und Jägern der Nordostküste Asiens, dann ist man gezwungen zu argumentieren, dass das Amerindische etwa zur gleichen Zeit entstand, unter Jägern und Fischern derselben Region, die dann weiter nach Norden und Osten wanderten. Sprecher des Amerindischen zogen über die Beringstraße auf den amerikanischen Kontinent, entweder über eine Landbrücke während der Eiszeit oder davor über das Meer. Nach Greenbergs Ansicht kamen Eurasiatisch und Amerindisch beide gegen 15 000 v. h. unter Bevölkerungen auf, die Länder besiedelten, die durch die zurückweichenden Gletscher freigelegt wurden. Auf der anderen Seite stützen genetische Zeugnisse, wie sie von Cavalli-Sforza zusammengefasst werden, ein früheres Datum von etwa 35 000 v. h. für die Besiedlung des amerikanischen Kontinents wie auch für die der gemäßigten Zonen Eurasiens, für das m.E. viel spricht. Abbildung 3.3 zeigt die Verbreitung des Eurasiatischen und Amerindischen sowie der anderen Sprachgruppen der gemäßigten und amerikanischen Zonen.

Diesen beiden großen Gruppierungen von Sprachen jenseits der Tropen können wir nun eine dritte hinzufügen. Die Linguisten John Bengtson

Die eurasiatische Sprachfamilie
und ihre wichtigsten Untergruppen
Indoeuropäisch
Altaisch
Uralisch
Japanisch-Koreanisch-Ainu
Tschuktschisch
Eskimo-Aleutisch
Giljak
0
5000 km

und Merritt Ruhlen haben Argumente für eine Gruppe vorgebracht, die sie Dene-Kaukasisch nennen. Sie stellen eine Familienverbindung unter fünf Sprachgruppen fest, die geographisch weit voneinander getrennt sind: die sino-tibetischen, nordkaukasischen, baskischen (in den Pyrenäen Spaniens und Frankreichs), jenisseischen (isolierte Sprachen in Nordostsibirien) und die Na-Dene-Sprachen von Nordamerika. Drei dieser Gruppen – Baskisch, Nordkaukasisch und Jenisseisch – kann man mühelos als Reste früherer Sprachen betrachten, die expandierenden Gruppen von Sprechern des Eurasiatischen weichen mussten. Die Na-Dene-Gruppe Nordamerikas dagegen traf offensichtlich nach den Amerindisch-Sprechern in Nordamerika ein und fand ihren Weg ins Innere des Kontinents blockiert durch die zuvor etablierten Bevölkerungen. Sino-Tibetisch dagegen ist eher eine Sprachgruppe tropischer als gemäßigter Zonen, da sich die meisten ihrer Untergruppen auf die subtropischen Hochländer der südostasiatischen Flusstäler konzentrieren.

Die Zeugnisse für die dene-kaukasische Sprachfamilie deuten darauf hin, dass es mindestens zwei Wellen von Vorstößen der Menschen in die gemäßigte eurasiatische Zone gab: zunächst von Sprechern des Dene-Kaukasischen und dann von Sprechern des Eurasiatischen. Um diese Möglichkeit zu klären, ist es wichtig, den Platz der sino-tibetischen Sprachen in der größeren dene-kaukasischen Familie zu bestimmen. In Kapitel 2 habe ich dargelegt, dass das Sino-Tibetische eine der Gründerfamilien war, die im Zuge der ostwärts gerichteten Kolonisation der Tropen zurückblieb. Gemäß dieser Annahme sind die anderen, unter Dene-Kaukasisch aufgelisteten Gruppen praktisch Teil des Sino-Tibetischen. Doch wenn das Sino-Tibetische selbst nur Teil einer größeren Familie ist, muss man eventuell über Südostasien hinaus nach seinem Heimatland suchen. Ein anderes Heimatland würde zu einer anderen Interpretation von Migrationswegen führen.

Wenden wir uns nun der Erforschung der vier möglichen Hauptrouten für die Besiedlung des gemäßigten Eurasien zu. Zunächst, wie oben impliziert, gibt es das Argument für die Migration die Pazifikküste hinauf. Die Küstenbewohner der südostasiatischen Tropen könnten sich auf ihrem Zug nach Norden schrittweise auf die sich verändernden Bedingungen eingestellt haben. (Die Bedeutung von Meeresfrüchten in der koreanischen und japanischen Küche von heute könnte somit eine alte Tradition widerspiegeln.) Auf der Höhe von Hokkaido und Sachalin könnten diese Küstenbevölkerungen die Jagd- und Sammeltechniken entwickelt haben, die das Leben in der Steppe ermöglichten. Dann sind sie eventuell nach Westen gezogen, wobei sie sich ausbreiteten, voneinander trennten und schließlich zu den verschiedenen Eurasiatisch sprechenden Bevölkerungen wurden. Das Flusstal des Amur ist ein Wasserweg, auf dem sich die Küstenbewohner mit der Steppe vertraut gemacht haben könnten. Diese Betrachtungsweise basiert auf der Konzentration von eurasiatischen Untergruppen an der nordwestlichen Pazifikküste: Koreanisch-Japanisch-Ainu, Giljak, Tschuktscho und das nahe Altaisch. In diesem Fall würde Eurasiatisch höchstwahrscheinlich vom Austrischen abstammen. Zu anderen möglichen linguistischen Vorfahren gehören das Sino-Tibetische und das Indopazifische.

Wahrscheinlich half auch ein neuer Bootstyp – das Fellboot – den Migranten, von den Tropen nach Nordeurasien zu ziehen. Für solche Boote mussten Tierhäute zusammengenäht und über einen Holzrahmen gespannt werden: Der moderne Kajak der Inuit ist ein gutes Beispiel. Fellboote haben den Vorteil, dass sie leicht und tragbar sind, sie liegen hoch im Wasser und halten ihre Passagiere trocken. Der Meeresarchäologe Paul Johnstone hat die Verteilung solcher Boote in ganz Nordeurasien und im arktischen Nordamerika verzeichnet: Dabei handelt es sich genau um die Verteilung der eurasiatischen Sprachen.

Die mit dem Bau dieser Fellboote verbundene Technologie wurde vermutlich vor etwa 40 000 Jahren an der nordostasiatischen Küste entwickelt, vielleicht im Flusstal des Amur. Schilfboote, die wahrscheinlich die hauptsächlichen Wasserfahrzeuge der Bevölkerungen waren, die entlang der Pazifikküste nach Norden zogen, hatten den Nachteil, dass sie die Seefahrer dem kalten Wasser des Nordens aussetzten. Die Entwicklung von Fellbooten erforderte die Fähigkeit, große Tiere effektiv zu jagen, außerdem die Verfügbarkeit von Ahlen, um die Felle zu durchbohren und mit Tier- oder Pflanzenfasern zusammenzunähen, und schließlich die Fähigkeit, einen robusten Holzrahmen zu bauen. Vielleicht wurden diese neuen Boote auf Flüssen ausprobiert und dann modifiziert für die Benutzung auf See. Auf dem Transportweg von einem Flusssystem zum anderen konnten Migranten, die sowohl jagten als auch fischten, Fellboote benutzen, um Region nach Region des gemäßigten und arktischen Eurasien zu besiedeln.

Ein zweiter Weg nach Norden führte vom sino-tibetischen Heimatland in die Steppen Eurasiens. Der Ausgangspunkt liegt wahrscheinlich im heutigen Südchina; die Migranten bewegten sich verschiedene Flusstäler hinauf und hinab und lernten, in zunehmend trockeneren Zonen mit wechselnden Regenzyklen zu leben. Die Ausbreitung nach Osten Richtung Pazifik dürfte überall einfach gewesen sein, nach Westen jedoch war sie nur nördlich des Himalaja unproblematisch, vom Breitengrad des Gelben Flusses an. Somit folgten diese Migranten der Route, die später zur Seidenstraße werden sollte, um Zentralasien, den Kaukasus und Europa zu erreichen und sich dort niederzulassen. Dies mag der Weg der Sprecher des Dene-Kaukasischen gewesen sein, als sie aus einem tropischen Heimatland nach Norden zogen, sich dann Richtung Osten und Westen gabelten, als sie die Steppen erreichten. Doch die gegenwärtige Verteilung von Gemeinschaften, die dene-kaukasische Sprachen sprechen, macht es schwierig, die zeitliche Abfolge und Schritte ihrer Migration nachzuvollziehen.

Einen dritten Weg in die gemäßigte Zone könnte man eventuell die »Nil-Fruchtbarer-Halbmond-Kaukasus-Route« nennen. Dieser Weg, in dessen Zentrum der Fruchtbare Halbmond im Nahen Osten liegt, wird oft für die Route gehalten, auf der die Menschen Afrika verließen und das eurasiatische Herzland besiedelten. So ist zum Beispiel der Genetiker L. L. Cavalli-Sforza in seiner maßgebenden Untersuchung der Genetik menschlicher Migration davon ausgegangen, dass dies der Weg der Wanderung aus Afrika hinaus war. Es ist eine plausible Route, doch wenn man sie eingehend untersucht, ergeben sich aus linguistischer, ökologischer und genetischer Sicht drei Probleme. Den ökologischen Punkt kann man knapp abhandeln, doch die anderen beiden müssen eingehender erklärt werden. Während die ökologischen Unterschiede zwischen dem mittleren Niltal und dem Fruchtbaren Halbmond oder dem Kaukasus – hinsichtlich ihrer Vegetation, Temperaturen und Regenzeiten – in jüngerer Zeit mühelos durch menschliche Technologie überwunden werden konnten, war dies für die Menschen vor 60 000 Jahren nicht so einfach. Wir brauchen klarere archäologische Belege für *Homo sapiens* im Fruchtbaren Halbmond vor 40 000 v. h., als sie uns derzeit zur Verfügung stehen, um sicher zu sein, dass dies die Hauptroute aus Afrika war.

Die linguistischen Schwierigkeiten liegen vor allem darin, dass die jüngsten linguistischen Analysen die Nil-Fruchtbarer-Halbmond-Kaukasus-Route nicht deutlich stützen, im Gegensatz zur linguistischen Logik hinter den ersten beiden Routen. Dieser Punkt muss näher erläutert werden, da er früheren linguistischen Analysen widerspricht, denen zufolge solche Verbindungen aufgezeigt werden können. Die semitischen Sprachen werden in Südwestasien und Nordostafrika gesprochen. Da die semitischen Sprachen so großen Einfluss auf die Entwicklung der Schrift und so bedeutende Werke wie Hammurabis Gesetzessammlung und die hebräische Bibel ausübten, bemühten sich Gelehrte des 19. Jahrhunderts, die indoeuropäischen Sprachen mit den semitischen zu verknüpfen. Und da sich die sozialwissenschaftliche Analyse im 19. Jahrhundert besonders auf Identität nach so genannten »Rassen« konzentrierte, versuchte man nun, Sprecher des Semitischen mit Sprechern des Indoeuropäischen aufgrund der Tatsache zu verbinden, dass beide zu einer kaukasischen Rasse gehörten, und zwar hauptsächlich auf der Basis der Hautfarbe. Forscher, die versuchten, eine »nostratische« Sprachgruppe zu identifizieren, die mit der indoeuropäischen verwandt ist, nahmen diese Denkweise bereits in ihren frühen Werken auf. Zu Recht schlossen sie das Altaische, Uralische, Koreanische und Japanische in diese größere Gruppierung ein, doch versuchten sie außerdem, die semitischen und drawidischen Sprachen in einer erwiesenermaßen inkorrekten Klassifizierung unter die nostratischen Sprachen einzuordnen. (Die Beziehung des Kartwelischen zu eurasiatischen oder afroasiatischen Sprachen bleibt ungeklärt.)

Die jüngste Analyse zeigt, dass semitische, altägyptische und Berber-Sprachgruppen drei relativ junge Abspaltungen von Sprachen darstellen, deren Zentrum im mittleren Niltal lag. Ihre Bewegung nach Norden mag eher vor etwa 15 000 Jahren am Ende der Eiszeit und nicht früher stattgefunden haben. Die anderen Gruppen afroasiatischer Sprachen – alle mit ihrem Zentrum südlich der Sahara und alle von dunkelhäutigen Menschen gesprochen – liegen näher am Heimatland des Niltals. Eine vor 40 000 Jahren vom afroasiatischen Heimatland ausgehende Bewegung, um ein eurasiatisches Heimatland zu schaffen, wäre in der Tat eine lange Reise gewesen – besonders wenn wir die Annahme akzeptieren, dass das eurasiatische Heimatland eher im Osten Asiens als im Westen lag. Zudem vertreten nur wenige Linguisten die Meinung, das Amerindische sei eng mit dem Afroasiatischen verwandt, und dies, obwohl Greenberg versicherte, dass das Eurasiatische und das Amerindische Schwesterfamilien waren und von einem gemeinsamen Vorfahren abstammten. Folglich stammen das Eurasiatische und Amerindische höchstwahrscheinlich von den Sprachen Südostasiens ab. Somit hat das Afroasiatische (einschließlich des Semitischen) keine engen linguistischen Verwandten in Europa, West- oder Zentralasien.

Ein weiteres Problem für die Nil-Fruchtbarer-Halbmond-Kaukasus-Route stellen die genetischen Zeugnisse dar. Obwohl im Allgemeinen argumentiert wird, dass sie die Annahme eines Migrationsweges vom Niltal durch den Fruchtbaren Halbmond und nach Eurasien stützen, müssen meiner Meinung nach die aus ihnen abgeleiteten Rückschlüsse auf die Vergangenheit neu bewertet werden. Insbesondere neigen die gegenwärtigen Ergebnisse einheitlich dazu, die genetische Entfernung geographisch benachbarter Bevölkerungen zu unterschätzen und sie umgekehrt zu überschätzen im Fall von geographisch entfernten Bevölkerungen. Cavalli-Sforzas eingehende Forschungsarbeiten und sorgfältige Übersichten demonstrieren einen ernsthaften Versuch, Arbeiten aus allen Disziplinen, die zum Studium der frühen Menschheit beitragen, in Einklang zu bringen. Und doch gibt es immer noch seltsame Ergebnisse, die nicht passen. Methodisch gesehen sind die isoliertesten Bevölkerungen diejenigen, die Berechnungen zufolge die größte genetische Entfernung von anderen aufweisen und damit die ältesten sind. Folglich schätzte er die Spaltungen unter Bevölkerungen in zentralen Regionen Eurasiens als relativ jung ein. Ebenso sonderbar ist, dass Cavalli-Sforza überholte Begriffe zur Rasse verwendet, um Phänotypen zu klassifizieren, obwohl genetische Studien gezeigt haben, dass das physische Erscheinungsbild nur einen kleinen Teil des genetischen Unterschieds ausmacht: Ein Blick auf seine Amerikakarte mit den für die Regionen unterschiedlichen Hautfarben weist stark darauf hin, dass die Umwelt und nicht nur die Erbmasse den menschlichen Phänotyp beeinflusst.

Schließlich gibt es noch einen vierten Weg von den Tropen in die gemäßigten Zonen Eurasiens, der durch linguistische Ergebnisse gestützt werden kann: den Weg von der drawidischsprachigen Zone der Küsten des Indischen Ozeans über die Berge nach Norden. In jüngerer Zeit sind andere Bevölkerungen in die entgegengesetzte Richtung gewandert, von Zentralasien nach Indien hinein, und so ist es möglich, dass eine vorherige Migration nach Norden verlaufen ist. Meines Wissens sind noch keine ernsthaften Versuche unternommen worden, diese Theorie archäologisch oder linguistisch zu untermauern, obwohl man sich durchaus vorstellen kann, dass die eurasiatischen Sprachen von drawidischen abstammen. In diesem Fall wäre die Route von den tropischen Gewässern in die gemäßigten Steppen recht kurz.

Aus den oben kurz dargestellten komplexen Möglichkeiten müssen wir die menschliche Besiedlung des gemäßigten Eurasien rekonstruieren. Wir gehen also davon aus, dass es drei wesentliche Migrationen von den Tropen in die gemäßigten Zonen Eurasiens gab und man sich ihrer relativen zeitlichen Abfolge nicht sicher sein kann. Eine Wanderung auf dem Landweg oder teilweise über Flüsse durch die Täler östlich des Himalajas von Südchina in die osteurasiatischen Steppen kann eine an das Leben in gemäßigten Zonen angepasste Bevölkerung hervorgebracht haben; diese dene-kaukasische Sprachen sprechende Gruppe begann als Erste, sich auf die Umgebung einzustellen. Die zweite größere Migration erstreckte sich entlang der westlichen Pazifikküste nach Norden. Diese Bewegung führte zur Bildung der eurasiatischen Sprachgruppe, die sich dann ausbreitete und frühere Gruppen mit Ausnahme einiger dene-kaukasischer Überbleibsel vertrieb oder assimilierte. Zumindest legt die linguistische Vielfalt der Nordpazifikküste nahe, dass sie ein Ort früher Besiedlung und ein Heimatland für Migrantengruppen war. Drittens mag eine Bewegung nach Norden von Sprechern afroasiatischer Sprachen aus Afrika zur Besiedlung des gemäßigten Eurasien beigetragen haben. Wenn eine solche Wanderung in relativ früher Zeit stattgefunden hat, können die Migranten an den Küsten des Mittelmeeres und des Schwarzen Meeres entlang gezogen sein, obwohl die linguistischen Zeugnisse darauf hinweisen, dass eine afroasiatische Migration über Afrika hinaus recht spät erfolgte.

Ich bin der Ansicht, dass sowohl das Eurasiatische als auch das Amerindische seinen Ursprung an den Westküsten des Nordpazifiks hatte. Das Amerindische verbreitete sich dann auf dem amerikanischen Kontinent, bevor um 35 000 v. h. die letzte Eiszeit begann, während sich das Eurasiatische nach Westen über die Steppen Eurasiens ausbreitete. Meiner Meinung nach waren beide Gruppen sowohl auf Wasserwege (und damit auf Boote) als auch den Landweg angewiesen. Sie blieben auf ihrem Weg ins Landesinnere in der Nähe von Flüssen und jagten zu Lande sowie am Ufer große und kleine Tiere.

Unabhängig hiervon ist es klar, dass das Eurasiatische und das Amerindische mit anderen größeren Sprachgruppen verglichen werden müssen, um festzustellen, ob eine Zugehörigkeit zu erkennen ist. Die vollständige Liste von möglichen Gruppen, von denen Eurasiatisch und Amerindisch abstammen können, umfasst: Nilo-Saharanisch, Afroasiatisch, Drawidisch, Sino-Tibetisch (oder Dene-Kaukasisch), Austrisch, Indopazifisch und Australisch. Von diesen halte ich das Austrische für die wahrscheinlichste Mutter- oder Zugehörigkeitsgruppe für das Eurasiatische, doch diese Behauptung basiert bisher eher auf geographischer Nähe als auf einem detaillierten linguistischen Vergleich.

Ein wichtiges Thema, das ich nur flüchtig angesprochen habe, ist die Interaktion von *Homo sapiens* mit anderen Hominiden. Die oben besprochenen linguistischen Zeugnisse geben vielleicht keine definitive Antwort auf die Frage nach der Besiedlung des gemäßigten Eurasien, doch sie liefern wichtige Hintergrundinformationen, um nachzuvollziehen, wie *Homo sapiens* früheren Hominiden begegnete und diese verdrängte. Besonders für Europa haben wir Nachweise, die dabei helfen, die Geschichte des Kampfes um Territorien von *Homo sapiens* mit anderen Hominidenvorfahren zu klären, speziell mit *Homo neanderthalensis* in Europa. Die genetischen Zeugnisse weisen bisher auf nur wenige Mischehen dieser beiden eng verwandten Hominidenbevölkerungen hin. Ein wahrscheinliches Szenario ist, dass der eindringende *Homo sapiens* das beste Land besiedelte, an Zahl wuchs und die älteren Bevölkerungen in Randgebiete drängte, bis sie schließlich völlig verschwanden. Demnach könnte es zu einer gewissen Vermischung gekommen sein.

Bewegungen in der Alten Welt während der letzten Eiszeit, 30 000 bis 15 000 v. h.

Wir haben also gesehen, dass alle großen Sprachgruppen vor 30 000 Jahren etabliert waren. Demzufolge ist die Zeit während und nach der letzten Eiszeit eher eine Phase der Anpassung regionaler Bevölkerungen gewesen als ein Vordringen in leere Landstriche. Im Folgenden behandeln wir die elf hauptsächlichen Sprachgruppen der Alten Welt, die heute existieren, zusammen mit meinen Annahmen hinsichtlich Lokalisierung, Spaltung und Bewegung ihrer Untergruppen, wie sie vor 30 000 bis 15 000 Jahren aufkamen. Ich beginne mit den neun Gruppen der Tropen der Alten Welt und wende mich dann den Gruppen des gemäßigten Eurasien zu. Anschließend beschäftige ich mich mit der Migration auf dem amerikanischen Kontinent.

Die Khoisan-Sprachen behielten ihre Zentren in Ostafrika, obwohl sich Gruppen in Süd- und Südwestafrika bildeten, anscheinend in Verbindung mit einer Expansion in diese Gebiete. In der Savanne und den Wäldern Westafrikas entwickelten sich sieben große Untergruppen der Niger-Kongo-Sprachen, als sich die Menschen auf ein Leben in verschiedenen ökologischen Gebieten einstellten. Die Nilo-Sahara-Sprachen, die in den östlichen zwei Dritteln der Sahara und Ländern südlich der Sahara angesiedelt waren, spalteten sich in drei große Gruppen – eine entlang des mittleren Flusslaufs des Niger, eine in der Sahara und eine in den Steppen westlich des Nils. Weiterhin umfassten die nilo-saharanischen Sprachen Schwestergruppierungen im Grasland östlich des Nils sowie Sprachen des Niltals selbst. Wie vielleicht zuvor wurde die Kultur der Sprecher der nilo-saharanischen Sprachen in diesem Zeitraum hauptsächlich von einem Leben in Wassernähe und den Erträgen von Flüssen und Seen geprägt.

Die afroasiatischen Sprachen, deren Heimatland ebenfalls in Afrikas östlichen Savannengebieten lag, spalteten sich in dieser Zeit in mehrere große Gruppen. Zu diesen Gruppen gehörten Omotisch (Westäthiopien), Kuschitisch (Äthiopien und Somalia), Tschadisch (Nigeria und Tschad) und eine nördliche Gruppe, die Untergruppen von Berber- (Nordwestafrika), ägyptischen (unterer Nillauf) und semitischen (Fruchtbarer Halbmond) Sprachen umfasste. Die Bedeutung der Auflistung aller vier Gruppen besteht in dem Nachweis, dass die Muttergruppe der afroasiatischen Sprachen ihren Ursprung im mittleren Niltal von Afrika hatte, und nicht in Asien.

Auch in den Tropen außerhalb Afrikas spalteten sich die Sprachgruppen in Untergruppen und verbreiteten sich in benachbarte Gebiete. Die drawidischen Sprachen teilten sich in nördliche und südliche Gruppen, die auf dem indischen Subkontinent blieben. Die austrischen Sprachen mit ihrem Heimatland in den Flusstälern des heutigen Südwestchina spalteten sich in vier große Untergruppen: die austroasiatischen, Miao-Yao- und Dai-Sprachen, die in den mittleren Tälern der großen Flüsse Südostasiens verblieben, und die austronesischen Sprachen, die sich unter Bevölkerungen entwickelt hatten, die flussabwärts gezogen waren und sich vom unteren Jangtsetal ausgebreitet hatten. Die sino-tibetischen Sprachen machen die größte Gruppe der ausgedehnten dene-kaukasischen Familie aus. Das Sino-Tibetische mit seinem Heimatland direkt neben dem der austrischen Sprachen in den mittleren Tälern der großen Flüsse teilte sich in mehrere Gruppen auf, die in der gleichen Region blieben oder weiter nach Westen und flussaufwärts zogen, sowie in das Chinesische, eine Sprachgemeinschaft, die flussabwärts in das untere Jangtsetal zog.

Die indopazifischen Sprachen wurden von Völkern gesprochen, die wahrscheinlich den Großteil des Festlands von Sunda (in der Zeit, bevor der größte Teil dieses Subkontinents vom steigenden Wasser bedeckt wurde) und die große Insel Neuguineas sowie den umgebenden Archipel besiedelten. Die Sprecher des Indopazifischen waren besonders gute Seefahrer, da sie auf Inseln des indonesischen Meeres lebten. Die australischen Sprachen zeigen die größte Vielfalt in den Tropengebieten Nordaustraliens, doch das Modell der Sprachuntergruppen enthüllt außerdem die abschließende Migration in die Wüstengebiete und gemäßigten Zonen von Nord- und Ostaustralien.

In der nördlichen Zone Eurasiens spalteten sich die eurasiatischen Sprachen in ihre Untergruppen: im Osten Tschuktscho, Giljak und Koreanisch-Japanisch-Ainu, im Osten und Zentrum Altaisch, im Norden Uralisch, im äußersten Westen Indoeuropäisch. Ganz zuletzt verbreitete sich das Eskimo-Aleutische in den äußersten Nordosten.

Migrationen auf dem amerikanischen Kontinent bis 5000 v. h.

Hinsichtlich der Wanderungen in Nord- und Südamerika neigt man natürlich dazu, die Ereignisse hier getrennt von der Besiedlung der Alten Welt darzulegen. Zeugnisse linguistischer Klassifizierung bieten eine Möglichkeit, dieser Trennung entgegenzuwirken und die Parallelen sowie direkten Verbindungen amerikanischer Migrationen mit denen der Alten Welt zu betonen. Wie oben ausgeführt, stand die Ankunft von Menschen auf dem amerikanischen Kontinent in Zusammenhang mit der Besiedlung Nordeurasiens. Das Hindernis auf dem Weg nach Amerika war nicht etwa der schmale Meeresstreifen, der einst Sibirien und Alaska voneinander trennte, sondern die Schwierigkeit, so weit im Norden, in der Arktis, zu leben. Die Lösung des Problems schloss sicherlich den Bau von Booten ein, um die kalten Wassermassen der Region zu überqueren. Grundlegend hing die Fähigkeit, entweder zu Fuß oder mit dem Boot nach Amerika zu gelangen, von der generellen Fähigkeit ab, Nahrung und Unterschlupf in diesen Breitengraden zu finden. Aus diesem Grund ist es besonders logisch, die Hypothese aufzustellen, dass Menschen das arktische Nordamerika etwa zur gleichen Zeit besiedelten wie das arktische Eurasien.

Sobald sie Nordamerika erreicht hatten, sahen sich die Menschen bei ihrer Erkundung und Expansion mit einem anderen Problem als ihre Vorfahren konfrontiert. Bisher war die Richtung der Migration von den Tropen in neue Tropen und dann in gemäßigte Zonen sowie letztendlich in arktische Regionen verlaufen. Die ersten Entdecker Amerikas dagegen waren in kalten Regionen geboren worden und lebten dort. Sie und ihre migrierenden Nachfahren mussten schrittweise die Techniken des Lebens in wärmeren Regionen erlernen. Sie mussten sich der Aufgabe stellen, ein neues Ökosystem nach dem anderen kennen zu lernen, während sie nach Süden und Osten zogen, bis sie schließlich die Grenzen Südamerikas erreichten. Man kann die rhetorische Frage stellen, ob die amerikanischen Siedler eine gewisse tief verwurzelte soziale Erinnerung in sich trugen, die es ihnen ermöglichte, sich die Erfahrungen ihrer vor vielen Generationen in den Tropen lebenden Vorfahren ins Gedächtnis zu rufen, um so nun die Probleme des Lebens in den Tropen zu lösen. Selbst ohne eine solche unergründliche soziale Erinnerung besaßen die Menschen nach 30 000 v. h. einen höheren Grad an Erfahrung und Technologie, um ihre Probleme anzugehen, als ihre entfernten Vorfahren.

Zu Beginn profitierten die Migranten in Amerika von einem unverhofften Glücksfall. Wie früher in Australien und sicherlich auch anderen Gebieten standen die Neuankömmlinge nicht nur vor der Schwierigkeit, sich auf eine neue Umwelt einzustellen, sondern trafen – und dies zu ihrem großen Glück – daneben auf große Tiere, die auf das Jagdgeschick der Menschen nicht vorbereitet waren. Das Verschwinden der Megafauna in Australien, Nordeurasien und Nordamerika zu Zeiten, die mit der Besiedlung durch Menschen zusammenfallen, kann komplexere Gründe haben als nur die Bejagung dieser großen Säugetiere bis zur Ausrottung durch die gerade erst dort eingetroffenen Menschen, doch es reflektiert gewiss den menschlichen Einfluss auf das Ökosystem.

Die Verteilung von Untergruppen innerhalb der amerindischen Sprachen ergibt ein klares und logisches Bild des Vorstoßes menschlicher Besiedlung in die westliche Hemisphäre. Die Verteilung der Sprachgruppen zeigt, dass sie durchaus vor der Entwicklung der Landwirtschaft etabliert waren und zahlreiche Migrationen sowohl vor als auch nach dem Aufkommen der Landwirtschaft stattfanden.

Sprecher der nördlichen amerindischen Sprachen breiteten sich aus und besiedelten den größten Teil der heutigen Vereinigten Staaten, zuzüglich großer Gebiete im Norden und Süden. Das Heimatland für diese Sprachgruppe, ausgehend von der Verteilung ihrer Untergruppen, befand sich im heutigen pazifischen Nordwesten der USA – eventuell in den Tälern des Columbia River und des Snake River. Eine zweite Familie ist das Zentralamerindische, eine Gruppierung von Völkern der Hochländer, deren Expansion letztendlich das Gebiet der Rocky Mountains von Utah durch die Sierra Madre in Zentralmexiko umfasste. Das Heimatland, von dem aus sich die zentralamerindischen Sprachen verbreiteten, scheint in der Sierra Madre in Mexiko gelegen zu haben.

Die Chibcha-Paez-Sprachen wurden nun in Zentralamerika und Nordwest-Südamerika gesprochen. Die Verteilung dieser Sprachen weist auf ein Heimatland in den Tiefländern Nordkolumbiens hin. Im Süden findet sich die andische Sprachgruppe mit ihrem Heimatland in den Zentralanden (vielleicht im heutigen Peru), und Sprecher andischer Sprachen sind bis in die Spitze Südamerikas verbreitet. In einer bemerkenswerten Parallele zu den Sprachen Nordamerikas gibt es eine erste Gruppe von Sprachen, die sich im Tiefland von Flusstälern in der Nähe des Pazifiks konzentrieren (die nordamerindische Gruppe in Nordamerika und die Chibcha-Paez-Gruppe in Südamerika), und eine benachbarte und vermutlich folgende Gruppe von Sprachen mit Zentrum im Hochland (Zentralamerindisch in Nordamerika und Andisch in Südamerika).

Die restlichen Familien des Amerindischen befinden sich östlich der Gebirgskette der Anden. In den großen Tälern des Amazonas und des Orinoco, dem Grasland und den Wäldern, durch die diese Flüsse fließen, und südlich davon haben sich die Äquatorial-Tukano- und Ge-Pano-Karibischen Sprachfamilien von ihren Heimatländern in den Tälern des unteren Orinoco und Amazonas ausgebreitet, so dass sie beinahe die gesamte Landfläche östlich der Anden bedecken.

Zwei weitere Sprachgruppen runden die grundlegenden Kategorien von Migranten nach Amerika ab. Die Na-Dene-Sprachen kamen in Nordamerika auf, als Menschen dorthin migirierten, die mit dem Sino-Tibetischen verwandte Sprachen benutzten. Cavalli-Sforza vermutete auf der Grundlage genetischer Zeugnisse, dass sich diese Gruppen um 15 000 v. h. in dieser Region niederließen. Die Na-Dene-Sprachen mit ihrem Heimatland im heutigen Alaska umfassen zwei Untergruppen: die der Pazifikküste (besonders Haida) und die der von den Athabasken besiedelten Grasländer südlich des Permafrostbereichs Kanadas. Letztere Gruppe schickte Migranten nach Süden, deren Nachkommen Apache- und Navajo-Sprachen sprachen. Nach der Ansiedlung der Na-Dene-Sprecher kolonisierten Eskimo-Aleutisch-Sprecher den arktischen Rand Nordamerikas. Diese zuletzt entstandene Untergruppe des Eurasiatischen erreichte – mit ihrer Spezialisierung in Bootsbau, Jagd und Fischerei – die offenen Gewässer des Pazifiks (Aleutisch-Sprecher) und jene Gebiete entlang der eingefrorenen Küste (Eskimo-Sprecher).

Die nordamerindische Sprachfamilie verbreitete sich schließlich fast in ganz Nordamerika. Vom Heimatland im oder nahe dem Columbia-Tal bewegte sich eine Gruppe nach Osten und spaltete sich in diejenigen, die sich auf die Wälder konzentrierten (einschließlich der späteren Algonkin), und diejenigen, die das Leben in der Prärie bevorzugten (später einschließlich der Sioux, Irokesen und Cherokee). Zwei andere Gruppen gründeten Gemeinschaften in Kalifornien. Davon entsandte die als Penuti bekannte Gruppe Migranten, aus denen die Maya in Yucatán und die Choctaw und andere Bevölkerungen am nördlichen Golf von Mexiko hervorgingen. Ebenso migrierten Mitglieder der als Hoka bekannten Gruppe, die dann sowohl die Pazifik- als auch Atlantikküsten Mexikos besiedelten.

Die zentralamerindischen Sprachen, die in den Hochländern von Nordmexiko entstanden, übten ihren Einfluss im Norden bis Utah, im Osten bis Oklahoma und im Süden bis Oaxaca aus. Es fällt jedoch auf, dass die Lücke zwischen den Rocky Mountains und der Sierra Madre im heutigen Arizona und New Mexico eine Region ist, in der mehrere Sprachgruppen ihre Spuren hinterlassen haben: verschiedene Untergruppen des Nordamerindischen, Bevölkerungen mit Na-Dene-Sprachen und Sprecher zentralamerindischer Sprachen. Diese trockene, doch zugängliche Region wurde zu einer bemerkenswerten Zone, wo die Migrationsströme zusammenflossen und sich vermischten.

Die Chibcha-Paez-Sprachen entsandten schließlich aus ihrem Heimatland in Nordkolumbien Migranten über große Entfernungen in alle Richtungen. Sie wurden zu den dominanten Sprachen Zentralamerikas südlich des Maya-Reichs und der Pazifikküste bis nach Peru hinein. Weit entfernte Mitglieder dieser Familie sind Timucua (ehemals in Florida gesprochen), die Yanomani-Sprache des Amazonasbeckens und einige Sprachen der südlichen Anden. Das Kerngebiet der Chibcha-Paez-Sprachen spielte sicherlich eine entscheidende Rolle bei der Domestizierung von Pflanzen in Südamerika.

Die andischen Sprachen scheinen in den Bergen Perus entstanden zu sein. Später zogen Sprecher dieser Sprachen in die nördlichen Anden und eventuell noch später ganz bis in die Südspitze Südamerikas und kolonisierten die Prärien Patagoniens. Als das Reich der Inkas viele Jahrhunderte später entstand, vereinigte es zahlreiche Andisch sprechende Völker und herrschte außerdem über Völker der Chibcha-Paez- und Äquatorial-Tukano-Sprachgruppen.

Die beiden Sprachgruppen, die das östliche Südamerika zwischen den Anden und dem Atlantik dominieren, enthüllen eine komplexe Geschichte wiederholter Migration, durchsetzt mit Einflüssen jüngerer Zeit, was es schwierig macht, ihre Heimatländer zu identifizieren. Die Äquatorial-Tukano-Sprachen, darunter solche Sprachen wie Arawak in Nordostbrasilien und Tupi an der zentralbrasilianischen Küste, könnten im mittleren oder unteren Amazonastal entstanden sein, die Ge-Pano-Karibik-Sprachen dagegen im unteren Orinocotal oder in Guayana. Doch jede dieser Gruppen entsandte Siedler in die Wälder und Steppen des östlichen Südamerikas.

Diese Kurzbeschreibung der Frühgeschichte amerindischer Bevölkerungen durch das Studium der Sprachgeschichte zeigt, dass man auf diese Weise eine faszinierende Geschichte aufdecken kann. Linguistische Informationen liefern den Grundriss für eine Geschichte der Migration und des sozialen Wandels, die sich wesentlich von früheren Darstellungen unterscheidet. Die Sprachen Amerikas, die zuvor hauptsächlich von Gelehrten studiert wurden, die jeweils zwei oder drei Sprachen analysierten, müssen außerdem in großen Gruppen verglichen werden, auf der Ebene großer Sprachfamilien. Eine solche Arbeit wird wahrscheinlich zu Überarbeitungen der von Greenberg vorgeschlagenen Zugehörigkeit zu Kategorien führen, allerdings nicht zu gravierenden Änderungen der Kategorien selbst. Die Bestimmung des relativen Alters der linguistischen Gruppierungen ist eine komplexe Aufgabe, doch eine von besonderer Bedeutung.

Weiterhin muss diese Übersicht der Migration und Differenzierung amerindischer Sprachgruppen mit der für die Parallelgruppe der eurasiatischen Sprachen verglichen werden. Die sechs Untergruppen des Amerindischen weisen gewisse Entwicklungsunterschiede zu den sieben Untergruppen des Eurasiatischen auf, doch ist es ein vielversprechender Ansatz, die Parallelen und Unterschiede in der Geschichte dieser beiden Schwesterfamilien zu verfolgen.

Im nächsten Kapitel kehre ich zu den verschiedenen Gruppen von Amerindisch-Sprechern zurück, um die Entwicklung und Verbreitung der Landwirtschaft durch ihre Bevölkerungen zu besprechen. An dieser Stelle sei betont, dass die meisten der amerikanischen Migrationen, die in diesem Kapitel beschrieben wurden, vor der Entwicklung der Landwirtschaft stattfanden. Obwohl beispielsweise die Penuti sprechenden Völker von Südmexiko wichtig im Zusammenhang mit der Domestizierung von Mais sind, so wurden die Vorfahren ihrer Sprachen zuerst in Nordkalifornien gesprochen. Ähnlich schließen die Sprachen der Inseln und Küsten der Karibik vier der sechs Amerindisch-Gruppen ein, was auf wiederholte Migrationen in das Gebiet der Karibik hinweist. Entsprechend deutet die Komplexität der Sprachgruppierungen entlang der Pazifikküste Nord-

und Südamerikas an, dass Gruppen in beide Richtungen an dieser Küste entlangsegelten.

Schlussfolgerung

Dieses Kapitel beschäftigte sich mit dem, was ich die dritte und vierte Phase der menschlichen Migration nennen möchte. Während in den ersten beiden Phasen der afrikanische Kontinent und die Tropen der Alten Welt bevölkert wurden, wurden in den nächsten beiden Phasen die gemäßigten Zonen Eurasiens und der amerikanische Kontinent besiedelt. Die Nord- und Südamerika besiedelnden Menschen stießen auf verschiedenste ökologische Regionen: von der arktischen Zone über das gemäßigte Nordamerika zu den tropischen Zonen Nord- und Südamerikas und der Karibik und zu den gemäßigten Zonen Südamerikas und seiner Hochländer. Die Sprachzeugnisse der Sprache haben entscheidende Hinweise auf die zeitliche Abfolge und Richtung dieser Migrationen gegeben.

Da Menschen nun in so unterschiedlichen Umgebungen lebten, ist es wichtig zu fragen, welchen Einfluss diese wechselnden Umweltverhältnisse auf einzelne Menschen und ihre Gesellschaften hatten. Was Letzteres betrifft, so haben Anthropologen besonders die Variationen in der menschlichen sozialen Organisation vor dem Hintergrund der ökologischen Bedingungen studiert. Das Problem der Interpretation liegt darin, dass sie Beobachtungen zu Gesellschaften der jüngsten Vergangenheit heranziehen müssen, um Urteile über die Organisation von Gesellschaften vor Tausenden von Jahren zu fällen.

Wenden wir uns den Umwelteinflüssen auf Individuen zu, haben wir es mit der Frage der »Rasse« in der Menschheitsgeschichte zu tun. Die weltweite Bewegung von Menschen führte zu einigen geringfügigeren evolutionären Unterschieden in Merkmalen wie Größe, Gestalt, Hautfarbe, Haaren und Gesichtszügen. Diese Merkmale mögen in Zeiten, in denen Bevölkerungen zumeist auf einzelne Regionen beschränkt waren, von Bedeutung gewesen sein, doch heute sind sie es weniger.

Kann die Geschichte der Migration uns Informationen zum Wesen der Rasse geben? Ja. Oft werden Afrikaner unterschiedslos als die »schwarze Rasse« bezeichnet, dabei hat die Arbeit von Humanbiologen gezeigt, dass es mehr genetische Variationen unter Afrikanern gibt als unter allen Menschen, die außerhalb Afrikas geboren werden. Das bedeutet, dass die Merkmale, die zumeist unter dem Begriff »Rasse« gefasst werden, eine Frage des Phänotyps (der äußeren Erscheinung) und nicht des Genotyps (der genetischen Zusammensetzung) sind. Damit reflektieren die Unterschiede zwischen »Rassen« nur einen geringen Teil der menschlichen genetischen Zusammensetzung – auch wenn diese Unterschiede gewiss insofern genetisch bedingt sind, als sie sich über die Generationen fortpflanzten.

Natürlich ist es nach den letzten Jahrhunderten des Rassenkampfs und der Kategorisierung unwahrscheinlich, dass Menschen das Thema einfach fallen lassen nur deshalb, weil Wissenschaftler nachgewiesen haben, dass Rassenunterschiede nur oberflächlich sind. Tatsächlich sollten wir hoffen, dass die Diskussion produktiv fortgesetzt wird durch historische und biologische Studien des Aufkommens und der Bedeutung phänotypischer Unterschiede zwischen menschlichen Bevölkerungen. Wenn, wie beinahe jeder vermutet, phänotypische Unterschiede zwischen Menschen daher rühren, dass sie in unterschiedlichen Umgebungen gelebt haben – am offensichtlichsten zeigt sich dies bei dem Zusammenhang zwischen der Hautfarbe und dem Grad des Sonneneinwirkung –, datieren die meisten Unterschiede nicht weiter zurück als etwa 40 000 Jahre. Weitere Kenntnisse über den Verlauf und die zeitliche Abfolge menschlicher Migrationen über die Welt helfen uns dabei, neue Informationen zur Entwicklung verschiedener menschlicher Phänotypen zu sammeln. Zu Fragen hinsichtlich der Ideologie von Rasse und Rassendiskriminierung können wir nicht weiter zurückgehen als in unsere unmittelbare Vergangenheit, in der diese Vorstellungen entwickelt und verankert wurden.

Weiterführende Lektüre

Die grundlegenden Analysen der linguistischen Klassifikation für Nordeurasien und Amerika liefert Joseph Greenberg in *Languages of the Americas* (Stanford/Kalifornien 1987) und in *Indo-European and its Closest Relatives* (2 Bde., Stanford/Kalifornien 2000–2002). Eine leichter zu erschließende Übersicht, einschließlich der Darlegung einer frühen Migration in Verbindung mit dene-kaukasischen Sprachen, findet sich in Merritt Ruhlen, *The Origin of Language: Tracing the Evolution of the Mother Tongue* (New York 1994).

Ein Großteil der genetischen Zeugnisse zur menschlichen Besiedlung des gemäßigten Eurasien und des amerikanischen Kontinents ist zusammengefasst in L. Luca Cavalli-Sforza, Paolo Menozzi und Alberto Piazza, *The History and Geography of Human Genes* (Princeton/New Jersey 1994). Die Bedeutung von Booten in Nordeurasien und Amerika wird von Paul Johnstone in seinem Werk *The Sea-craft of Prehistory* (Cambridge/Massachusetts 1980) hervorgehoben. Ich habe einige seiner Thesen in Zeiten projiziert, die früher als die von ihm vorgeschlagenen liegen.

Die Bestimmung der Migrationswege von tropischen in gemäßigte Zonen der Alten Welt beruht im Wesentlichen auf Zonen linguistischer Vielfalt. Allgemeine Analysen von Zonen linguistischer Vielfalt für das Gebiet des heutigen Südchina umfassen Paul K. Benedicts *Sino-Tibetan, a Conspectus* (Cambridge/Massachusetts 1972) und Peter Bellwoods *Prehistory of the Indo-Malaysian Archipelago* (überarb. Aufl., Honolulu/Hawaii 1997); für das Niltal vgl. Christopher Ehrets Werke *A Historical-comparative Reconstruction of Nilo-Saharan* (Köln 2001) und *Reconstructing Proto-Afroasiatic* (Berkeley/Kalifornien 1995).

Für den amerikanischen Kontinent bis 5 000 v. h. bilden die Werke von Greenberg, Ruhlen und Cavalli-Sforza (et al.) meine Hauptquellen der Analyse. Die archäologischen Zeugnisse für die Frühzeit Amerikas sind nur spärlich und unterstützen noch nicht die frühen Daten einer menschlichen Besiedlung, die von der genetischen oder linguistischen Analyse angedeutet werden. Siehe beispielsweise Gary Haynes *The Early Settlement of North America* (Cambridge/Massachusetts 2002).

KAPITEL 4

Landwirtschaft, 15 000 bis 5 000 v. h.

Im Zeitraum 15 000 bis 5 000 v. h. entwickelte sich die Landwirtschaft in verschiedenen Regionen der Welt. Bei der Landwirtschaftsentwicklung handelte es sich hauptsächlich um einen langen Prozess des Experimentierens und Erörterns, der schließlich zu einer neuen Organisation der Arbeit führte, auch wenn er durch mindestens eine Periode rapiden Wandels unterbrochen wurde. Langfristig waren die Ergebnisse ein beeindruckender technologischer Fortschritt, eine Expansion und Umverteilung der menschlichen Bevölkerung und neue Migrationsmuster. Dieses Kapitel behandelt das Aufkommen der Landwirtschaft unter folgender Fragestellung: Wo und wann entwickelte sich die Landwirtschaft? Wie entwickelte sich die Landwirtschaft? Wie verbreitete sich die Landwirtschaft von einem Ort zum anderen?

Die letzte dieser drei Fragen führt wiederum zu einer bedeutenden Frage bei der Migration: Welche Migrationsmuster entwickelten sich durch die Landwirtschaft? Verbreiteten sich die frühen Ackerbauern auf Kosten anderer Bevölkerungsgruppen und kolonisierten ausgedehnte neue Territorien? Oder verbreitete sich die Praxis der Landwirtschaft von Bevölkerung zu Bevölkerung, so dass vorher existierende Gruppen weiterbestanden? Wir können nach genetischen, linguistischen, archäologischen und anthropologischen Zeugnissen suchen, um eine Antwort auf diese Frage zu finden. Ich behaupte, dass besonders Sprachzeugnisse darauf hinweisen, dass keines der Modelle dominierte. Die erste Form (auch »demische« Migration genannt) herrschte bei der Verbreitung des Reisanbaus in Südostasien und des Yamsanbaus in Zentralafrika vor. Diffusion, d.h. die Verbreitung der Kulturtechnik, dominierte dagegen in anderen Fällen, wie bei der Verbreitung des Weizenanbaus im Mittleren Osten und in Europa sowie der Ausbreitung des Mais auf dem amerikanischen Kontinent.

Dieses Kapitel befasst sich mit dem, was man als Voraussetzungen für die Landwirtschaft und die ersten beiden Phasen der Domestikation von

Pflanzen und Tieren bezeichnen könnte. Zunächst sollen frühe Experimente mit Pflanzen und Tieren betrachtet werden, wobei die Untersuchung sich auf fünf Weltregionen konzentriert, in denen bedeutende frühe Experimente mit intensiver Nahrungsmittelsammlung die Fundamente für Landwirtschaft und tatsächliche Nahrungsmittelerzeugung legten. Zweitens wird aufgezeigt, dass entscheidende Phasen der Domestikation von Pflanzen aufgrund rapider Klimaveränderungen am Ende der Eiszeit in mindestens sechs Erdregionen synchron verliefen. Bei dieser ersten Phase landwirtschaftlicher Domestikation entwickelten sich wenigstens zehn bedeutende Erntegüter in diesen Regionen. Hand in Hand mit der Domestikation von Pflanzen, wenn auch nicht immer in derselben Reihenfolge, ging die Domestikation von Tieren, die Entwicklung neuer Techniken im Fischfang sowie neuer Handwerkskünste, hier insbesondere der Töpferei. Das Resultat sollte ein beträchtlicher Anstieg der Produktivität sein, so dass Bevölkerungen, die von Landwirtschaft, Viehhüten und Fischfang lebten, stärker als andere Gruppen wuchsen und eine völlig neue soziale Dynamik entstand. Daher soll nach der Entwicklung der Landwirtschaft die Migration von Bauern und landwirtschaftlichen Praktiken in verschiedenen Gebieten der Welt betrachtet werden.

Drittens – und nach den erwähnten Durchbrüchen der Nahrungsmittelproduktion in manchen Regionen – wurden diese neuen Konzepte immer umfassender ausprobiert und führten zu Innovationen in jedem Lebensraum. In dieser zweiten Phase landwirtschaftlicher Entwicklung (im Verlauf der nächsten fünf Jahrtausende von 10 000 bis 5 000 v. h.) verbreitete sich die Landwirtschaft in viele und eventuell die meisten Regionen der Welt, zusammen mit dem Viehhüten und neuen Fischereitechniken. Für diesen Zeitraum betrachten wir die Expansion der früheren landwirtschaftlichen Zentren und verfolgen dann den Aufstieg vier neuer Kerngebiete landwirtschaftlicher Entwicklung. Wie zuvor wird dann die Verbreitung der Landwirtschaft von diesen Kerngebieten aus in andere Gebiete analysiert, wobei wir uns besonders auf linguistische Zeugnisse stützen. Im vierten Abschnitt des Kapitels sollen zur Erinnerung an die zentrale Rolle, die ein Leben am Rand von Gewässern selbst in dieser Zeit der landwirtschaftlichen Innovation für das menschliche Leben spielte, die Beziehungen zwischen Ackerbauern, Hirten und Uferbewohnern in diesem Zeitraum diskutiert werden.

Der Archäologe V. Gordon Childe prägte in den 20er Jahren die Begriffe »Landwirtschaftliche (oder Neolithische) Revolution« und »Urbane Revolution«, um die Veränderungen dieser Ära zu beschreiben. Im Rahmen seiner Auseinandersetzung mit diesen Termini schrieb er besonders über das östliche Mittelmeer und den Einfluss dieser Region auf Europa. Diese Begriffe leisten nach wie vor weiterhin gute Dienste, indem sie die Aufmerksamkeit auf die Bedeutung der Landwirtschaft und der Städte bei der Veränderung der Grundlagen menschlicher Gesellschaften lenken. Dessen ungeachtet neigte die jüngere Forschung dazu, Childe in zwei Punkten zu widersprechen: zum einen dem erzeugten Eindruck, das östliche Mittelmeer sei die einzige Stätte der Erfindung der Landwirtschaft gewesen und zum anderen, der Aufstieg der Landwirtschaft und der Städte habe plötzlich stattgefunden. Forschungen belegen, dass es lange Auftakte zur Entwicklung der Landwirtschaft gab und ähnliche Prozesse in verschiedenen Regionen der Welt abliefen.

Jared Diamond stellt in seinem kürzlich erschienenen Werk zum Aufkommen der Landwirtschaft die Theorie auf, dass den Sprachgemeinschaften, die als Erste eine Reihe von Kulturpflanzen entwickelten, langfristige Vorteile daraus entstanden. Die landwirtschaftliche Entwicklung stellt er dabei als einen Hauptgrund für erhebliches Bevölkerungswachstum und daraus resultierende Wanderungsbewegungen dar. Ich möchte eine entgegengesetzte Interpretation anbieten, nämlich dass – obwohl die Verbreitung der Landwirtschaft eine zentrale Rolle bei der menschlichen Entwicklung spielte – die gemeinschaftsübergreifende Migration eine zu rasche Ausbreitung der Landwirtschaft bewirkte, als dass die landwirtschaftlichen Gründergemeinschaften die Dominanz hätten erreichen können, die Diamond ihnen die gesamte Geschichte hindurch zuschreibt. Der Physiologe Diamond hat sich mit dem Archäologen Peter Bellwood zusammengetan und argumentiert, dass die demische Migration primär als Antwort auf die landwirtschaftliche Domestikation zu verstehen sei. Der Genetiker Luigi Luca Cavalli-Sforza hat – mit Blick auf den Besiedlungsprozess Europas – ähnliche Argumente für eine demische Migration vorgebracht. Wie wir unten sehen werden, hatte die Diffusion von Kulturpflanzen und von Anbautechniken ungefähr den gleichen Anteil an der Verbreitung der Landwirtschaft wie die menschliche Kolonisation, und die grundlegende Praxis der gemeinschaftsübergreifenden Migration liegt all diesen Grundmustern für die Expansion der Landwirtschaft zugrunde.

Voraussetzungen: Experimente mit Pflanzen und Tieren

Es gibt Hinweise dafür, dass bereits vor mindestens 15 000 Jahren die Praktiken zum Nahrungsmittelerwerb intensiviert wurden. Zu den Regionen, die diesbezüglich als Ausgangspunkte in Betracht kommen, gehören Nordostafrika und das benachbarte Westasien, Südostasien (einschließlich Südchina), Westafrika, Mittelamerika, Neuguinea und eventuell noch andere. Für diese Gebiete scheint es möglich, dass die Bewohner ihren Nahrungsmittelerwerb durch die relativ intensive Ernte bestimmter Pflanzen ergänzten.

Die wahrscheinlichste dieser Theorien weist auf Nordostafrika, wo linguistische Zeugnisse belegen, dass Sprecher des Nilo-Saharanischen und Sprecher des Afroasiatischen das Sammeln verschiedener Gräser intensivierten. In derselben Region entwickelten Nilo-Saharanisch-Sprecher eine Lebensweise, in der Rinder eine Rolle spielten, während es bei den Afroasiatisch-Sprechern (die in asiatischen sowie afrikanischen Teilen des Gebietes lebten) Schafe und Ziegen waren.

In vier wasserreichen tropischen Regionen waren bereits etablierte Bevölkerungen in der Lage, mit der neuen Form des Nahrungsmittelerwerbs zu experimentieren. In Westafrika, das von Sprechern der Niger-Kongo-Sprachen bewohnt war, entwickelten sich Anbau- und Erntepraktiken von Knollengewächsen. Diese Praxis, heute bekannt als »Agrikultur«, bestand unter anderem darin, einen Teil der geernteten Knollen wieder einzupflanzen, so dass sie von neuem sprießen konnten. Neuguinea ist ein zweites Gebiet, in dem Menschen mit der Agrikultur von Knollengewächsen experimentiert haben könnten. Wahrscheinlich wurden unter den Sprechern der austrischen und sino-tibetischen Sprachen in Südostasien beide Arten von Experimenten schon früh durchgeführt. Bestimmte Gräser, die wilde Verwandte des Reis sind, waren in großen Teilen Süd- und Südostasiens verfügbar. Das Ernten wilder Gräser der Region sollte schließlich zur Domestikation des Reis und das der wilden Knollengewächse zur Entwicklung verschiedener Typen von Yamswurzeln führen.

Das Gebiet von Südmexiko bis zum nördlichen Südamerika ist die andere Hauptregion, in der solch frühe Experimente stattgefunden haben könnten, hier mit dem Schwerpunkt auf verschiedene Kürbisarten. Diese Experimente können bereits um 15 000 v. h. begonnen haben und müssen wohl in Zusammenhang mit Sprechern der Chibcha-Paez-Sprachen gesehen werden. Diese mittel- und südamerikanische Region entwickelte letztendlich eine reiche landwirtschaftliche Tradition mit zahlreichen wichtigen Kulturpflanzen.

Woher stammen unsere Kenntnisse über diese frühen Entwicklungen? Zunächst stellen wir natürlich die Hypothese auf, dass es einige Vorläufer für die Entwicklung großangelegter Erntegutkultivierung gegeben haben muss, darunter einen langen, wenn auch nur teilweise bewussten Prozess der Züchtung und Selektion der besten Varietäten. Zweitens berufen wir uns auf Zeugnisse der Sprache, die klare Hinweise auf frühe Experimente und frühe Entlehnungen von Bezeichnungen für domestizierte Tiere unter Sprechern des Nilo-Saharanischen und Afroasiatischen geben. Drittens haben die Ergebnisse archäologischer Ausgrabungen, der Botanik und Genetik dabei geholfen, die Ursprünge von Kulturpflanzen zu bestimmen.

Doch die Hinweise sind spärlich und nicht schlüssig. Es ist schwierig genug, die Existenz einer großangelegten Landwirtschaft anhand der archäologischen Zeugnisse von vor 10 000 Jahren zu verifizieren. Archäologen neigen am wenigsten zu Spekulationen und sind im Allgemeinen die Letzten, die zustimmen, dass in Bestattungsrelikten oder Abfallhaufen nachgewiesene Gräser oder Yamswurzeln bereits als Indizien für erste Ansätze landwirtschaftlicher Produktion zu werten sind. Ein Problem bei all diesen Fällen ist, dass die genauen Zentren der Entwicklung neuer Erntegüter nicht durch archäologische Funde bestätigt wurden. Wir kennen die wilden Vorfahren der domestizierten Pflanzen aufgrund paläobotanischer und genetischer Studien und können daher das Gebiet, aus dem die Kulturpflanzen kommen, eingrenzen. Doch wir sind noch nicht in der Lage, Punkte der Entwicklung genau zu bestimmen. Aus diesem Grund ist es höchst wichtig für das Verständnis der menschlichen Frühgeschichte, die Studien zur Domestikation tropischer Kulturpflanzen weiter voranzutreiben. Aus klimatischen wie auch politischen Gründen werden archäologische Untersuchungen in gemäßigten Zonen besser finanziert und bringen bessere Ergebnisse.

Obwohl die archäologische Arbeit langsam und teuer ist, ist dennoch zu erwarten, dass sie kontinuierlich Informationen zur frühen Landwirtschaft liefern wird. Ein Beispiel für den Nutzen anhaltender Investitionen in archäologische Forschung ist Papua-Neuguinea, wo Teams von Archäologen (hauptsächlich aus Australien) vor kurzem die Kultivierung von Taro und Bananen in Hochlandtälern bereits für die Zeit um 10 000 v. h.

nachweisen konnten. Diese neue Arbeit bestätigt nun Papua-Neuguinea als eine der ursprünglichen Stätten der Erfindung der Landwirtschaft. Generell ist dazu zu sagen, dass zum Verständnis der frühen Kapitel der Menschheitsgeschichte bei weitem mehr archäologische Studien in tropischen Zonen erforderlich sind.

Landwirtschaft und Viehhaltung: Die erste Phase

Die Domestikation von Pflanzen und Tieren – die Entwicklung der Landwirtschaft – hat Forscher jahrhundertelang fasziniert. Erst im 20. Jahrhundert begannen sich verlässliche Zeugnisse zu häufen, als Botaniker nach den nächsten Verwandten domestizierter Kulturpflanzen und Archäologen nach Hinweisen auf frühe Kultivierung suchten. Der russische Botaniker Nikolai Iwanowitsch Wawilow durchkämmte in den 20er und 30er Jahren unverzagt die Kontinente nach Indizien für eine frühe Landwirtschaft. Die Diskussionen gingen weit auseinander und die Zeugnisse bleiben uneindeutig. Im Laufe der Zeit wurden bessere Datierungsmethoden und neue Herangehensweisen (darunter die Linguistik) verfügbar. Noch gibt es keinen Konsens, das hier vorgestellte Szenario kann aber als wahrscheinlich gelten.

In der relativ kurzen Zeit von vor 13 000 bis 10 000 Jahren kam die Landwirtschaft in sechs Regionen der Welt auf. Sammler wurden in all diesen Gebieten zu Bauern, die ihre Pflanzen systematisch anpflanzten und ernteten. Zu den wichtigsten Kulturpflanzen, die in dieser Zeit entwickelt wurden, gehörten Weizen im Fruchtbaren Halbmond, Hirse im mittleren Niltal, Reis und Yams in Südostasien, Yams in Westafrika, Taro und Bananen in Neuguinea und Kürbisse im Norden Südamerikas.

Warum kam es genau zu diesem Zeitpunkt zu diesen Entwicklungen? Dem aktuellen Forschungsstand zufolge liegt die Ursache in einer Reihe prägnanter Klimaveränderungen. Das rasche Ende einer Eiszeit, die 20 000 Jahre gedauert hatte, ging einher mit langsamen Entwicklungen in Experimenten, die der Mensch mit Pflanzen und Tieren durchführte. Ab etwa 15 000 v. h. stiegen die Temperaturen in vielen Teilen der Welt (vgl. Abb. 2.4 zur Darstellung der Meeresspiegelschwankungen, in denen sich die Temperaturveränderungen widerspiegeln). Die polaren Eiskappen schmolzen, der Meeresspiegel stieg um mehr als 100 Meter und die Niederschläge nahmen zu, was überall zu neuer Vegetation führte. Als sich die Nahrungsmittel mehrten, nahmen auch die menschlichen Bevölkerungen zu (ebenso wie zweifellos auch Tierpopulationen).

In einem weiteren markanten Wechsel, der als Jüngere Dryaszeit bekannt ist, fielen die Temperaturen in der Zeit von 12 900 bis 11 600 v. h. Diese Temperaturstürze zeigen sich in Eisbohrkernen, Baumringen und anderen Zeugnissen. Der Temperaturrückgang lässt sich dadurch erklären, dass durch das Schmelzen nordamerikanischer Gletscher in der vorherigen Erwärmungsphase kalte Wassermassen in den Nordatlantik strömten und den Fluss des warmen Wassers aus der Sargassosee nach Norden unterbrachen, was wiederum kühlere Temperaturen für alle Ozeane und auch alle Landmassen mit sich brachte. Der Rückgang der Temperaturen führte zu reduzierten Niederschlägen und plötzlichen Engpässen in der Nahrungsmittelversorgung. In Gebieten, in denen die Menschen keine zusätzlichen Ressourcen oder nicht genug Kreativität besaßen, kam es zu Bevölkerungsrückgängen und damit zu einem Rückschritt in der Lebensweise. Doch an manchen Orten verstanden es die Menschen, die Krise zu meistern, indem sie ihre Sammeltätigkeiten intensivierten und derart veränderten, dass daraus die Innovation des Pflanzens und Erntens hervorging. Diese neue Lebensweise war bei weitem mühseliger, doch bei Erfolg erlaubte sie es der Bevölkerung, fortzubestehen und zu wachsen.

Ein zusätzlicher Faktor erleichterte die Entwicklung landwirtschaftlicher Techniken in verschiedenen Regionen: Berggebiete – oder genauer, Regionen mit starken Höhenunterschieden innerhalb eines kleinen Gebietes – brachten einen bedeutenden Vorteil. Bedingt durch die Höhenunterschiede gab es eine Vielfalt von Klimazonen, so dass benachbarte Gruppen eine Reihe verschiedener und sich ergänzender Erntegüter entwickeln konnten. Außerdem wurde es Bauern dadurch ermöglicht, sich einem plötzlich wärmeren oder kühleren Klima anzupassen, indem sie die Berge hinauf- oder hinunterzogen und weiterhin die Erntegüter anbauten, mit denen sie vertraut waren. Die Kombination dieser Phänomene erklärt, warum sich die Landwirtschaft praktisch gleichzeitig in verschiedenen Gebieten der Welt entwickelte.

Abbildung 4.1 zeigt die frühen landwirtschaftlichen Zentren für sechs Weltregionen und die Sprachgruppen der Menschen, auf die diese landwirtschaftlichen Innovationen zurückgehen. Die Sprachgruppen entsprechen nicht den Hauptgruppen der Weltsprachen, sondern bestimmten Untergruppen dieser Sprachen, von denen angenommen wird, dass sie die in der Landwirtschaftsinnovation tonangebenden waren.

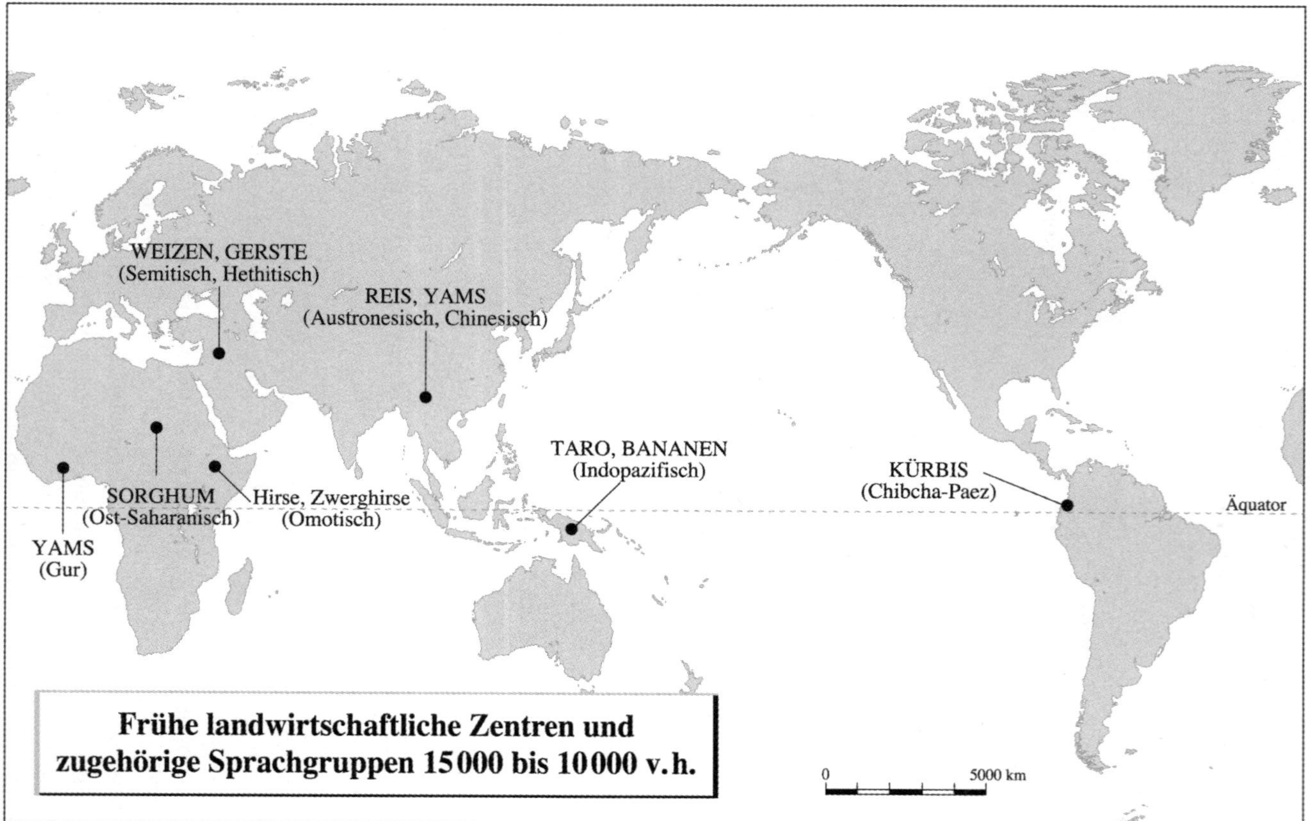

Frühe landwirtschaftliche Zentren und zugehörige Sprachgruppen 15000 bis 10000 v. h.

Das beste Beispiel eines Durchbruchs von anfänglichen Experimenten hin zur voll ausgeprägten Landwirtschaft liefert der Weizen, dessen Anbau in den Hochländern der anatolischen Halbinsel und den benachbarten Tiefländern des Fruchtbaren Halbmonds entwickelt wurde. Archäologische Funde haben die verschiedenen, gleichzeitig angebauten Weizenarten bestätigt, die domestiziert wurden. Viele dieser Gebiete waren von Sprechern der semitischen Gruppe der afroasiatischen Sprachen bevölkert, manche vielleicht von Sprechern der hethitischen Gruppe der indoeuropäischen Sprachen. Eine andere Getreidesorte, die Gerste, hat ihren Ursprung in praktisch derselben Region und entwickelte sich unter ähnlichen Bedingungen.

Am Südende der Mittelmeerregion, in der schon früher Gräser gesammelt worden waren, nutzten Menschen der ostsaharanischen Sprachgruppe des Nilo-Saharanischen, die im Westen des mittleren Nils lebten, ähnliche Erfahrungen, um die Kultivierung von Sorghum zu entwickeln. Das Kerngebiet der damaligen Bauern ist heute Teil der Sahara und außerdem recht gebirgig. Die archäologischen und linguistischen Zeugnisse weisen darauf hin, dass diese Menschen auch früh Tonware herstellten und Rinder hüteten, wie es sie in dieser Region gab. Weiter südlich im Niltal kultivierte eine andere Gruppe von Afroasiatisch-Sprechern unterschiedliche Erntegüter am Rande des äthiopischen Hochlands: Hirse (ein aus überall verbreiteten Wildsorten domestiziertes Getreide), Teff (eine örtlich heimische Hirseart) und Ensete (eine mit der Banane verwandte Pflanze, deren Stiele essbar sind).

Christopher Ehret hat gezeigt, dass die Interaktion dieser Gruppen überraschend komplex war. Rinder wurden von den Nilo-Saharanisch-Sprechern domestiziert, die zu Sorghum-Bauern und wiederum mit der Zeit sowie mit Hilfe von Techniken, die sie von benachbarten Sprechern des Afroasiatischen erlernten, zu Schaf- und Ziegenhirten wurden. Später dann domestizierte man in den Hügeln am Roten Meer Esel und setzte sie als erste Lasttiere ein. Insgesamt betrachtet, zeigt die Nahrungsmittelentwicklung verschiedener Gruppen von Afroasiatisch-Sprechern, dass sich die afroasiatische Sprachgruppe als Ganzes bereits zuvor aus anderen Gründen ausgebreitet hatte.

Eine ganz andere Art des Experimentierens und der daraus resultierenden späteren Domestikation von Gräsern fand in Südostasien statt. Es herrscht allgemeine Übereinstimmung, dass Reis, Yams und Bananen alle in Südostasien domestiziert wurden, doch wurden bisher nur unzureichende botanische und archäologische Forschungen durchgeführt, um die Orte für den ersten Anbau dieser Erntegüter präzise benennen zu können. Die wilden Gräser, aus denen der kultivierte Reis entwickelt wurde, wuchsen in der gesamten Region von Nordindien bis Südchina. Die Forschung reicht aber noch nicht aus, um die Hauptzentren seiner anfänglichen Entwicklung exakt zu lokalisieren. Ähnlich gediehen die verschiedenen wilden Yamsarten, die eng mit *Dioscorea alata*, der hauptsächlich in Südostasien kultivierten Yamswurzel, verwandt sind, in ganz Südostasien.

Die Unterteilung von Sprachen in zwei Gruppen gibt uns einen Hinweis, wo Archäologen und Botaniker suchen sollten. Für die sino-tibetische sowie die austrische Sprachgruppe ist die Verteilung von Sprachuntergruppen eng um ein Gebiet herum konzentriert: das Hochland von Yunnan. Durch diese bemerkenswerte Region tiefer Schluchten strömen Flüsse in jedes Gebiet Südostasiens. Der Jangtse und der Saluen fließen weniger als 200 Kilometer voneinander entfernt parallel zueinander in der Provinz Yunnan, doch der Saluen mündet in Burma in den Indischen Ozean, der Jangtse dagegen über 3000 Kilometer nordöstlich in das Ostchinesische Meer. Zwischen diesen Flüssen liegen andere große Ströme wie der Mekong und der Rote Fluss. Die meisten Untergruppen innerhalb der sino-tibetischen und austrischen Sprachen werden vertreten durch Bevölkerungen, die in dieser Region lebten (oder für die nachgewiesen wurde, dass sie dort gelebt haben). Es handelt sich damit um ein Hauptzentrum verschiedener Bevölkerungsströme und daher um einen wichtigen Kandidaten für eine Region landwirtschaftlicher Innovation, von der aus sich Menschen aufgrund ihrer neuen Technologie ausgebreitet haben. Es ist möglich, dass Experimente mit Reis (in größeren Höhenlagen) und Yams (in geringeren Höhenlagen) zum Beginn der Landwirtschaft führten und dass die Anbaugebiete von Reis, Yams und die südostasiatischen Bananenarten räumlich ursprünglich dicht beieinander lagen. (Auf der anderen Seite ist es ebenso denkbar, dass die Entwicklung dieser Erntegüter einem Modell folgt, das eher dem des östlichen Mittelmeeres ähnelte, wo Erntegüter wie Weizen und Sorghum in getrennten Regionen angebaut wurden, die aber miteinander in Kontakt standen.)

Jüngste Studien der indopazifisch-sprachigen Region Papua-Neuguinea bestätigen deren Stellenwert als Zentrum der Domestikation von Taro und Bananen. Die in Neuguinea domestizierten Bananen gehören zu einer anderen Art als die des austrisch-sprachigen Südostasien. Auch Taro, eine Knollenart, die später im gesamten Pazifikraum Bedeutung gewann, hat ihren Ursprung in lokalen wilden Vorfahren. Außerdem scheint Zuckerrohr von den Indopazifisch-Sprechern der Insel domestiziert worden zu sein. Wie in anderen Fällen können die Hochlandgebiete und die Höhenunterschiede durchaus zur Entwicklung der Landwirtschaft beigetragen haben. Im Falle Neuguineas war die Entwicklung der Landwirtschaft, in Anbetracht seiner Entfernung von anderen Regionen, zweifelsohne eine lokale Innovation und keine Entlehnung aus anderen Gebieten.

Das Experimentieren mit der westafrikanischen Yams, besonders ihrer Art *Dioscorea rotundata*, führte zu einem gewissen Zeitpunkt zum systematischen Pflanzen und Kultivieren dieses Wurzelgewächses statt des einfacheren Verfahrens, Stücke von zuvor geernteten Yamswurzeln wieder in die Erde zu setzen. Vielleicht fand in dieser Region, wie oft angenommen wird, die volle Entwicklung der Landwirtschaft erst später statt. Auf der anderen Seite ist es ebenso möglich, dass uns mangels ausreichender archäologischer Forschungen in Westafrika und aufgrund des allmählichen Übergangs zur Agrikultur bislang eine klare Bestätigung fehlt. Zu den Gründen, die man für einen frühen Beginn westafrikanischer Landwirtschaft anführen kann, gehört, dass dieselbe Region schließlich auch zum Ort der Domestikation von Ölpalmen, Perlhühnern, verschiedener Spezies von Hirse, Reis, Bambara-Erdnuss, Flaschenkürbis und anderen Kulturpflanzen wurde. Bei diesen landwirtschaftlichen Entwicklungen könnten die Gur, Mande und Kwa sprechenden Gruppen der Niger-Kongo-Sprachgruppe besonders wichtig gewesen sein.

Ein sechstes frühes Zentrum landwirtschaftlicher Domestikation ist wahrscheinlich die Nordwestküste Südamerikas, unter den Chibcha-Paez-Sprechern. Von den vier frühen Landwirtschaftsschwerpunkten der Neuen Welt ist dies die am zentralsten gelegene, ökologisch abwechslungsreichste und wahrscheinlichste, aus der sich landwirtschaftliche Praktiken in Nachbargebiete verbreiten konnten. Weitaus mehr archäologische Forschung wurde dem Studium zur Herkunft des Maises in Mexiko gewidmet, doch die Daten hierzu gehen nicht weiter zurück als 10 000 v. h. Möglicherweise begann der systematische Anbau von Kürbissen und anderen Erntegütern in den Küstentälern, die heute zu Kolumbien gehören, und zwar während der Abkühlungsphase der Jüngeren Dryaszeit. Dementsprechend können wir zusammenfassend sagen, dass alle Regionen der Alten und Neuen Welt, die recht große menschliche Bevölkerungen ernähren konnten, den Beginn der Landwirtschaft im Gefolge der letzten Eiszeit erlebten.

Dies ist eine geeignete Stelle, um die Thesen Jared Diamonds zu untersuchen, wonach diese frühe landwirtschaftliche Entwicklung vor etwa 10 000 bis 13 000 Jahren viel dazu beigetragen hat, die folgenden historischen Entwicklungen zu bestimmen. Diamond untersucht dabei die Gründe für diese Entwicklung und ihre Folgen. Dabei betont er die Bedeutung von großen sich ostwestlich erstreckenden Landstrichen als Quelle einer Vielfalt ökologisch ähnlicher Erntegüter, woraus sich resistente und ertragreiche Pflanzen entwickeln konnten. Seiner Ansicht nach besaß der große gemäßigte Landstrich Eurasiens diesbezüglich Vorteile vor allen anderen. Eine Folge hiervon war, so argumentiert Diamond, dass die Sprachgruppen der Bevölkerungen, die als Erste Pflanzen und Tiere domestizierten, dadurch begünstigt waren und auf Kosten aller anderen wuchsen. Seiner Argumentation zufolge kam es in den nunmehr größeren Bevölkerungen zum Ausbruch von Krankheiten, die die Bevölkerungen dezimierten; die Gruppen überlebten jedoch, so dass die Immunität unter diesen Bevölkerungen (besonders den europäischen) wesentlich höher war als bei anderen. Die weitere Entwicklung, wie Diamond sie schildert, wird bestimmt durch die biologische und demographische Dominanz eurasiatischer Bevölkerungen gegenüber allen anderen, und zwar weder aufgrund ihrer Intelligenz noch ihrer Kultur, sondern aufgrund ihres biologischen Erbguts. Kurz gesagt, Diamond stellt eine These der menschlichen Kolonisation für die Verbreitung der Landwirtschaft auf.

Diamonds Analyse kann als kühne und faszinierende These gelten, was die langfristigen Auswirkungen von Entwicklungen an diesem entscheidenden Wendepunkt betrifft. Doch unter Berücksichtigung der oben ausgeführten Erkenntnisse müssen doch einige Einschränkungen gemacht werden. Zunächst reichten die Veränderungen durch die Landwirtschaft, so fundamental sie auch waren, nicht aus, um die Ergebnisse aller vorherigen menschlichen Migrationen aufzuheben. Die grundsätzliche Positionierung der großen Sprachgruppen in den größten Teilen von Afrika, Asien, Nord- und Südamerika sowie wahrscheinlich Europa fand vor Beginn der Landwirtschaft statt. Meiner Ansicht nach beeinflusste die Landwirtschaft eher die Verteilung von Untergruppen der großen Sprachgruppen und weniger die Positionierung der Familien als Ganzes. Zweitens, wenn die Ost-West-Fläche der Weizen anbauenden Länder dicht besiedelt wurde, so galt dasselbe für die Ost-West-Flächen der Reis anbauenden Länder in Asien und die Ost-West-Flächen der Sorghum und Hirse anbauenden Länder in Afrika, die allesamt Bevölkerungen hervorbrachten, in denen Krankheiten herrschten, aber auch Immunität dagegen entwickelt wurde. Auch die amerikanischen Länder wurden dicht besiedelt, und Mais wurde zu Kolumbus' Zeiten längst im größten Teil dieser Hemisphäre produziert. (Allerdings entwickelten sich Krankheiten und Immunität auf dem amerikanischen Kontinent nicht im gleichen Ausmaß.) Wie im nächsten Abschnitt ausgeführt, liefern drittens die Migrationsmuster von Bauern und Nicht-Bauern Gründe dafür, warum die Erfinder der Landwirtschaft nicht die historische Dominanz errangen, von der Diamond behauptet, sie hätten sie verdient. Eine angemessene Erklärung, wie es zur Verbreitung der Landwirtschaft kam, muss etwas komplexer sein. Kurzum, man muss zu Diamonds These von Ursache (Verfügbarkeit von Ost-West-Gebieten mit entsprechendem Ökosystem) und Wirkung (Kolonisierung durch die Bevölkerungen, die die Landwirtschaft hervorbrachten) drei weitere Punkte hinzufügen: eine These über Voraussetzungen (bereits vor Beginn der Landwirtschaft bestehende Orte von Bevölkerungen bzw. Sprachgruppen), eine weitere Wirkung (Diffusion, das heißt, die Innovation an sich übernimmt eine Gemeinschaft von einer anderen) und ein zugrunde liegender Mechanismus, der beide Muster, die zur Ausbreitung der Landwirtschaft führen, in Bewegung setzt.

Der letzte Punkt ist besonders wichtig. Der soziale Mechanismus, der dem Prozess zugrunde liegt, ist die gemeinschaftsübergreifende Migration, aus der unmittelbar weitreichende Modelle von Kolonisation und Diffusion resultieren. Im Verlauf ihrer Entwicklung sandten landwirtschaftliche Gemeinschaften Migranten in benachbarte Sprachgemeinschaften und nahmen natürlich auch selbst Migranten aus anderen Gemeinschaften auf. Diejenigen, die aus landwirtschaftlichen Gemeinschaften kamen, brachten ihre landwirtschaftlichen Praktiken mit, wenn sie sich in anderen Sprachgemeinschaften niederließen, und lernten von den Einheimischen die ökologischen Details, wodurch sie in der Lage waren, ihre Anbautechniken an die Bedingungen vor Ort anzupassen. Solche Gemeinschaftsvermischungen konnten in zwei Richtungen verlaufen. Wenn die Einwanderer zahlreich oder bekannt genug waren, übernahm die lokale Bevölkerung die Sprache und Kultur der Immigranten; der Wechsel erscheint später so, als handele es sich um eine Kolonisation vom landwirtschaftlichen Heimatland aus. Wenn auf der anderen Seite die Einwanderer die neuen Techniken effektiv genug verbreiteten, übernahm die lokale Gemeinschaft die landwirtschaftlichen Praktiken und absorbierte die Immigranten; der Wechsel würde später als Diffusion ohne menschliche Migration gedeutet. Beiden Fällen liegt das Muster der gemeinschaftsübergreifenden Migration zugrunde, doch einmal führt es zum Anschein der Kolonisation, ein anderes Mal zum Anschein der Diffusion.

Diese Diskussion der demographischen Auswirkungen der Landwirtschaft ist bedeutsam für unser Verständnis von der menschlichen Bevölkerung. Die Unterschiede hinsichtlich der Auswirkungen der beiden Hauptmodelle zur Ausbreitung der Landwirtschaft – demische Migration und Diffusion – liegen in dem Grad, wie sich die Vielfalt der menschlichen Bevölkerungen durch die Prozesse veränderte. Vertreter der Kolonisationstheorie gehen davon aus, dass ein Großteil menschlicher biologischer und kultureller Vielfalt verloren ging, als Bauern nicht-landwirtschaftliche Gruppen zunehmend verdrängten und absorbierten. Außerdem vermuten sie, dass sich Krankheiten und eine gegen sie entwickelte Immunität auf die expandierenden landwirtschaftlichen Bevölkerungsgruppen konzentrierte. Befürworter der Diffusionstheorie nehmen an, dass die Vielfalt der menschlichen Bevölkerungen trotz der Verbreitung der Agrikultur erhalten blieb. Ihre Theorie geht davon aus, dass Krankheiten und entsprechende Immunität gleichmäßiger unter den Bevölkerungen verteilt waren. In beiden Fällen spielte die gemeinschaftsübergreifende Migration (und nicht eine bloße Kolonisation) eine zentrale Rolle bei der Verbreitung der Landwirtschaft.

Obwohl ich es im Gegensatz zu Diamond für weniger wahrscheinlich halte, dass frühe Bevölkerungen durch Landwirtschaft betreibende Migranten ersetzt wurden, möchte ich damit nicht seiner These zur Auswirkung von Krankheiten auf Gemeinschaften widersprechen. Mikroben befallen Menschen aller Sprachgruppen, so dass Bevölkerungen, die benachbart sind und miteinander kommunizieren – seien ihre Sprache und Herkunft gleich oder unterschiedlich – zu einer einzigen »Krankheitsgemeinschaft« werden. Vor diesem Hintergrund stellen die mittleren Zonen Amerikas einen besonderen Fall dar: Hier erfassen wir eine alteingesessene, dichte landwirtschaftliche Bevölkerung, in der sich Krankheiten in wesentlich geringerem Maße entwickelten als in Eurasien und Afrika. Wären in Amerika noch andere Krankheiten neben der Syphilis entstanden, hätte der Kolumbianische Austausch (die Bezeichnung wird verwendet, um den enormen Austausch der landwirtschaftlichen Waren zwischen den östlichen und westlichen Hemisphären nach der Entdeckung Amerikas durch Kolumbus zu beschreiben) eventuell zu gleichermaßen verheerenden Epidemien in der Alten Welt wie der Neuen führen können. Diamonds Betonung der ökologischen Vielfalt der dicht besiedelten Teile

Amerikas (und nicht nur die Isolation des amerikanischen Kontinents) scheint wichtig bei der Erklärung, warum sich in dieser Region relativ wenige Krankheiten ausbreiten konnten.

Landwirtschaft und Viehhaltung: Die zweite Phase

Erweist sich die Entwicklung der Landwirtschaft als Reaktion auf Krisen, so lassen sich nachfolgende landwirtschaftliche Veränderungen hauptsächlich auf Innovation und Nachahmung und weniger auf Krisensituationen zurückführen. Was hier die zweite Phase landwirtschaftlicher Innovation genannt wird, umfasst zwei Hauptaktivitäten: die Weiterentwicklung von Erntegütern und Techniken in den ursprünglichen Landwirtschaftszentren (wie Verbesserungen in der Weizen- und Reisproduktion) und die spätere Einrichtung neuer landwirtschaftlicher Innovationszentren (in Amerika und Nordchina).

Im Fall der Weiterentwicklung bereits existierender landwirtschaftlicher Zentren, wie sie in Abbildung 4.2 dargestellt sind, wollen wir mit weiteren Innovationen in Südostasien beginnen. Bei den ersten Schritten hin zum Reisanbau, dessen Anfänge wohl im Binnenland von Südostasien liegen, war man hauptsächlich auf eine Kultivierung bei Regen angewiesen. Eine weitere Innovation dieser Region war der Pfahlbau, eine leichte, doch stabile Unterkunft, die für Berghänge wie auch Nassgebiete geeignet war und sich später auf dem ganzen Festland und den Inseln Südostasiens verbreitete. Die Fortschritte gingen sodann weiter: Wahrscheinlich entwickelte sich der Reisanbau – in Form von Feldern, auf denen dieses Süßgras unter Wasser angebaut wurde – im heutigen Südchina bei Gruppen, die Chinesisch und auch Proto-Austronesisch sprachen. Die Domestikation des Wasserbüffels und sein Einsatz bei der Anlage und Pflege von Reisfeldern führten zu einer großen Expansion in der Reisproduktion und folglich zur Expansion der beiden betroffenen Bevölkerungen.

Die Chinesisch sprechenden Gruppen blieben in Südchina und breiteten sich schrittweise nach Norden aus, um das heutige Nordchina zu besiedeln. Obwohl viele Austronesisch-Sprecher im Gebiet des heutigen Südchina verblieben, trugen sie ihre neue Technologie auch über das Wasser. Linguisten konnten zeigen, dass Austronesisch sprechende Bevölkerungen zunächst nach Taiwan zogen, dann auf die Philippinen, anschließend nach Süden ins indonesische Inselmeer und von dort nach Osten sowie Westen.

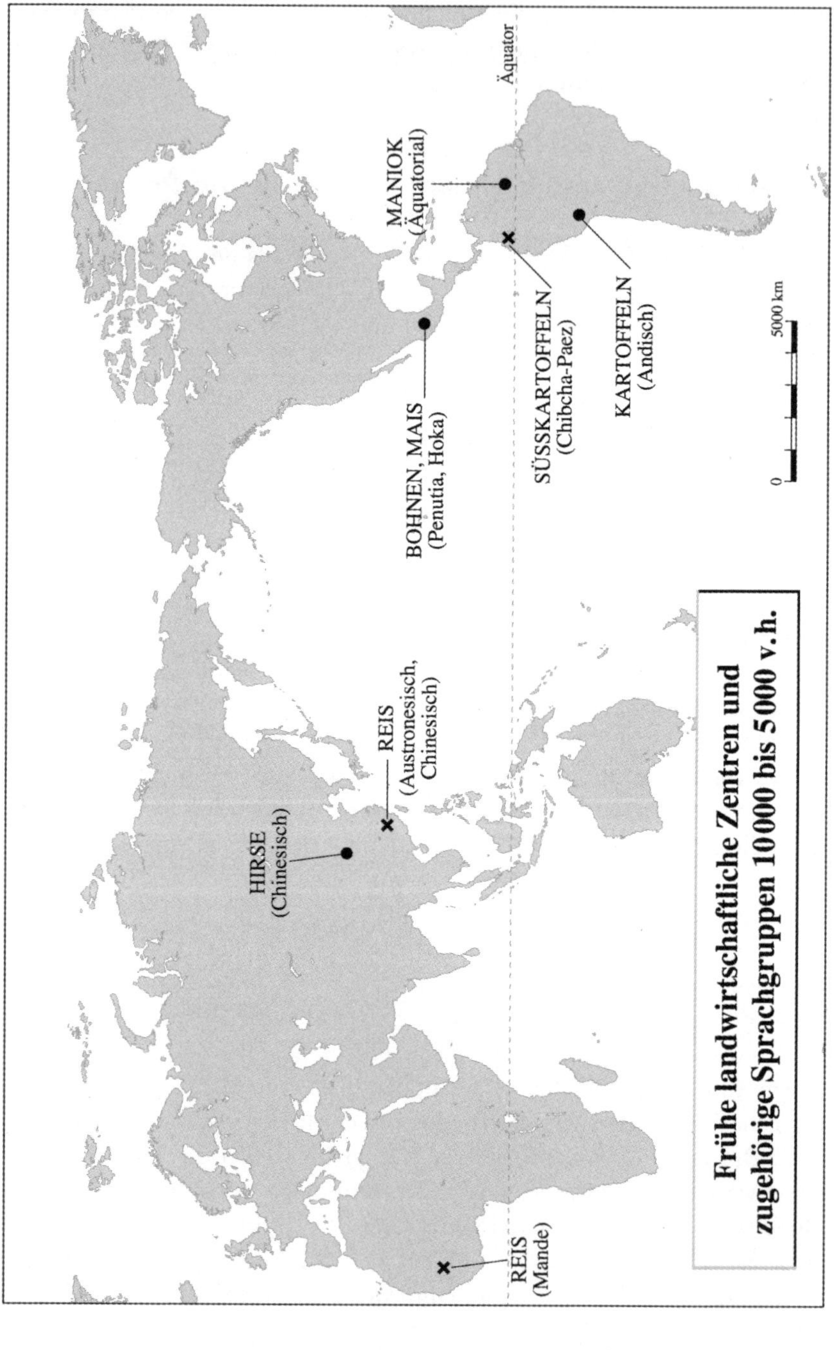

Frühe landwirtschaftliche Zentren und zugehörige Sprachgruppen 10000 bis 5000 v.h.

Bei diesen Gruppen handelte es sich um Reisbauern, die außerdem Fischer waren und Auslegerkanus entwickelt hatten. Neben Reis bauten sie Yams und Bananen an und lebten in Pfahlbauten. Als sich die Austronesisch sprechenden Bauern im indonesischen Inselmeer ausbreiteten, verdrängten und absorbierten sie frühere Einwohner, vermutlich Angehörige der indopazifischen Sprachgruppe. Als die Migranten im Osten Neuguinea und den benachbarten Bismarck-Archipel erreichten, trafen sie jedoch auf andere Indopazifisch-Sprecher, allerdings handelte es sich diesmal um eine dichte Bevölkerung von Bauern. Der Austausch der beiden Gruppen führte letztendlich zu einer neuen kulturellen Synthese und zur Besiedlung des pazifischen Raums, wie später ausgeführt wird. Im Westen kehrten die Austronesier, die durch das indonesische Inselmeer zogen, schließlich aufs Festland zurück und besiedelten die Malaiische Halbinsel. Unterdessen verbreiteten die Bevölkerungen, deren Sprache zu anderen Zweigen des Austrischen gehörte und die eine ähnlich landwirtschaftlich geprägte Lebensweise führten, den Reisanbau über das gesamte Festland Südostasiens.

In der Tat vermögen die Expansionen der Chinesisch- und Austronesisch-Sprecher Diamonds Argument am besten zu stützen, wonach die Erfinder der Agrikultur neue Territorien kolonisierten und auf Kosten anderer Gruppen gediehen. Die Chinesen und Austronesier waren zwar eher Verbesserer als Erfinder der Landwirtschaft, doch sie verbreiteten den Reisanbau im Zuge ihrer eigenen Wanderung. Aber auch andere, sinotibetische und austrische Sprachen sprechende Gruppen bewohnten große Gebiete Südostasiens und bauten Reis an. Ebenso begannen Drawidisch-Sprecher in Indien, Reis anzubauen, eventuell zu diesem oder auch einem früheren Zeitpunkt.

Der Weizen- und Gersteanbau Südwestasiens erlebte in der hier besprochenen zweiten Phase eine Expansion, die mindestens ebenso erfolgreich war wie die des Reis- und Yamsanbaus Südostasiens. Die Erfindung des von Ochsen gezogenen Pflugs machte den Weizenanbau effizienter, und die Weizenkultivierung wurde von mehr Indoeuropäisch und Drawidisch sprechenden Gruppen neben Semitisch-Sprechern übernommen. Weitere Erntegüter (in Form von Gräsern) kamen hinzu, nachdem Indoeuropäisch-Sprecher mit der Züchtung von Hafer begonnen hatten. Trauben wurden in der Nähe des Schwarzen Meeres domestiziert und die Weinherstellung verbreitete sich schrittweise Richtung Westen.

Und doch passt die Expansion der Weizenproduktion nicht so gut zu Diamonds Modell wie die des Reises. Wenn die ursprünglichen Vorreiter im Weizenanbau Vertreter der semitischen Sprachen waren, sollte man erwarten, dass Semitisch sprechende Gruppen in all jene Länder strömten, in denen Weizen gut gedieh, folglich dort also auch entsprechende Nachweise zu finden sein müssten. Oder, wenn sich eine indoeuropäische Urbevölkerung vom Fruchtbaren Halbmond aus durch den Weizenanbau verbreitet hatte, sollten wir den Einfluss dieses Prozesses heute in einer großen Gruppe von Indoeuropäisch-Sprechern sehen oder auch in einer Reihe von Untergruppen, die strahlenförmig von ihrem ursprünglichen Zentrum ausgehen. Stattdessen ist die Verteilung der indoeuropäischen Untergruppen deutlicher mit unterschiedlichen ökologischen Regionen verbunden, vom Germanischen und Baltischen im Norden zum Armenischen und Indoiranischen im Südosten. Diese Verteilung deutet darauf hin, dass Indoeuropäisch-Sprecher bereits vor der Entwicklung der Landwirtschaft in den entsprechenden Gebieten ansässig waren und sich die landwirtschaftlichen Praktiken von einer Gruppe zur anderen verbreiteten.

In den Sahara- und Sahel-Regionen Afrikas führte die Expansion der Landwirtschaft zur Domestikation verschiedener neuer Erntegüter: Perlhirse, Wassermelonen, Flaschenkürbisse und besonders Baumwolle sollten in der Zukunft beträchtliche Bedeutung gewinnen. Im bewaldeten Westafrika verbreitete sich die Yams-Kultivierung und lieferte die Basis für weitere Innovation – die Domestikation von Perlhühnern, Ölpalmen, Bambuspalmen, Voandzeia (eine Art Erdnuss), Augenbohnen und Reis. Im Industal wurde die Übernahme des Weizenanbaus bald begleitet von der Kultivierung von Sesam, Auberginen und der Domestikation des Zebus (oder Buckelrinds). Im weiteren Verlauf dieses Prozesses wurden in Zentralasien Pferde und Kamele gezähmt.

Das landwirtschaftliche Zentrum der Nordwestküste Südamerikas, wo zunächst Kürbis angebaut wurde, entwickelte mit der Zeit ein breiteres Spektrum: Zu den neuen Erntegütern, die von Chibcha-Paez-Sprechern aus lokalen Arten domestiziert wurden, gehörten Bataten, Tomaten, Bohnen, Erdnüsse und eine Baumwollart. Einhergehend damit entstanden in dieser zweiten Phase landwirtschaftlicher Entwicklung drei unterschiedliche Landwirtschaftssysteme in weiteren Sprachgruppen der Neuen Welt, die an der Karibikküste Mexikos, im karibischen Tiefland Venezuelas und den Hochländern Südamerikas lebten. Eigentlich waren die Bauern der drei neuen Agrikulturzentren der tropischen Pazifikküste nahe genug, um sich der dortigen Anbaupraktiken bewusst zu sein, doch die neuen Zentren verließen sich auf ganz andere Kulturpflanzen.

Die Entwicklung des Maisanbaus im südöstlichen Mexiko unter Bevölkerungen von Untergruppen der nordamerindischen Sprachen (den Hoka- und Penuti-Gruppen) brachte eines der produktivsten Erntegüter hervor. Eingehende archäologische Arbeiten zeigen die Entwicklungsphasen des Mais von winzigen Körnern zu stattlichen Maiskolben. Gemeinsam mit dem Mais wurden Bohnenarten domestiziert, die eine gute Ergänzung zum Mais darstellten, was letztlich zu einem beträchtlichen Bevölkerungswachstum beitrug. In der Folge verbreitete sich der Mais in zahlreiche Regionen Nord- und Südamerikas. Das Gesamtmuster der Maisverbreitung ist deutlich mehr durch Diffusion als durch demische Migration bestimmt.

In den Tiefländern des nördlichen Südamerika, entlang der Karibikküste Venezuelas, wurde Maniok, eine Knollenfrucht, bald zum wichtigsten Kalorienlieferanten. Die Domestikation dieser Pflanze erforderte die Entwicklung von Techniken, um Blausäure zu entfernen, eine giftige Komponente der Knolle. (Die Lösung war das Auspressen von Flüssigkeit aus der Knolle.) Maniok verbreitete sich in ganz Südamerika sowohl durch Kolonisten – hier Äquatorial-Sprecher – als auch durch Diffusion. Andere in dieser Region domestizierte Erntegüter schließen Pfeilwurz, Kakao und Ananas ein. Wie im Fall anderer tropischer Gebiete reichen die durchgeführten archäologischen Studien bislang noch nicht aus, um die genauen Zeiten und Orte der Domestikation dieser Erntegüter zu bestimmen. Doch die schiere Fülle der Erntegüter und ihre Bedeutung für die menschliche Ernährung in der Folgezeit sollten genügen, um unsere Aufmerksamkeit auf die frühen Errungenschaften der Äquatorial sprechenden Gruppen Südamerikas zu lenken, auch wenn sie keine großen oder dauerhaften Reiche geschaffen zu haben scheinen.

In den Anden weiter im Süden, Tausende von Metern über dem Meeresspiegel, entstand im Zuge der zweiten Phase der Landwirtschaftsentwicklung ein weiteres landwirtschaftliches Zentrum, in dem der Anbau von Kartoffeln (Knollen) und Quinoa (Getreide, auch Reismelde, Inkakorn, Reisspinat oder Perukorn genannt) nun eine wichtige Rolle spielte. In den Hochländern wurden außerdem Lamas als Lasttiere und Wolllieferanten sowie Meerschweinchen als Fleischlieferanten domestiziert. Die Entwicklung dieser Nahrungsmittel ermöglichte die Entstehung einer in Anbetracht der Höhenlage bemerkenswert dichten Bevölkerung – vielleicht dichter als im Himalaja. Kartoffeln verbreiteten sich erst weiter, als sie nach dem Kolumbianischen Austausch in den gemäßigten Zonen der nördlichen Breitengrade angepflanzt werden konnten.

Das letzte bedeutende Zentrum der landwirtschaftlichen Innovation, das sich in der zweiten Phase der Entwicklung der Landwirtschaft als solches etablierte, ist Nordchina. Dieses Zentrum gemäßigten Klimas beschränkt sich eigentlich auf das Huanghe-Tal, das des ›Gelben Flusses‹, doch wird es häufig schlicht »China« genannt und somit verbunden mit der landwirtschaftlichen Entwicklung des tropischen Südchina. Die frühe Agrikultur Nordchinas beruhte auf der Domestikation lokaler Hirse und ist relativ gut bekannt aufgrund intensiver archäologischer Studien in dieser Region. Wahrscheinlich wird sich herausstellen, dass die Landwirtschaft Nordchinas völlig getrennt von der südchinesischen verlief und sich erst später entwickelte. Auch Sorghum wurde schließlich in Nordchina angebaut, obwohl dessen letztendliche Herkunft Nordostafrika gewesen sein mag. Im Laufe der Zeit wurden in dieser Region Techniken für den Reisanbau entwickelt, und all diese Erntegüter ermöglichten es der Bevölkerung zu wachsen. So kam es, dass die Menschen Nordchinas, die lange in einem abgelegenen Gebiet der chinesischsprachigen Region lebten, zahlenmäßig wachsen und Staaten bilden konnten, deren Territorien sich später ausbreiteten und die südlichen Regionen dominierten, aus denen ihre Vorfahren gekommen waren.

Leben am Wasser

Bei aller Konzentration auf den Ursprung der Landwirtschaft und die begleitende Domestikation von Tieren dürfen wir nicht die Bedeutung des Lebens am Wasser für die Geschichte der menschlichen Ernährung und die Geschichte der Migration vergessen. Es ist möglich, dass der Mensch in diesem Zeitraum schneller lernte, die Natur auf dem Land zu beherrschen als auf dem Wasser. Doch nach wie vor war das Leben am Wasser von Bedeutung, ebenso wie die Interaktion zwischen denjenigen, die das Land bebauten, und denjenigen, die die Ressourcen des Wassers ausbeuteten. Es gab Fischer an allen Wasserwegen, und die Siedlungen konzentrierten sich weiterhin auf die Nähe zu Flüssen, Seen und Meeren. Die Entwicklung beim Bootsbau machte Fortschritte. Die Fellboote der Eurasiatisch-Sprecher werden bezeugt durch Felsskulpturen in norwegischen Fjorden und durch Zeichnungen von Booten, die in Zentralasien Flüsse befahren. Die Migration von Austronesisch-Sprechern erfolgte in Auslegerkanus, die mit Rudern und Segeln ausgerüstet waren. Die Menschen der Waldländer

Nordamerikas entwickelten Birkenkanus, die robust und beinahe so leicht wie Fellkanus waren und mit denen sie die großen Flüsse im Binnenland ihrer Heimat befuhren. An der tropischen Pazifikküste (und auch auf den Seen Südamerikas) transportierten Schilfboote erhebliche Lasten durch manchmal schwierige Brandungen. Einbäume, die im Amazonastal entwickelt worden waren, transportierten auch Menschen zwischen den Inseln der Karibik. Und auf den gewöhnlich stillen Wassern des Mittelmeeres und des westlichen Indischen Ozeans ergänzten zunächst und ersetzten dann Plankenboote die Einbäume und legten den Grundstein für die Schifffahrt im größeren Maßstab.

Trotz all dieser Veränderungen in der Bootsbautechnik gab es möglichweise keine Fortschritte beim Fischfang oder Sammeln auf Flüssen, Seen und Meeren, die den Fortschritten in Landwirtschaft und Viehhaltung in der Epoche gleich kamen, die in diesem Kapitel im Vordergrund stand. Folglich wuchs der Anteil der menschlichen Bevölkerung, der entfernt vom Wasser lebte. Bauern und Hirten waren weiterhin auf den Zugang zum Wasser angewiesen, wenn auch auf andere Art. Sofern möglich lagen ihre Häuser ebenfalls in der Nähe solcher Gebiete. Die Tage der großen Abhängigkeit des Menschen vom Wasser waren gezählt, doch die Bedeutung des Lebens am Wasser dauerte an, ebenso wie die Interaktion zwischen Bauern und Fischern.

Schlussfolgerung

Landwirtschaftliche Veränderung, begonnen vor mehr als 10 000 Jahren in verschiedenen Regionen der Welt, hat sich seither fortgesetzt. Einige der frühen Erntegüter haben ihre ursprüngliche Bedeutung behalten und vergrößert: Weizen, Reis, Mais, Hirse, Maniok, Yams und Bananen. Doch in jeder Epoche wurden neue Erntegüter entwickelt und es erscheinen weiterhin neue Varietäten alter Erntegüter.

Die Expansion der Landwirtschaft in alle Bereiche der Welt erfolgte teils durch Kolonisation (demische Migration) der ursprünglichen Entwickler der Agrikultur, doch ebenso in Folge von Erntegut-Migration (Diffusion). Diese beiden Prozesse der Verbreitung der Landwirtschaft hingen von einer langfristigen gemeinschaftsübergreifenden Migration ab. Nicht selten verbreiteten sich die Ideen der Landwirtschaft rascher und uneingeschränkter, als Bauerngemeinschaften wandern konnten. Kleine

Gruppen von Migranten konnten durch den Umgang mit denjenigen, die sich in dem Land auskannten, lernen, wie sich landwirtschaftliche Praktiken in dem entsprechenden Gebiet einsetzen ließen.

Die Landwirtschaft brachte gewiss ein wesentliches Bevölkerungswachstum mit sich. Wie rasch wuchs die menschliche Bevölkerung? Wann lebte der Großteil der menschlichen Bevölkerung nicht mehr in Afrika? Vielleicht irgendwann innerhalb dieser Periode, als Bevölkerungen in Asien, Europa und Amerika sich in ihrem Siedlungsgebiet ausbreiteten. Afrikanische Bevölkerungen wuchsen in Folge von Innovationen in Landwirtschaft, Tierhaltung und Fischerei, doch auch die Bevölkerungen in anderen Regionen nahmen zu. Obwohl in dieser Zeit sicherlich mehr Menschen in den Tropen als in gemäßigten Zonen lebten, stieg die Bevölkerungszahl in Nordeurasien aufgrund der zunehmenden Beherrschung der gemäßigten Zonen; und amerikanische Bevölkerungen wuchsen in gemäßigten wie auch tropischen Regionen. Wachstum und zunehmende Dichte lieferten aber auch den Nährboden für neue Krankheiten, die einer steten Bevölkerungszunahme Einhalt gebieten konnten. Unterdessen blieb, trotz des Wachstums und Wechsels von Bevölkerungen in Folge der Landwirtschaft, die vor Beginn dieser Umbruchphase herrschende Verteilung der Bevölkerung, wie sie sich in Sprachgruppen spiegelt, wichtig.

Während die Entwicklung der Landwirtschaft fortschritt und sich die Vielfalt von Erntegütern über mehrere Jahrtausende vergrößerte, bildeten sich verstärkt Zentren mit einer höheren Bevölkerungsdichte und förderten die Arbeitsteilung, häufig einhergehend mit einer gesellschaftlichen Hierarchie. Zu den Regionen solch früher Konzentration von Bevölkerung zählten Mesopotamien, Nubien, Ägypten, der Mittelmeerraum, die Hochländer von Mexiko, Peru, Äthiopien, die Länder der Maya und die Täler des Indus, Jangtse, Huanghe sowie des Niger. Dies sind die Orte, in denen Archäologen aufgrund des Reichtums an Relikten am erfolgreichsten waren. In den folgenden Kapiteln wird versucht, den Zusammenhang zwischen diesen Zentren und den ländlichen Gebieten zu untersuchen, wobei die ländlichen Gebiete im Vordergrund stehen werden. Selbst heute, im 21. Jahrhundert, in dem städtische Gebiete schließlich die Mehrheit der menschlichen Bevölkerung beherbergen, sind wir im Wesentlichen immer noch abhängig von der Landbevölkerung und wir entfliehen den Städten, wann immer wir können, um Landluft zu atmen (vor allem in wassernahen Gebieten). Wir haben in diesem schmalen Band noch weitere 5000

Jahre Menschheitsgeschichte zu behandeln, und sein Großteil wird sich mit jener Mehrheit unter der Menschheit beschäftigen, die außerhalb der Städte lebte.

Weiterführende Lektüre

Die bahnbrechenden archäologischen Ausführungen von V. Gordon Childe sind immer noch bedeutende Quellen zur frühen Landwirtschaft und Urbanisierung, vgl. V. Gorden Childe, *New Light on the Most Ancient East: The Oriental Prelude to European Prehistory* (London 1934). Die früheste wichtige Studie der Pflanzendomestikation stammt von N. I. Wawilow (engl. Übersetzung von Doris Love), *Origin and Geography of Cultivated Plants* (Cambridge 1992, 1. Aufl. 1926).

Zu Experimenten mit Pflanzen, die der eigentlichen Domestikation vorausgingen, sind zu empfehlen Carl Sauer, *Seeds, Spades, Hearths, and Herds: The Domestication of Animals and Foodstuffs* (2. Aufl., Cambridge/Massachusetts 1972) und Christopher Ehret, *The Civilizations of Africa: A History to 1800* (Charlottesville/Virginia 2002).

Zur Domestikation des Weizens bieten sich an Daniel Zohary und Maria Hopf, *Domestication of Plants in the Old World: The Origin and Spread of Cultivated Plants in West Asia, Europe, and the Nile Valley* (3. Aufl., New York 2000); zu Sorghum in Nordostafrika vgl. Ehret, *Civilizations of Africa* (s. o.); zu Yams in Westafrika vgl. D. G. Coursey, *The Yam* (London 1967) und zu Haustieren vgl. Roger A. Caras, *A Perfect Harmony: The Intertwining Lives of Animals and Humans Throughout History* (New York 1996). Eine gute Übersicht der landwirtschaftlichen Domestikation, die allerdings vorsichtig bei der konkreten Angabe von frühen Daten für die Domestikation in tropischen Gebieten ist, bietet Jack Harlan, *The Living Fields: Our Agricultural Heritage* (Cambridge 1995).

Für die erste Phase landwirtschaftlicher Entwicklung liefert Jared Diamonds *Guns, Germs, and Steel: The Fate of Human Societies* (New York 1997) eine Interpretation landwirtschaftlicher Domestikation und ihrer Folgen. Weitere Ausführungen zum selben Thema finden sich in Jared Diamond und Peter Bellwood, *Farmers and Their Languages: The First Expansions*, in *Science* 300 (2003), S. 597–603, in Lynda Shaffer, *Southernization*, in *Journal of World History* 5 (1195), S. 175–191, und weiteren Bänden, die noch folgen werden.

Die zweite Phase landwirtschaftlicher Entwicklung seit 10 000 v. h. begann mit der Ausweitung existierender Landwirtschaftszentren. Colin Renfrew, J. P. Mallory und L. L. Cavalli-Sforza haben sich mit den Modellen der Verbreitung von Weizen- und Gerstebauern unter Indoeuropäisch-Sprechern beschäftigt: Colin Renfrew, *Archaeology and Language: The Puzzle of Indo-European Origins* (London 1987), J. P. Mallory, *In Search of the Indo-Europeans: Language, Archaeology, and Myth* (London 1989) und L. L Cavalli-Sforza, *Gene, Völker und Sprachen. Die biologischen Grundlagen unserer Zivilisation* (Darmstadt 1996). Peter Bellwood analysiert die Expansion der Reiskultivierung unter Sprechern des Austronesischen in seinem Werk *The Prehistory of the Indo-Malaysian Archipelago* (überarb. Aufl., Honolulu/Hawaii 1997). Auch die zweite Phase landwirtschaftlicher Entwicklung umfasste neue Landwirtschaftszentren. Diese bilden das Thema der Sitzungsberichte des Smithsonian Institute: C. Wesley Cowan und Patty Jo Watson, in Zusammenarbeit mit Nancy L. Benco, *The Origins of Agriculture: An International Perspective* (Washington 1992).

KAPITEL 5

Handel, 3000 v. d. Z. bis 500 n. d. Z.

Die Zeit von 3000 v. d. Z. bis 500 n. d. Z. war eine prägende Periode für die heutigen Gesellschaften und zugleich eine Zeit, in der relativ neue und schnell aufeinander folgende Fortschritte in der menschlichen Entwicklung zu verzeichnen sind. Um 3000 v. d. Z. breitete sich die Landwirtschaft rasch in unbebaute Landstriche aus. Die Landwirtschaft beschleunigte und bremste gleichzeitig die Migration. So waren größere Bevölkerungen, die mit der Entstehung der Landwirtschaft aufkamen, nun aufgrund ihrer Zahlen besser in der Lage, sich in beliebige Richtungen zu bewegen. Doch das Bauernleben band auch die Familien an das Land, das sie gut kannten, und machte Bewegungen oft riskant. Zu den weiteren Entwicklungen dieser Zeit gehören die zunehmende Nutzung von Metall, die Expansion des Handels und die Entwicklung institutionalisierter Religion im größeren Maßstab.

Im Allgemeinen wird die Geschichte dieser von relativ raschem Fortschritt geprägten Phase anhand des Aufkommens von Zivilisationszentren dargelegt. Zu den führenden frühen Zivilisationen gehörten Sumer, die nubischen und ägyptischen Königreiche, das Achämeniden-Reich Persiens, die griechischen und hellenistischen Staaten, die Qin- und Han-Staaten Chinas, das Römische Reich, das den gesamten Mittelmeerraum umfasste, und die Maurya- und Gupta-Reiche Nordindiens. Auf der Grundlage der Kenntnisse, die wir von diesen frühen Reichen haben, wird der Zeitraum von etwa 3000 v. d. Z. bis 500 n. d. Z. häufig als eine Art Vergleichsbasis für die Weltgeschichte betrachtet. Aus dieser Periode, die als »antike Welt« oder »antikes und klassisches Zeitalter« bekannt ist, verfügen wir über die frühesten schriftlichen Zeugnisse. Die Überlieferung der Antike spiegelte die Erfahrung und Anschauung der gesellschaftlichen Eliten wider, die die frühen schriftkundigen Zivilisationen dominierten. Diese Geschichten erzählen von den Errungenschaften in den Zivilisationszentren und drücken die Ängste dieser Zentren vor den »Barbaren«

außerhalb der Stadtmauern aus, die manchmal versuchten, den Reichtum und die Macht der Städte zu erobern. Eine solche Geschichtsschreibung gibt den Städten Vorrang vor dem Land, den Reichen und Herrschern vor Bauern und Hirten, den Priestern und ihren Tempeln vor der Spiritualität von Familien und schließlich der Anhäufung von Wohlstand und künstlerischer Kreativität an Kaiserhöfen Vorrang vor Dorffesten und der Ausstattung einfacher Häuser.

Eine andere Möglichkeit, den Prozess dieser raschen Veränderung zu erfassen, besteht darin, das Augenmerk auf die erweiterten Kontakte zu richten. Vor dem Hintergrund dieser Methode werden im vorliegenden Kapitel zwei Arten derartiger Verbindungen in antiker und klassischer Zeit in den Vordergrund gestellt. Zunächst wären da auf Migration basierende Verbindungen, die sich für ländliche wie auch städtische Regionen aufzeigen lassen: Verbindungen, die die großen Zentren der Welt der Antike und des klassischen Zeitalters betreffen, und Verbindungen, die fernab dieser Zentren bestanden, doch immer noch bedeutend genug für den Wandel in der Geschichte waren – zum Beispiel die Kontakte zwischen Sumer und Ländern, die weit entfernt von seinen Städten lagen, die Kontakte zwischen Ägypten und Indien oder Rom und dem Han-Reich sowie die Verbindungen zwischen Indonesien, Ostafrika und dem Südpazifik-Raum. Dabei konzentriert sich die Untersuchung auf die gegenseitige Abhängigkeit von Kaiserstadt und entferntem Hinterland, die Innovation in der Stadt und auf dem Land sowie den Glauben derer, die in großer Entfernung von kaiserlichen Zentren lebten und derer in den großen Tempeln.

Die zweite Art der Verbindung sind die aufkommenden Handelskontakte. Die Antike und das klassische Zeitalter waren gleichermaßen einzigartig für die Schaffung der offiziellen Institutionen des Handels, die sich seither mit einem Erfolg entwickelt haben, der den von Regierungsinstitutionen eventuell noch übertrifft. Der Nutzen des Handels für die menschliche Gesellschaft war wohl größer als der von Königreichen. Königreiche brachten ihren Herrschern kurzfristige Vorteile, auch wenn die königliche Anhäufung von Reichtum und Kreativität langfristig positiv für die breiteren Gesellschaftsschichten gewesen sein mögen. Ebenso diente der Handel besonders den Bedürfnissen der Oberschicht, doch profitierten wahrscheinlich zudem diesmal auch die gewöhnlichen Leute kurzfristig davon, und aus seinen Verbindungen erwuchsen schließlich wiederum langfristig weitgehende Vorteile.

Der Beginn und das Ende dieses Kapitels beschäftigen sich mit der Schaffung formeller Systeme des Handels aus früheren Systemen des Tausches. Das Tauschen zwischen Gemeinschaften kann in der Geschichte weit zurückverfolgt werden. Archäologen konnten an vielen Orten, die sie untersucht haben, den Nachweis erbringen, dass solche Tauschkontakte über große Entfernungen hinweg bereits schon mindestens 10 000 Jahre bestanden. Mineralien und andere Güter von Interesse sind auf die eine oder andere Art über große Distanzen von ihren Ursprungsorten zu denjenigen gebracht worden, die sie haben wollten. Bis 3 000 v. d. Z. hatten solche Tauschmodelle begonnen, sich zu strukturierten und spezialisierten Handelssystemen zu entwickeln, hauptsächlich um bedeutende Bevölkerungszentren miteinander zu verbinden; doch sie verknüpften außerdem weniger dicht bevölkerte Herkunftsorte wertvoller Güter mit den Zielorten, in denen eine entsprechende Nachfrage bestand.

Ab 1 000 v. d. Z. wurde der Handel über große Entfernungen zu einer Institution mit der Entwicklung von Geld, Bankwesen, Transport im großen Umfang, Karawanen, bedeutenden Marktplätzen und Häfen sowie großen Gasthäusern. Dies war außerdem die Zeit, in der große Staaten und große Religionen aufkamen. Doch gewährt uns die Konzentration auf den Handel statt auf Reiche oder Religionen einen besseren Einblick in die Muster der Migration und der regionalen gegenseitigen Beziehungen; deshalb bildet der Handel den Gegenstand der nachfolgenden Betrachtung dieser 3 500 Jahre umfassenden Periode.

Tausch zwischen Gemeinschaften

Menschen waren seit langer Zeit bereit, für seltene oder begehrte Waren große Entfernungen zurückzulegen oder ungewöhnliche Preise zu zahlen. In der Zeit, bevor das Schmelzen von Metallen neue Möglichkeiten für Werkzeuge eröffnete, wurden die scharfen Klingen aus schwarzem Obsidian auf dem amerikanischen Kontinent und in der östlichen Hemisphäre über große Distanzen hinweg getauscht. Über Tausende von Jahren haben diejenigen, die Nahrungsmittel pikanter machen wollten, Pfeffer in Südostasien, Westafrika und an der Karibikküste ausfindig gemacht und zu weit entfernten Verbrauchern gebracht. Auffallende dekorative Gegenstände wie der dunkelblaue Lapislazuli aus Afghanistan reisten über außergewöhnliche Distanzen. Düfte wie Weihrauch aus Arabien waren seit frühen Zeiten viel beschworen und begehrt. Stoffe, die bekanntlich oder angeblich heilende oder stärkende Eigenschaften besaßen – von Kräutern bis zu Papageienfedern –, wurden getauscht, sobald ein Bedarf bestand. Diese Dinge aus fernen Landen, die etwas Besonderes waren, haben den Tausch seit frühesten Zeiten zu einem Element der menschlichen Gesellschaft gemacht.

Angesichts der Bedeutung dieser Güter, die fernab der Heimat bezogen werden mussten, war es für die Gemeinschaften nun ebenso wichtig, Techniken zu entwickeln, um sie transportieren und gegen andere angemessene Güter tauschen zu können. Bei manchen Waren, die leicht und kompakt waren, kann es ausgereicht haben, wenn eine Person sie in einen Beutel packte und zu Fuß über der Schulter oder an einem Kopfband trug. Doch der Transport größerer Mengen war zunehmend auf Lasttiere angewiesen. Esel waren vor Tausenden von Jahren in Nordostafrika domestiziert worden und hatten sich als nützliche Tragtiere erwiesen. Rinder, Wasserbüffel und später Pferde konnten schwere Lasten ziehen. Kamele und Lamas wurden relativ spät domestiziert, dienten dann aber als geeignete Lasttiere.

Auch der Transport auf dem Wasser erleichterte den Warentausch, besonders für schwere Güter. Flüsse auf der ganzen Welt wurden, wo ihre Wasser still genug waren, von kleinen Booten befahren, die allerdings beträchtliche Warenmengen befördern konnten. Bei diesen Booten handelte es sich um Schilfboote, Flöße aus Holz oder Bambus, Kanus, die aus großen Baumstämmen ausgehöhlt worden waren, oder Holzrahmen, die man wasserdicht mit Häuten bespannt oder mit Rinde verkleidet hatte. Auf den größeren Meeren und am Rand der Ozeane transportierten größere Schiffe Waren von einer Küste zur anderen. Um 3 000 v. d. Z. gab es bereits Schiffe, die Segel sowie Ruder besaßen und das Mittelmeer, das Rote Meer, den Persischen Golf, die Nordküsten des Indischen Ozeans, das Südchinesische Meer und den Westpazifik befuhren. Seefahrer in der Karibik verfügten nicht über Segel, nichtsdestotrotz entwickelten sie große Kanus für Fahrten zwischen den Inseln. Die wahrscheinlich bemerkenswertesten Techniken für das Überqueren der Meere finden wir bei Austronesisch sprechenden Seefahrern mit ihren Auslegerbooten. Sie begannen, sich aus der Sichtweite des Landes hinauszuwagen und die Winde, Strömungen und Flugmuster der Vögel zu verstehen, wodurch sie schließlich in der Lage waren, einst isolierte Gebiete miteinander zu verbinden. Reisende zu Wasser und zu Lande machten sich nun daran, Informationen über die Geographie zu sammeln und weiterzugeben.

Doch die Beförderung von Waren von einem Ort zum anderen erforderte mehr, als begehrte Güter zu erkennen und Transportmittel für sie zu entwickeln. Zusätzlich mussten die Personen, die Waren transportierten, in der Lage sein, sich selbst zu erhalten, freundliche Beziehungen zu denen aufzubauen, die an ihren Routen lebten, und eingehend zu kommunizieren. Man brauchte soziale Systeme, um die Umherziehenden mit Nahrung und Unterkunft zu versorgen und sie vor Banditen zu schützen, die sicherlich von den wertvollen Gütern angelockt wurden. Sprachkundige mussten, um auf jedem Schritt der Reise mit anderen zu kommunizieren, ihre Fähigkeiten weiterentwickeln. Hierzu gehörten gewiss unter anderem Möglichkeiten, den Wert der Güter zu schätzen und sie unterwegs zu tauschen.

In Regionen, in denen recht rege getauscht wurde, entwickelten sich Systeme, um Reisende unterzubringen, ebenso wie Jahrmärkte und Märkte, um die Waren anzupreisen. Lokale Zentren, in denen Menschen Nahrungsmittel tauschten, konnten Bereiche umfassen, in denen kleinere Mengen von »exotischen« Waren ausgestellt werden konnten. Manchmal ergaben sich für bestimmte Gruppen Gelegenheiten, sich auf Tausch zu spezialisieren – Händler zu werden. Die Phönizier, die bereits um 3 000 v. d. Z. vom heutigen Libanon aus an der Mittelmeerküste entlangsegelten, sind wahrscheinlich die bekanntesten frühen Handelsspezialisten. Sie haben den Tausch nicht erfunden, sondern vorhandene Netzwerke ausgeweitet. Aus Küstendörfern schufen sie Hafenstädte, und aus dem komplexen System der sumerischen Keilschrift entwickelten sie ein vereinfachtes und hochfunktionelles Schriftsystem, um Kaufleuten bei der Buchführung zu helfen. 2 000 Jahre später sollte diesen kaufmännischen Anfängen das Aufkommen eines die halbe Welt umspannenden Handelsnetzes folgen.

Ländliche auf Migration basierende Verbindungen

Wie in früheren Zeiten machte sich auch in diesem Zeitraum das menschliche Habit der Migration in kleinen sowie großen Gruppen bemerkbar. Der Unterschied ist, dass Migrationen nach 3 000 v. d. Z. aufgrund der Verfügbarkeit schriftlicher Zeugnisse leichter zu dokumentieren sind. Nichtsdestotrotz sind einige der wichtigsten Migrationsbewegungen dieser Periode besser durch linguistische und archäologische Zeugnisse belegt als durch schriftliche. Dieser Abschnitt beschreibt Migrationen, die ländliche

Gebiete miteinander verbanden und dadurch zu einem erheblichen Wandel in der Verteilung der Weltbevölkerung führten und den Grundstein für neue Beziehungen zwischen Bevölkerungen legten.

Migrationen in Südostasien gaben in dieser wie in früherer Zeit Anstöße, die den Großteil der östlichen Hemisphäre beeinflussten. Sprecher des Sino-Tibetischen hatten aus ihrem angestammten Heimatland in den tiefen Tälern im Osten des Himalaja wiederholt Migranten in verschiedene Richtungen ausgesandt. Kapitel 4 beschäftigte sich mit ihrer Bewegung in das untere Jangtse-Tal und ins heutige Nordchina in der Frühzeit der Landwirtschaft. Schon vor 3000 v. d. Z. übernahm das Hochland von Tibet die neue Technologie, einschließlich der Domestikation des Yak (eines in größerer Höhe lebenden Verwandten des Rinds), und die tibetische Bevölkerung und Sprache nahmen Gestalt an. Im gleichen Zeitraum zogen Burmesisch-Sprecher durch die Täler des Saluen und des Irawadi und besiedelten die Länder bis an die Küsten des Indischen Ozeans.

In der Zwischenzeit verbreitete sich die benachbarte austrische Sprachfamilie aus ihrem Heimatland, das nur geringfügig niedriger in den gleichen Tälern lag, von Yunnan in verschiedene Richtungen, besonders nach Süden und Osten. Die austrischen Sprachen, die in einem Gebiet gesprochen wurden, in dem sie sich mit sino-tibetischen Sprachen überlappten, hatten trotzdem eine charakteristische Ausprägung. Die meisten Sprecher dieser Sprachen blieben auf dem südostasiatischen Festland zurück, wo sie heute die Mehrheit in den Nationen Vietnams, Thailands, Laos' und Kambodschas bilden. Mit der Zeit teilten sich die Austrisch-Sprecher das Nordgebiet des austrischen Heimatlands mit nach Süden ziehenden Gruppen von Chinesisch-Sprechern.

Doch am besten dokumentiert sind die Migrationen der Sprecher austrischer Sprachen, die das Festland verließen und die Inseln Südostasiens und des Pazifiks besiedelten. Die Vorfahren von Austronesisch-Sprechern hatten flussabwärts von Yunnan ein Heimatland mit fortschrittlicher Reisproduktion gegründet; darüber hinaus besaßen sie Boote. Diese Kanus, die aus Stabilitätsgründen Ausleger hatten, könnten auf den Flüssen des Binnenlands entwickelt worden sein, doch als sie mit Segeln ausgerüstet wurden, erwiesen sie sich als besonders geeignet für Fahrten über den Ozean. Nach der Überquerung der mehr als 100 Kilometer breiten Meerenge nach Taiwan waren die sich entwickelnden austronesischen Bevölkerungen in der Lage, auf kürzeren Fahrten entlang der Inselkette gen Norden nach Okinawa und Japan sowie gen Süden zu den Philippinen zu segeln. Diese Migration begann um 3000 v. d. Z. oder etwas früher. Austronesisch-Sprecher legten Bauernhöfe an, die den Reis- und Yamsanbau praktizierten und auf denen Hühner und Schweine gehalten wurden; gleichzeitig lebten sie vom Fischfang. So besiedelten sie den gesamten indonesischen Archipel und zogen sogar nach Nordwesten auf das malaiische Festland.

Manche Austronesier zogen weiter nach Westen und ihre Sprachen überlebten in Madagaskar – dessen Sprachen am engsten mit den Sprachen Borneos verwandt sind. Diese Seefahrer scheinen ihre Reise um die Zeitenwende oder geringfügig früher unternommen zu haben. So segelten sie anscheinend zur gleichen Zeit über den Indischen Ozean wie griechische, römische, indische und persische Schiffe. Dies ist auch die Periode, die Lynda Shaffer als »Versüdlichung« *(Southernization)* bezeichnet hat, in der indonesische und indische Seefahrer die Gebiete des gesamten Indischen Ozeans verknüpften.

Austronesisch-Sprecher, die sich in Taiwan, auf den Philippinen und dem indonesischen Archipel verbreiteten, trafen auf lokale Bevölkerungen, die vermutlich indopazifische Sprachen sprachen und vom Fischfang, der Jagd und dem Sammeln lebten. (Studien zur Sprachverbreitung deuten darauf hin, dass die indopazifischen Sprachen einst ein riesiges Gebiet beherrschten, darunter den Großteil Indonesiens und Bereiche des östlichen Indischen Ozeans sowie Inseln um Neuguinea und auch Tasmanien.) Die Bevölkerung der Austronesisch-Sprecher mit ihrer Wirtschaftsweise, die auf Reis- und Yamsanbau beruhte, wuchs und absorbierte die Indopazifisch-Sprecher, bis sie nach Papua-Neuguinea und zum Bismarck-Archipel gelangte. Dort hatten Sprecher des Indopazifischen schon seit langem eine Landwirtschaft entwickelt, die auf Taro, Bananen, Zuckerrohr und anderen Erntegütern basierte. Die Papua waren zu zahlreich, um von den »Neuankömmlingen« absorbiert zu werden. Die zugereisten Austronesisch-Sprecher konnten sich jedoch fest in den Küstengebieten Neuguineas und benachbarter Inseln etablieren. Die Voraussetzungen waren geschaffen für Mischehen und den Austausch alter sowie die Entwicklung neuer Traditionen.

Aus diesem gesellschaftlichen Schmelztiegel kommen Bevölkerungen, die Länder bis an die äußersten Ränder des Pazifiks besiedelten. Diese Bevölkerungen waren die einzigen Gruppen, die das Gebiet bewohnten, das heute als Polynesien bekannt ist, und sie teilten sich mit anderen Gruppen die Regionen von Mikronesien und Melanesien. Sie sprachen austronesische Sprachen, doch ihre Kultur und genetische Zusammensetzung hingen wesentlich von den Indopazifisch-Sprechern Neuguineas ab. Um 3000 v. d. Z. begann die Blütezeit dieser Kultur entlang der Nordküste Neuguineas und dem benachbarten Bismarck-Archipel. Um 1000 v. d. Z. hatten diese Siedler Tonga und Samoa erreicht, Tausende von Kilometern im Südosten. Reis verlor für diese Bauern seine Bedeutung, doch südostasiatische Yams, Hühner und Schweine in Kombination mit papuanischem Taro und Bananen sowie Meeresfrüchten sorgten für eine abwechslungsreiche Küche. Ein für diese Zeit typischer Keramikstil, genannt Lapita, liefert die Bezeichnung für die archäologischen Überbleibsel dieser Völker. Ebenso wichtig war das Doppelhüllen-Segelboot, das von Menschen der Lapita-Kultur entwickelt wurde und das Segeln auf hoher See ermöglichte. Die polynesischen Doppelhüllenboote besaßen Stabilität, Geschwindigkeit, Manövrierfähigkeit und ausreichende Kapazität, um viele Seeleute und große Mengen an Vorräten für lange Reisen an Bord zu nehmen. Der Einsatz dieser Seefahrzeuge bedingte einen hohen Grad an Navigationsfertigkeiten. Ohne Schrift oder Instrumente, doch durch intensive Beobachtungen der Sterne, Winde, Strömungen und Flugmuster der Vögel waren diese Seefahrer des Pazifiks in der Lage, eine präzise Navigation zu entwickeln.

Von ihrem Heimatland aus erreichten polynesische Seefahrer die Marquesas-Inseln, von denen aus sie Entdeckungsfahrten gen Norden nach Hawaii, gen Osten zur Osterinsel und gen Süden nach Neuseeland unternehmen konnten. Es ist sogar wahrscheinlich, dass diese Seefahrer die Küste Südamerikas erreichten und besiedelten. Es gibt zwar nur indirekte Belege, die jedoch recht überzeugend sind. Dort lernten sie von den Menschen an der Küste Perus die Kultivierung von Bataten und brachten Ableger zurück auf die Inseln. Letztendlich ermöglichte die Batate die Entwicklung einer großen polynesischen Bevölkerung auf den Inseln Neuseelands – in einer Region, in der die normalen polynesischen Erntegüter, insbesondere Taro, nicht gedeihen konnten. Diese Lapita-Gesellschaften unterhielten bis etwa 500 v. d. Z. ein aktives Handelsnetzwerk, das sich anschließend auflöste. Im westlichen Pazifikraum jedoch hielt sich das Netzwerk rascher Verbindungen zwischen Inseln, gewährleistet durch Doppelhüllenboote und Ausleger-Kanus, bis ins 19. Jahrhundert.

In der Zwischenzeit mag am anderen, westlichen Rand der austronesischen Diaspora die Besiedlung von Madagaskar und den Komoren auf zweierlei Art parallel zu der von Polynesien und Mikronesien verlaufen sein. Erstens waren Austronesisch sprechende Seefahrer führend in der Besiedlung. Zweitens ist es möglich, dass die Verbindung von Austronesiern mit ostafrikanischen Bevölkerungen zu einer sozialen und biologischen Synthese führte, die diese Phase der Migration von denen davor unterscheidet. Das heißt, wir könnten nach einem ostafrikanischen Äquivalent zum Lapita-Heimatland im Pazifik suchen. In jedem Fall lautet das Argument, dass gemeinschaftsübergreifender Austausch selbst bei Migrationen eine wichtige Rolle spielte, die aus der Entfernung betrachtet wie eine massive Kolonisationskampagne aussehen.

Ungefähr zu der Zeit, als die austronesischen Seefahrer ihre ersten Reisen unternahmen, ist auch bei den Indoeuropäisch-Sprechern der Steppen nördlich des Schwarzen Meeres eine Entwicklung zu verzeichnen: Über die Pferdejagd hinaus begannen sie, die Tiere zu domestizieren. Dies führte bald zu von Pferden gezogenen Streitwagen und dann zu berittenen Kriegern, besonders unter Indoeuropäisch-Sprechern, doch auch unter benachbarten Gruppen, die altaische oder semitische Sprachen sprachen. Pferde, vor zweirädrige Streitwagen gespannt, wurden zu einem wichtigen Bestandteil einer durchschlagenden militärischen Streitmacht. Sie waren mit der Expansion verschiedener indoeuropäischer Sprachgruppen verbunden, darunter den Hethitern der anatolischen Halbinsel. Zu den östlichen Gruppen des Indoeuropäischen gehörten die indoiranischen Sprachen.

Diese Expansion indoeuropäischer Pferdehalter war eine Entwicklung, die der Verbreitung der Landwirtschaft über Eurasien folgte, die mehrere Tausend Jahre zuvor begonnen hatte. Die indoiranische Untergruppe der Indoeuropäer bewegte sich langsam in den Iran hinein und in einer damit verbundenen Bewegung nach Nordindien. Diejenigen, die sich im Iran ansiedelten, standen in der religiösen Tradition Zarathustras. Es entstand die Achämeniden-Dynastie, die das erste große Kaiserreich gründete. Die nunmehr in Indien Sesshaften schufen jene religiösen Gedichte, die als Veden bekannt sind.

Pferde verbreiteten sich bald über die indoeuropäischsprachigen Regionen hinaus. Sprecher des Altaischen, deren Lebensweise ebenfalls von diesen Tieren abhing (und die nach Meinung mancher als Erste Pferde domestizierten), zogen periodisch von ihren ost- und zentralasiatischen Heimatländern weit in den Westen und nach Süden. Im 1. Jahrtausend v. d. Z. gehörten die Awaren und Skythen zu solchen Gruppen; im 5. Jahrhundert n. d. Z. folgten ihnen die Hsiung-nu im Osten und die Hunnen im Westen. Die Domestikation von Kamelen – sowohl in Zentralasien als auch in Arabien – fand im 1. Jahrtausend n. d. Z. statt.

Ungefähr zur gleichen Zeit wie die Migrationen der Aryas in den Iran und nach Indien sorgten andere Wanderbewegungen für eine Neuzeichnung der Karte einer ähnlich großen Region Afrikas. Dabei handelt es sich um die Ausbreitung von Bantu-Sprechern nach Zentral- und Ostafrika. Sie bewegten sich allerdings eher zu Fuß als mit dem Wagen, und bei ihrer Verbreitung scheint die Kriegsführung weniger wichtig als die Landwirtschaft gewesen zu sein. Sie waren Bauern wie die Aryas, besaßen jedoch keine Pferde. Sie zogen langsam in die Wälder im heutigen Kamerun und Kongo und verdrängten sowie absorbierten die früheren Einwohner. Als die Bantu-Sprecher gegen Ende des 1. Jahrtausends v. d. Z. die Hochländer Ostafrikas erreichten, trafen sie auf andere Bauerngruppen, und wie in Melanesien gingen daraus ein komplexes Geflecht von Interaktionen und eine neue Vielfalt von Innovationen hervor. Durch Kontakt mit Stämmen der afroasiatischen und eventuell nilo-saharanischen Sprachgruppen lernten die Bantu-Sprecher Rinder, Schafe und Hirse kennen und konnten sich rascher nach Ost- und Südafrika ausbreiten.

Um aufzuzeigen, dass diese drei Fälle ländlicher Migration nicht nur ähnlich, sondern miteinander verbunden waren, muss man nur zu den Reisen der Austronesier in den westlichen Indischen Ozean zurückkehren. An der Ostküste Afrikas führten Austronesisch-Sprecher Bananen, asiatische Yams, Xylophonmusik und Ausleger-Kanus ein. Die ersten drei dieser Innovationen verbreiteten sich von Gruppe zu Gruppe über den afrikanischen Kontinent. Bananen spielten eine besondere Rolle in den Tälern und Hochländern des Bantu sprechenden Zentralafrika, wo sie zum bedeutendsten Erntegut wurden.

Umgekehrt mussten die austronesischen Migranten auf ihrem Weg nach Ostafrika indische Gewässer überqueren; sie lagerten und siedelten sich dabei gewiss an verschiedenen Punkten entlang der Küste an, eventuell als Kaufleute. An den Küsten Nordindiens und des Iran stießen sie wohl auf Indoiranisch-Sprecher, deren Vorfahren die Region vor mehr als 1 000 Jahren betreten hatten.

Es wurden hier bestimmte ländliche Migrationen dieser Periode gewählt, um ihr Wesen aufzuzeigen. Doch man hätte genauso gut die Geschichte von Völkerbewegungen in anderen Teilen der Welt wiedergeben können. Die Keltisch-Sprecher, die westlichste Gruppe indoeuropäischer Sprachen, weiteten gegen 300 v. d. Z. ihre Siedlungen bis weit in den Osten aus. Später wurde ihr Siedlungsgebiet durch andere Gruppen eingeschränkt, bis es schließlich wieder auf die nordwestlichen Küsten Europas begrenzt war. Zu den Gruppen, die auf Kosten der Keltisch-Sprecher expandierten, gehörten die Germanisch sprechenden Völker Zentral- und Nordeuropas. Die Berber der Berge Nordafrikas, die westlichsten Afroasiatisch-Sprecher, übernahmen im 1. Jahrtausend v. d. Z. das Kamel und weiteten ihr Gebiet nach Süden aus, wobei sich letztendlich ihre Bevölkerungen über die gesamte West- und Zentralsahara verbreiteten. Ähnliche Bewegungen fanden im gleichen Zeitraum in Amerika statt, obwohl über sie noch keine Einzelheiten bekannt sind: Zum Beispiel führten sukzessive Migrationen vom nördlichen Südamerika aus zur weiteren Besiedlung der karibischen Inseln, doch außerdem zu einer erhöhten Bevölkerungszahl im südlichen Amazonasbecken und den weiter südlich gelegenen Savannen.

Städtische Verbindungen

Frühe Zentren städtischer Zivilisationen, denen in vielen allgemeinen Werken jeweils ein eigenes Kapitel gewidmet wird, werden hier als eine Gruppe zusammengefasst. Wenn dabei auch viele Einzelheiten für jede Gesellschaft verloren gehen, erlaubt diese Vorgehensweise doch, sich stärker auf die Ähnlichkeiten und besonders die Verbindungen, die die Gesellschaften untereinander und mit anderen Regionen pflegten, konzentrieren zu können. Frühe Städte entstanden vor allem an Wasserwegen, wo sich der Einsatz der Landwirtschaft in relativ schmalen Territorien als ertragreich erwiesen hatte. Die großen Bevölkerungen der Städte brachten zwar den Vorteil, dass zahlreiche soziale Funktionen nun an einem zentralen Ort vereint waren, doch hinsichtlich der Versorgung und Organisation stellten sie auch ein Problem dar. In manchen Fällen wurden solche Probleme auf friedlichem Weg gelöst, indem die Organisation um Funktionen ergänzt wurde, wie zum Beispiel bei den frühen Städten des Industals und Westafrikas. In anderen Fällen wurde eine Organisation durch die Etablierung sozialer Hierarchie zwangsweise durchgesetzt, wie in Mesopotamien. Die Entwicklung urbaner Verwaltungssysteme auf der Basis von Kooperation und Hierarchie legte den Grundstein für die Schaffung größerer Reiche. Weiterhin brachte die Bildung von Städten verschiedene Abhängigkeiten und Migrationsarten mit sich: Migration vom Land in die Stadt,

Bewegungen von Eliten und Handwerkern von Stadt zu Stadt, die Abhängigkeit städtischer Gebiete von den Erzeugnissen des nahen und fernen Landes und Veränderungen in ländlichen Gebieten aufgrund von Entwicklungen in urbanen Zentren.

Im Niltal entstanden Städte vor 3000 v. d. Z.; und sogar noch Tausende von Jahren früher datiert eine kürzlich entdeckte Stadt der Nilo-Saharanisch sprechenden Nubier. Die Herrscher der Städte des Afroasiatisch sprechenden unteren Nils in Ägypten reisten für ihre Krönungszeremonien flussaufwärts nach Nubien, was darauf hinweist, dass die nubischen Staaten in gewissem Sinn Vorfahren der ägyptischen waren. Ägypten wurde gegen 3100 v. d. Z. vereinigt und anschließend wurde das ägyptische Königreich alle paar Hundert Jahre neu organisiert, wobei neue Dynastien die alten in einem System ablösten, das ansonsten große Kontinuität aufwies.

Vor 3000 v. d. Z. entstanden auch die sumerischen Stadtstaaten in Mesopotamien am Euphrat und Tigris. Das Epos von Gilgamesch, dem König der sumerischen Stadt Uruk, erzählt nicht nur von seinem Bau der Stadtmauern und seiner Suche nach Unsterblichkeit, sondern auch von seinen Reisen in entfernte Regionen. Die Zeit Sumers als Ansammlung unabhängiger Stadtstaaten wurde unterbrochen, als einer ihrer Anführer, Sargon, eine schlagkräftige Armee aufstellte und bis zu seinem Tod eine sumerische Stadt nach der anderen eroberte. Sargons Nachfolger wurden später von babylonischen Herrschern verdrängt, unter ihnen Hammurabi, der wegen seines Gesetzeskodex berühmt ist.

In der Zwischenzeit führte die Domestikation von Pferden zu großen Veränderungen in Politik und Gesellschaft, zunächst in Asien und schließlich in den meisten Regionen der Welt. Indoeuropäisch sprechende Jäger nördlich des Schwarzen Meeres wandten sich im 3. oder 4. Jahrtausend v. d. Z. von der Pferdejagd ab und dem Fangen und Trainieren von Pferden zu; die Nutzung von Pferden breitete sich sodann rasch auf Nachbargebiete aus. Die Hethiter, eine indoeuropäische Gruppe in Anatolien, verließen sich auf Pferde, als sie gegen den babylonischen Staat kämpften. Sie entwickelten oder übernahmen von Pferden gezogene Wagen und benutzten leichte Räder mit Speichen statt der schweren Holzräder der babylonischen Ochsenkarren. Mit ihren Streitwagen vernichteten sie im 16. Jahrhundert v. d. Z. das babylonische Reich. Die rasche Verbreitung des Pferdes über seine ursprünglichen Domestikationsgebiete hinaus lässt sich veranschaulichen am Beispiel der Hyksos, einer Semitisch sprechenden Gruppe, die bereits Jahrhunderte vor der hethitischen Zerstörung Babylons Pferde besaß: Die Hyksos übernahmen die Kontrolle über das Nildelta zu Beginn des 2. Jahrtausends und es dauerte einige Zeit, bis das ägyptische Reich sich von ihnen befreien konnte.

Im Industal entstanden weitere Städte, die ebenfalls um 3 000 v. d. Z. existierten und deren größte Harappa und Mohenjo-Daro waren. Diese großen Städte, die vermutlich von Drawidisch-Sprechern bewohnt wurden, präsentieren sich als wahre Wunder städtischer Planung, einschließlich fortschrittlicher Kanalisationssysteme. Außerdem ist interessant, dass sie keine zentralisierte politische Struktur entwickelten. Es gibt Belege für ihren Handel mit Sumer. Indoeuropäisch sprechende Migranten mit Pferden gelangten auch ins Industal. Die Städte der Indus-Kultur (auch Harappa-Kultur genannt) verfielen um 1 700 v. d. Z., anscheinend bevor zahlreiche arische Migranten eintrafen und sich niederließen; ihre Sprachen wurden nun allmählich beherrschend in Nordindien.

Wenden wir den Blick nach Ostasien, erhoben sich hier die ersten Städte im 3. Jahrtausend v. d. Z. entlang des Huanghe-Tals. Um 2 200 v. d. Z. hatte das Xia-Reich die Kontrolle über große Teile dieses fruchtbaren, doch nur unregelmäßig bewässerten Tals gewonnen. Etwa 400 Jahre später wurde das Xia-Reich vom Shang-Reich abgelöst.

Für den Zeitraum von 1 500 bis 500 v. d. Z. berichten historische Zeugnisse von Machtkämpfen im Rahmen kleiner, allerdings mächtiger Staten. Babylonier versklavten Israeliten; das Zhou-Königreich gewann ab 1 122 v. d. Z. die Oberherrschaft im Huanghe-Tal. Das nubische Königreich Kusch eroberte 750 v. d. Z. Ägypten, anschließend schufen die Assyrer um 7. Jahrhundert v. d. Z. das bisher größte Reich, indem sie Mesopotamien, Syrien und Ägypten unter ihre Herrschaft brachten. Phönizische Schiffe bereisten das gesamte Mittelmeer, und ägyptische Schiffe befuhren das Rote Meer mit Verbindungswegen nach Indien. Obwohl die Städte wohl zunehmend unter den Einfluss starker Herrscher gerieten, verdankten die aufkommenden Städte der westafrikanischen Savanne am Niger den ergänzenden Aktivitäten verschiedener Wirtschaftsspezialisten offensichtlich wesentlich mehr als der Unterordnung unter eine zentrale Autorität.

Ab etwa 500 v. d. Z. wurde die gesellschaftliche Organisation erneut komplexer, als die Achämeniden, Indoeuropäisch sprechende Krieger aus dem Iran, die Kontrolle über das assyrische Reich gewannen und dieses um den Iran sowie Anatolien vergrößerten, was zur Schaffung des bis dahin größten Reichs führte. Gelungen war ihnen dieser Erfolg dank ihrer

Kriegsführung, doch waren ihre Verwaltungstechniken letztlich die Voraussetzung, um das Reich zu erhalten. Interessanterweise stützten sich die Achämeniden nicht besonders auf schriftliche Aufzeichnungen, wenn ihr Herrschaftssystem Zeremonien und öffentlichen Schauspielen auch maßgebliche Bedeutung zuwies. Die Verwaltung aller späteren Reiche jedoch beruhte auf der Schrift. Anschließend entstanden andere Reiche ähnlicher Größe. Alexander der Große hatte bis zu seinem Tod im Jahre 323 v. d. Z. das Achämeniden-Reich erobert. Er erweiterte dessen Grenzen nicht wesentlich, doch unter seiner Verwaltung wurden die griechische Sprache und Kultur im gesamten Reich und dessen Nachfolgern für mehrere Jahrhunderte tonangebend. Bald nach Alexanders Eroberungszügen entstand das Maurya-Reich und erlangte die Kontrolle über den Großteil Nordindiens. Der Maurya-König Asehoka gewann die Oberherrschaft über den größten Teil des Subkontinents; danach vollzog er einen abrupten Lebenswandel: Der einstige Eroberer strebte nun nach einem Leben in Frieden und Gerechtigkeit. Er war der erste bedeutende Monarch, der zum Buddhismus konvertierte. Nach einigen hundert Jahren löste das Gupta-Reich das Maurya-Reich in Nordindien ab.

In Nordchina fing um 400 v. d. Z. die Zeit der Streitenden Reiche an und dauerte 200 Jahre. Gegen Ende dieser Zeit vereinigte das Qin-Königreich aufgrund einer Taktik skrupelloser militärischer Eroberungen kurzfristig Nordchina und einige Gebiete im Süden. Nach dem Zusammenbruch des Qin-Reichs kam das Han-Reich auf und gewann die Kontrolle über den Großteil des nur kurz von den Qin regierten Territoriums. Dies war der Beginn der Herrschaft der ersten umfassenden Dynastie Chinas. Unterdessen expandierte zur gleichen Zeit, in der sich das Han-Reich entwickelte, das Römische Reich über sein italisches Territorium hinaus, eroberte den größten Teil des Mittelmeerraumes und regierte sein Staatsgebiet ohne nennenswerte Herausforderungen bis zum 5. Jahrhundert n. d. Z.

Handelswesen, 1 000 v. d. Z. bis 500 n. d. Z.

Bei der Analyse der ostafrikanischen Geschichte im Zeitraum von 1 000 v. d. Z. bis 500 n. d. Z. kam Christopher Ehret zu dem Schluss, dass der Begriff »kommerzielle Revolution« angemessen die Entwicklung der Gebiete des Mittelmeeres, des Indischen Ozeans und der benachbarten Länder beschreibt. Obwohl »kommerzielle Revolution« sich im Allgemeinen eher auf das mittelalterliche und frühneuzeitliche Europa bezieht, erscheint Ehrets neue Anwendung des Begriffs passend. Dies war die Zeit der Erfindung und des Aufbaues der Hauptinstitutionen des Handels, so dass sich informeller Tausch in formellen Handel verwandelte, mit Geld, spezialisierten Kaufleuten sowie strukturierten Marktplätzen, Häfen und gewerblichen Steuern.

Obwohl ein gewisser Tauschhandel wahrscheinlich alle Gebiete der Welt miteinander verband, kann man von dieser Zeit an von einem Netz direkter Handelsverbindungen sprechen, das einen Großteil der Welt verknüpfte, mit wichtigen Stützpunkten im östlichen Mittelmeer, in Südchina und Indien sowie Verbindungen nach Europa, Westafrika, Ostafrika, Indonesien, in den Nord- und Westpazifik. Zu den Hauptmerkmalen dieses neuen Handelssystems und seinen Unterschieden gegenüber früheren Tauschsystemen gehören: ein größeres Warenangebot, die Verwendung allgemein anerkannter Geldsysteme, die Entwicklung neuer Technologien in Transport, Buchführung und Verkaufsförderung, die Etablierung viel bereister Handelsrouten mit Häfen und Unterkünften, die Schaffung sozialer Einrichtungen – wie etwa Handelssiedlungen – und die Entwicklung von Konzepten und Philosophien, um die Probleme des Handels anzugehen. Über den formellen Handel wurden beispielsweise Metalle, Keramik, Gewürze, Edelsteine, Getreide, religiöse Artefakte, Textilien und Leder vertrieben.

Die Einführung von Münzgeld ist ein unverwechselbares Kennzeichen des formellen Handels. Mittelmeerstaaten begannen im 1. Jahrtausend v. d. Z., Münzen zu prägen, und gegen Ende dieses Jahrtausends waren römische Münzen über fast ganz Eurasien verbreitet. Zur gleichen Zeit hatten die verschiedenen Staaten Nordchinas Münzen aus Kupfer, Bronze, Silber und Gold in Umlauf gebracht. Die Verbreitung des Geldes ermöglichte eine Verbesserung der Buchführungstechniken und den Beginn des Bankwesens. Kredite und Anzahlungen für zu verkaufende Waren wurden Teil eines expandierenden Systems von Vertrauen und Verbindlichkeiten; dadurch wurde ein Netzwerk persönlicher Kontakte aufgebaut, konform zum Netz des Warentransfers von Region zu Region.

Münzen existierten neben anderen Geldarten. Seemuscheln waren weit verbreitet, vor allem die Schalen der Kaurischnecken (oft, wenn auch irrtümlich, »Kaurimuscheln« genannt) aus dem Indischen Ozean und Westpazifik. Kaurimuschel-Geld gab es schon vor dem Entstehen des Römischen Reichs, und es hatte sich vom Indischen Ozean nach Westen bis in das etruskische Italien und nach Osten bis nach Zentralchina verbreitet. So mag das System verschiedener Währungen (wie Silber und Gold) späterer Zeiten seinen ersten Anfang gefunden haben, als Kaurischneckenhäuser und Münzen im Großteil des Handelsnetzes nebeneinander existierten. Man kann spekulieren, dass austronesische Kaufleute eine wichtige Rolle bei der Verbreitung, wenn nicht sogar der Erfindung der Kauri-Währung spielten. Das Kauri-Währungssystem verbreitete sich somit nicht nur im gesamten Indischen Ozean, sondern es könnte seinen Ursprung in Gebieten des Südchinesischen Meeres haben und nach Neuguinea sowie eventuell in polynesisches Territorium gelangt sein.

Die Technologie des Handels war ein vielschichtiger Komplex aus Werkzeugen, Techniken und Wissen. Zunächst ist da die Technologie des Transports über Land und See. Die für den Handel entwickelten Boote mussten für Flüsse und Meere geeignet sein, profitierten jedoch auch von Entwicklungen, die eine Beförderung und Konservierung von immer größer werdenden Lasten ermöglichten. Über Land konnten Waren von Menschen getragen werden, doch wo immer möglich wurden Lasttiere und mitunter Wagen eingesetzt. Das Aufkommen von Kameltransporten ist insofern bemerkenswert, als Kamele – sobald geeignete Sättel und Lastgurte entwickelt waren – als Lasttiere in den Regionen, in denen sie gediehen, rädrige Karren ersetzten. So, wie die Techniken für das Beladen und Segeln auf dem Meer ausgebildete Arbeiter brauchten, erforderten auch die Pflege und das Füttern sowie das Beladen von Tieren Fachleute. Das Aufkommen von haltbaren Eisenwaren, darunter schließlich Nägel, erwies sich als extrem nützlich für Kaufleute. Gleichermaßen wichtig waren allerdings auch die Herstellung von Lederwaren, der Bau von Booten und Wagen aus Holz und das Nähen von Segeln und Planen. Die Orientierung zu Wasser und zu Lande erforderte Spezialisten, die die Routen, Jahreszeiten und Reisehindernisse kannten. Seefahrer auf dem östlichen und westlichen Indischen Ozean lernten, auf hoher See zu segeln, indem sie dem Jahresrhythmus der Monsunwinde folgten, und das nicht viel später, als Austronesisch sprechende Seeleute im Westpazifik das Überqueren des Meeres meisterten.

Staatliche Bauarbeiten halfen bei der Weiterentwicklung des Reisens: Straßen, Brücken, Fähren und Furten zur Überquerung von Flüssen wurden errichtet, ebenso wie Häfen und Kanäle für den Bootsverkehr. In den frühen Jahrhunderten n. d. Z. verbanden die Kanäle des ptolemäischen Ägypten das Mittelmeer mit dem Roten Meer. Ein beträchtlich größerer und länger bestehender Kanal ist der Kaiserkanal, der unmittelbar nach dem Ende der Han-Herrschaft geschaffen wurde, um die Täler des Jangtse und des Huanghe zu verbinden und den Reistransport von Süden nach Norden zu erleichtern.

Um 500 n. d. Z. erstreckten sich die regelmäßig befahrenen Handelsrouten zu Wasser und zu Lande über das gesamte Kernland Afro-Eurasiens und in zahlreiche Randgebiete. Die bedeutendste Landroute für den Fernhandel, die heute als Seidenstraße bekannt ist, reichte vom Schwarzen Meer und der Mediterranée im Westen bis zum Huanghe-Tal in Nordchina und verknüpfte so alle dazwischen liegenden Wüsten- und Steppenländer. Andere Hauptrouten über Land verbanden Yunnan (südwestlich von China) mit Bengalen und dem Indischen Ozean, Nordindien mit Zentralasien und Nordeuropa sowie Westafrika mit dem westlichen Mittelmeer. Die wesentlichen Seerouten verliefen durch das Mittelmeer und das Schwarze Meer, das Rote Meer (bis nach Äthiopien und ins Niltal), den Persischen Golf, den westlichen Indischen Ozean (bis an die ostafrikanische Küste), den östlichen Indischen Ozean, das Südchinesische Meer, entlang der Nordpazifikküste und durch die Inselwelt des Westpazifik.

Die sozialen Netzwerke des expandierenden Handelsnetzes waren nicht weniger bedeutend als seine technischen oder ökonomischen Aspekte. Es war notwendig, Vertrauenssysteme und Systeme für eine gut funktionierende Nachrichtenübermittlung zu schaffen, um den Handel über große Entfernungen zu einem verlässlichen Gewerbe zu machen. Bestimmte Sprachen wurden zu Handelsfachsprachen und weit entfernt von ihren Heimatgemeinschaften bei entsprechenden Verhandlungen gesprochen. Das Griechische und das Aramäische waren in den ersten Jahrhunderten n. d. Z. zwei solche Sprachen. Eine andere Hauptinstitution des Handels ist heute als »Handelsdiaspora« bekannt. Familien bestimmter ethnischer Gruppen – darunter Armenier in West- und Zentralasien und später Mande sprechende Westafrikaner (der Soninke-Stämme), die Wangara genannt wurden – schickten Familienmitglieder über große Entfernungen, um autonome, selbstverwaltete Gemeinschaften zu gründen, so dass sie reisenden Kaufleuten aus der Heimat Unterkunft bieten und ihnen bei ihrem Handel helfen konnten. Eine solche Handelsdiaspora spielte bis in die Neuzeit hinein eine wichtige Rolle beim Vertrieb von Waren fernab der Heimat.

Die Ära der kommerziellen Revolution war außerdem eine Zeit, in der sich neue Traditionen in Religion und ethischer Philosophie entwickelten.

Zarathustra und Buddha, Konfuzius, Laotse, die hebräischen Propheten, die griechischen Philosophen, Jesus und andere predigten über fundamentale Themen wie Leben, Tod, Gemeinschaft und Schicksal auf eine Weise, die zur Entwicklung von Schulen und großangelegten religiösen Institutionen führte. Natürlich waren Religion und die Beschäftigung mit Ethik schon seit frühester Zeit Teil der menschlichen Gesellschaft gewesen. Doch die Propheten und Philosophen des 1. Jahrtausends v. d. Z. haben sich neben den uralten Problemen kleiner menschlicher Gemeinschaften auch mit den neuen Problemen auseinandergesetzt, die die komplexere Struktur der Gesellschaft nun mit sich brachte. Eventuell verliehen das immer erfolgreichere Streben nach Reichtum und die zunehmende Ungleichheit, die beide im Zusammenhang mit der kommerziellen Revolution stehen, den neuen religiösen und philosophischen Strömungen Bedeutung und Sinn. Besonders im Fall des Buddhismus waren Religion und Handel eng miteinander verbunden, vor allem, was den Handel mit religiösen Kultgegenständen betrifft. Religion reiste mit dem Handel, und Religion beschäftigte sich häufig mit Handel. Das Christentum ist diesbezüglich ungewöhnlich unter den neuen Religionen, da hier nur langsam solche Verbindungen wuchsen. Der Islam dagegen, der im 7. Jahrhundert n. d. Z. entstand und in dem man den Propheten Mohammed als die Person betrachtete, die die endgültige und vollständigste Verkündung Gottes brachte, konzentrierte sich in seiner Frühphase besonders darauf, die Konflikte zwischen kommerziellem Gewinn und der frommen Hilfe für die Armen zu lösen.

Schlussfolgerung

Am Ende der hier betrachteten Phase hatte die Migration praktisch aufgehört, aus der Besetzung unbewohnter Gebiete zu bestehen, auch wenn die Menschen die Länder, in die sie zogen, durchaus als »unbewohnt« angesehen haben mögen. Fast jede Menschengruppe fand sich in Reichweite von Gruppen »anderer«, mit denen sie sich austauschen oder mit denen sie konkurrieren musste. Und es gab immer Menschen, die freiwillig oder unfreiwillig Grenzen überquerten und deren Erfahrung sich hauptsächlich auf das Erlernen neuer Sprachen und Bräuche konzentrierte.

Bei der Betrachtung der antiken und klassischen Zeit in diesem Kapitel galt das zentrale Interesse einmal weniger den eher statischen großen

Städten, König- und Kaiserreichen, Tempeln und großen Marktplätzen als vielmehr den Wanderbewegungen. Es wurde versucht zu zeigen, dass Wohlstand nicht nur in Zivilisationszentren geschaffen wurde, sondern ebenso durch den Transfer von Luxusgütern und Grundstoffen von Ort zu Ort. Ebenso wurde die Allgegenwart von Innovation und die Vorteile von Systemen, die Ideen austauschen, betont, statt Innovationen als etwas zu betrachten, das nur aus isolierten elitären Zentren hervorging, die von gefährlichen Barbaren umgeben waren. Neue Ideen stammten nicht allein von Genies und brillanten Erfindern, sondern resultierten auch aus dem Handel mit Ideen und der Einbindung von Innovationen in das Alltagsleben.

Die meisten Migrationen führten zu Begegnungen zwischen Siedlern und etablierten Landeigentümern (die Kolonisation neuer Territorien in Polynesien war eine Ausnahme). Die etablierten Bevölkerungen oder die Immigranten setzten sich durch, je nachdem, wie die Umstände waren; doch daneben führten diese Begegnungen zu weiter reichenden Verbindungen. Im Rahmen derartiger Kontakte kam es beispielsweise zur Verbreitung von Bananen und Xylophonen in Afrika und der Verbreitung des Buddhismus über Asien. Unterdessen sandten manche Migrationszentren periodisch neue Gruppen von Migranten aus. Aus dem sino-tibetischen Heimatland in den höheren Lagen der südostasiatischen Flusstäler brachen in diesem Zeitraum Migranten nach Tibet und Birma auf, so wie in früheren Zeiten Menschen aus diesem Heimatland nach Nordchina gezogen waren. Die Semitisch sprechenden Gemeinschaften an der Küste des östlichen Mittelmeeres entsandten Migranten, die im 3. Jahrhundert v. d. Z. als Phönizier, in den letzten Jahrhunderten vor und den ersten Jahrhunderten nach der Zeitwende als Aramäer und in den vergangenen beiden Jahrhunderten als Libanesen bekannt waren. Griechisch-Sprecher der benachbarten Küste sind im Verlauf der Jahrhunderte beinahe ebenso kontinuierlich migriert.

Die Kombination ländlicher und städtischer Verbindungen führte zur Entwicklung gewerblicher Netzwerke – Netzwerken von Märkten, Kaufleuten, Geld- und Warentransfer sowie Verpflichtungen, wodurch die Waren und Ideen über geringe und große Entfernungen befördert wurden. Im Zeitraum bis 500 n. d. Z. hatte sich eine beeindruckende Vielfalt gewerblicher Institutionen entwickelt, um den Handel mit einem zunehmenden Angebot an nützlichen Waren zu erleichtern. Zu den Waren gehörten auch Sklaven, die zur Verrichtung bestimmter Dienste oder zur Produktion weiterer Waren eingesetzt werden konnten. So war die Schaffung gewerblicher Systeme mehr als eine technische Verbesserung des Tauschhandels: Sie förderte außerdem das Wachstum der Ungleichheit in der menschlichen Gesellschaft. Als die Kluft zwischen Reichen und Armen, Freien und Unfreien wuchs, bedurfte es neuer Ideen in Religion und Philosophie, um das Problem der Ungleichheit zu lösen.

Weiterführende Lektüre

Der Anthropologe Bruce Trigger hat einen prägnanten und eingehenden Vergleich der Probleme in frühen politischen Systemen verfasst in *Early Civilizations: Ancient Egypt in Context* (Kairo 1993). Eine neuere Analyse der Phönizier mit Schwerpunkt auf ihrer frühen führenden Rolle in Systemen des Austauschs findet man bei Maria E. Aubet, *The Phoenicians and the West: Politics, Colonies and Trade* (engl. Übersetzung von Mary Turton, New York 2001).

Ländliche Migration hatte Auswirkung auf Menschen in aller Welt. Zu Migrationen von Austronesisch-Sprechern vgl. Peter Bellwood, *Prehistory of the Indo-Malaysian Archipelago* (überarb. Auflage, Honolulu/Hawaii 1997); vgl. auch Lynda Shaffer, *Southernization,* in: *Journal of World History* 5 (1994), S. 175–191. Die Rolle, die Pferde bei den Indoeuropäisch-Sprechern spielten, wird diskutiert in Colin Renfrew, *Archaeology und Language: The Puzzle of Indo-European Origins* (London 1987) und J. P. Mallory, *In Search of the Indo-Europeans: Language, Archaeology, and Myth* (London 1989). Bewegungen von Bantu sprechenden Gruppen sind Thema von Jan Vansinas Buch *Paths in the Rainforest: Toward a History of Political Tradition in Equatorial Africa* (Madison/Wisconsin 1990) und Christopher Ehrets Werk *The Civilizations of Africa: A History to 1800* (Charlottesville/Virginia 2002).

Zu Verbindungen zwischen Stadtgebieten vgl. Stanley Burstein, *Graeco-Africans: Studies in the History of Greek Relations with Egypt and Nubia* (New Rochelle/New York 1995). Sumer und seine weitreichenden Verbindungen werden von Andre Gunder Frank und Barry K. Gills (Hg.) in *The World System: Five Hundred Years or Five Thousand?* (New York 1993) behandelt. Das Achämeniden-Reich ist Gegenstand von Pierre Briants Werk *From Cyrus to Alexander: A History of the Persian Empire* (engl. Übersetzung von Peter T. Daniels, Winona Lake/Indiana 2001).

Zur kommerziellen Revolution im 1. Jahrtausend v. d. Z. vgl. Christopher Ehret, *An African Classical Age: Eastern and Southern Africa in World History, 1000 B. C. to 400 A. D.* (Charlottesville/Virginia 1998). Zur Bedeutung von Kamelen für den Handel vgl. Richard Bulliet, *The Camel and the Wheel* (New York 1990). Liu Xinrus Buch *Ancient India and Ancient China: Trade and Religious Exchanges AD 1–600* (Oxford 1995) beschäftigt sich mit der Beziehung zwischen Handel und Religion. Zur Lehre Zarathustras (Zoroastrismus, Mazdaismus oder Parsismus genannt) vgl. Mary Boyce, *Zoroastrianism: Its Antiquity and Constant Vigor* (Costa Mesa/Kalifornien 1992).

KAPITEL 6

Arten der Fortbewegung, 500 bis 1400 n. d. Z.

In den letzten Kapiteln haben wir uns mit einigen bemerkenswerten Errungenschaften und Erfindungen unserer Vorfahren beschäftigt. Migranten aus Afrika besiedelten neue und unterschiedliche Länder. Ihre entfernten Nachfahren domestizierten Pflanzen und Tiere und verbesserten den See- und Landtransport. Noch spätere Generationen entwickelten die Metallurgie und Schrift, bildeten Staaten und brachten ausgefeilte formale Systeme von Philosophie, Religion und Handel hervor. Neben diesen Entwicklungen verbreitete sich auch jene zweifelhafte, doch einflussreiche Aktivität – die Kriegsführung. All diese Veränderungen ergaben sich aufgrund von Migration, und sie alle haben neue Arten von Migration verursacht.

Für den Zeitraum von neun Jahrhunderten, die den Gegenstand des vorliegenden Kapitels bilden, will ich mich nicht auf die Entstehung bedeutender neuer Bereiche menschlicher Errungenschaften konzentrieren, sondern auf die Modelle des Austauschs und Fortschritts innerhalb des Rahmens vorheriger Leistungen. Die Geschichten großer Staaten und wichtiger religiöser und intellektueller Entwicklungen – besonders in den Ländern des Islam und bei den aufeinander folgenden Dynastien des chinesischen Mittleren Königreichs – wurden bereits in anderen weltgeschichtlichen Werken angemessen geschildert. Für unsere Analyse werden diese großen Staaten in den Hintergrund treten, so dass wir einen näheren Blick auf die zugrunde liegenden menschlichen Verhaltensweisen werfen können, durch die die Migration gefördert wurde. Wie im ersten Kapitel dargelegt, verbanden gewohnheitsmäßige menschliche Muster der gemeinschaftsübergreifenden Migration Regionen miteinander, verbreiteten frühere Innovationen und brachten neue Innovationen mit sich. In dieser Phase führten Muster der Migration dazu, dass Gruppen von Hunderten und mitunter Tausenden von Migranten die Verbindungen innerhalb der Haupt-Festlandgebiete ausweiteten. Ähnliche Bewegungen hatten erweiterte Kontakte unter den Bewohnern der großen Inselgruppen der Welt zur Folge.

Die Arten der Bewegung über Gemeinschaftsgrenzen hinaus umfassten Reisen zu Fuß, zu Pferd und mit dem Boot. In einer Hinsicht haben sich solche Migrationen im Verlauf der Menschheitsgeschichte nur geringfügig verändert: Menschen verlassen ihre Heimatgemeinschaft, reisen über eine gewisse Entfernung und lernen, unter Menschen mit anderer Sprache und Kultur zu leben. Andererseits unterscheiden sich die Migrationen jeder Periode aufgrund von Veränderungen in den Umweltbedingungen, der Technologie und den gesellschaftlichen Bedingungen. Verbesserte Boote und Schiffe sowie bessere Sättel erleichterten das Reisen mit dem Boot und zu Pferd; gewonnene Kenntnisse über Routen erleichterten das Reisen zu Fuß. Die meisten Migranten folgten bereits erschlossenen Pfaden. Sie verließen sich auf die institutionelle Unterstützung durch Handelsnetzwerke oder Religionsgemeinschaften, und sie fanden Hilfe, stießen aber ebenso auf Einschränkungen, bedingt durch die Existenz von Staaten.

Ein Beispiel für Veränderungen in den Arten der Migration findet sich in der religiösen Wallfahrt, so zum Beispiel dem Hadsch, der islamischen Pilgerfahrt an die heiligen Stätten Mekkas. Von der Zeit Mohammeds (der im Jahre 632 n. d. Z. starb) an sind Muslime dem Ruf des Koran gefolgt, wenn möglich mindestens einmal in ihrem Leben nach Mekka zu kommen, um das dort vom Propheten Abraham geschaffene Heiligtum, die Kaaba, zu ehren. Innerhalb eines Jahrhunderts nach der Entstehung des Islam kamen Pilger aus dem entfernten Westen, aus Marokko und der Iberischen Halbinsel sowie aus dem entfernten Osten, aus Turkestan und Indien. Um 1400 versammelten sich Pilger nicht nur aus dem Kernland des Islam zum Hadsch, sondern aus fast jeder Region der Alten Welt – bis nach Sibirien, Westafrika und zu den Philippinen. Mitunter dauerte die Reise Jahre, und viele, die aufbrachen, kehrten nicht zurück. Und doch ist der Hadsch ein Zeugnis dafür, dass Menschen aller Gesellschaftsschichten in diesen Jahrhunderten bereit und in der Lage waren, aus religiösen Gründen über große Entfernungen und wieder zurück zu reisen.

Anfang und Ende dieser Periode waren gekennzeichnet durch zwei große Krankheitswellen, die Afro-Eurasien überschwemmten. Die Erreger, die für große Seuchen verantwortlich waren, machten vor keiner Person oder Gesellschaft halt und waren kaum einzudämmen. Die Epidemien sind am besten bekannt als die Justinianische Pest des 6. Jahrhunderts n. d. Z. und der Schwarze Tod des 14. Jahrhunderts n. d. Z. Mindestens eine der Ursachen für diese katastrophalen Krankheiten stand in direktem Zusammenhang mit der Art und Weise, wie Menschen zusammenlebten: dichtere Bevölkerungen, einhergehend mit einer verbesserten Kommunikation. Als immer mehr Routen menschlichen Kontakts erschlossen wurden, konnten Mikroben auch solche Bevölkerungen infizieren, von denen sie bisher isoliert waren. Doch in allen Fällen begannen die Bevölkerungen nach einigen Jahrzehnten der schrecklichen Verluste an Menschenleben, sich zu erholen und sogar eine Zeitlang ihr Wachstum zu beschleunigen.

Die meisten Menschen reisten natürlich nicht sehr weit. In allen Bevölkerungen lebten die meisten ihr Leben lang in der Gegend, in der sie geboren worden waren. Doch alle wurden durch jene beeinflusst, die über kurze oder lange Strecken reisten. Hier liegt der Schwerpunkt auf denen, die migrierten, und wie sie ihr eigenes Leben und das Leben derer änderten, denen sie begegneten. Die individuellen Geschichten weisen über die Jahrhunderte hinweg bemerkenswerte Parallelen auf, doch in ihrer Gesamtheit veränderten sie die Welt, so dass die Kommunikation um 1400 derjenigen im Jahre 500 bei weitem überlegen war. Die folgenden Abschnitte begeben sich auf die Spur von Menschen, die zu Pferd, zu Fuß oder mit dem Boot reisten: Abbildung 6.1 illustriert Migrationswege für all diese Reisearten. In den Steppen Eurasiens und Afrikas sorgten Pferde (und in den trockensten Gebieten Kamele) für Mobilität bei Hirtenbevölkerungen. In dieser Zeit gewannen Reiter- und Hirtengruppen die Kontrolle über neue Territorien. Manchmal forderten sie sogar große Staaten heraus und eroberten sie, zu anderen Zeiten konkurrierten sie untereinander. In der Zwischenzeit brachten wandernde Bauern und Krieger – diesmal zu Fuß – politische und kulturelle Veränderungen nach Mittelamerika, und Gruppen von Bauern und Hirten bewegten sich durch die afrikanischen Gebiete südlich der Sahara und schufen ihre eigenen Veränderungen. Mit dem Boot nutzten die Wikinger in Europa, arabische Seefahrer des Indischen Ozeans, Austronesisch sprechende Migranten Südostasiens und amerindische Reisende des Mississippi- und St.-Lorenz-Tals die jeweils existierenden Wasserwege, um ihr Einflussgebiet auszuweiten.

Zu Pferd

Um 500 n. d. Z. stellten die Araber eine der Semitisch sprechenden Gruppen dar, die seit langem südlich des Fruchtbaren Halbmonds auf der Arabischen Halbinsel ansässig waren. Sie waren zumeist Hirten, es gab jedoch

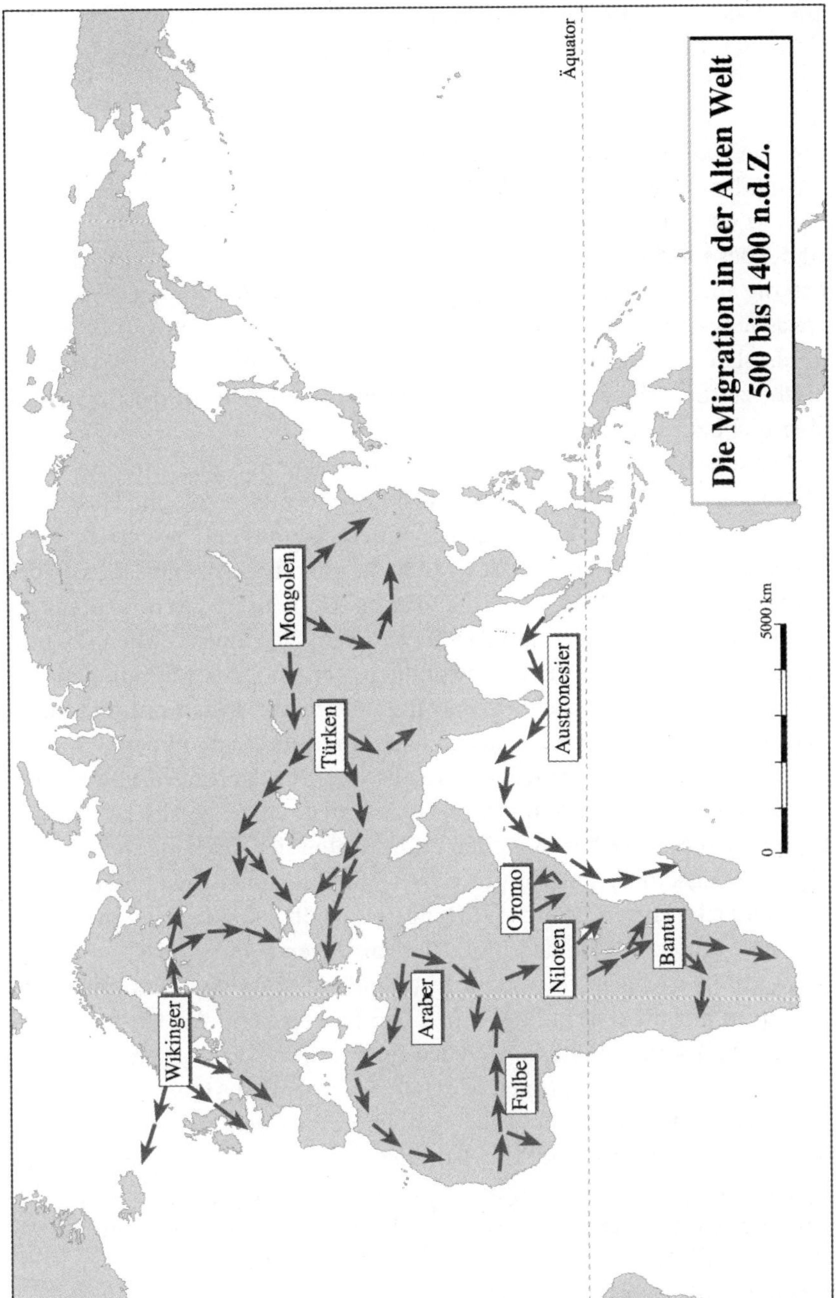
Die Migration in der Alten Welt
500 bis 1400 n.d.Z.
Äquator
Mongolen
Türken
Austronesier
Wikinger
Araber
Fulbe
Oromo
Niloten
Bantu
0
5000 km

auch Bauern, Städter und Seefahrer unter ihnen. Ein Teil des Handels des Indischen Ozeans wurde von der klassischen Zeit an von arabischen Seefahrern Südarabiens und des Persischen Golfs getragen. Mit der Verbreitung des Islam eroberten dann arabische Armeen – auf Kamelen oder Pferden – ein riesiges Territorium, im Wesentlichen ähnlich dem, das von Alexander dem Großen und vor ihm von den persischen Achämeniden erobert worden war. Neu entstandene arabische Eliten zogen in die Hauptstädte des Kalifats und siedelten sich dort an. Arabisch verdrängte allmählich die anderen semitischen Sprachen Syriens und Mesopotamiens sowie etwas langsamer das Ägyptische. In indoeuropäischsprachigen Regionen unter islamischer Herrschaft (heute Iran und Afghanistan) wurde das Arabische zur Sprache der Religion, des Rechts und manchmal der Regierung, aber nicht zur Umgangssprache.

Diese bedeutende Veränderung war die Folge nur einer von mehreren Migrationen zu Pferde: Arabische, türkische und mongolische Hirtenvölker reisten über große Entfernungen in neue Länder und gestalteten dabei in den großen Landstrichen der Grasländer und Trockenzonen, die von der Atlantikküste der Sahara durch die Wüsten Arabiens und Zentralasiens bis an die Mandschu-Gebiete am Pazifik verliefen, die ethnische Identität und politische Organisation neu. Gewöhnlich werden diese Migrationen mit Überbevölkerung, Trockenheit und nomadischem Heldenmut erklärt. Es mag jedoch effektiver sein, daneben nach einer Erklärung in den sich wandelnden Beziehungen zwischen nomadischen Bevölkerungen und Staaten zu suchen, die von Städten aus regiert wurden. Hirtengesellschaften umfassten verschiedene Lebensweisen und konnten sich rasch in ihrer Organisation ändern. In Hirtengruppen gab es Kaufleute und Adelsfamilien sowie auch einfache Hirten. Manche Hirtengesellschaften konzentrierten sich auf das reine Hüten der Herden und den geordneten Handel mit ihren Nachbarn, andere dagegen schlossen sich zu großen Bündnissen zusammen, um Reichtum anzuhäufen und eventuell Land zu erobern. Als Hirtenarmeen die Macht über etablierte Staaten gewannen, führte dies zu weiteren Spaltungen innerhalb von Hirtengesellschaften. Unter den Arabern entwickelte sich nach der Expansion des Islam der Unterschied zwischen einfachen Beduinenhirten und den adligen Familien Mekkas zu einer permanenten Rangordnung. Ähnliche Spaltungen traten innerhalb türkischer und mongolischer Gesellschaften auf, als sie sich neben den Arabern vom 10. bis etwa zum 14. Jahrhundert in einer generellen Bewegung von Hirtengruppen in Richtung Osten ausbreiteten.

Türkisch sprechende Völker, Hirten der zentraleurasiatischen Steppen, deren Lebensweise sich maßgeblich auf Pferde stützte, verbündeten sich manchmal, wie im Fall des Köktürken-Reichs von 552 bis 740. Andere migrierten gelegentlich gen Westen in die Länder nördlich des Schwarzen Meeres, an die Ränder von Steppen- und Waldgebieten. Türkisch sprechende Gruppen, die als Awaren und Bulgaren bekannt sind, zogen in den frühen Jahrhunderten n. d. Z. nach Osteuropa und führten Kriege gegen die Byzantiner. Eine andere Bulgarengruppe zog ins Wolgatal nördlich des Kaspischen Meeres und gründete die Hauptstadt Bulgar. Als die Grenzen der islamischen Welt zu Beginn des 8. Jahrhunderts den Rand der türkischen Territorien erreichten, erschienen muslimische Missionare in türkischen Ländern und konkurrierten mit den buddhistischen und christlichen Missionaren, die ihnen vorangegangen waren. Die Muslime hatten schließlich Erfolg: Der Staat der Wolgabulgaren nahm im 10. Jahrhundert den Islam an.

Eine ganz andere Art der türkischen Wanderung war die in die bevölkerungsreicheren Regionen der islamischen Staaten. Türkische Migranten zogen nach Afghanistan und in den Iran, teils als Hirten auf der Suche nach neuem Weideland und teils als berittene Krieger, die dem einen oder anderen Verbündeten halfen und gelegentlich ihre eigenen Reiche gründeten. Die Seldschuken begannen als Kriegertruppe, die am Nordostrand des Iran kämpfte. Sie entwickelten sich zu Berufskriegern, die den orthodoxen Islam verteidigten, und wurden im 11. Jahrhundert n. d. Z. zur Hauptmilitärmacht, die das Abbasiden-Kalifat mit Sitz in Bagdad stützte. Dabei kämpften sie hauptsächlich gegen das schiitische Fatimiden-Reich Ägyptens.

Das Fatimiden-Kalifat, das 969 von seiner tunesischen Basis aus Ägypten eroberte, trat für die schiitische Auslegung des Islam ein und konkurrierte mit den Abbasiden um die Kontrolle über das gesamte islamische Kernland. Doch diese arabische Dynastie hatte ihre eigenen Probleme mit Hirtengruppen – besonders mit den zahlreichen ruhelosen arabischen Stämmen, die sich im Niltal flussaufwärts von Kairo angesiedelt hatten. Von etwa 1050 an drängten die Fatimiden die beiden größten Stämme, die Banu Hilal und die Banu Sulaym, nach Westen zu ziehen und ihre rebellischen Provinzgouverneure in Tunesien zu bestrafen. In einer Migration, bei der es sich teilweise um Invasion und teilweise um Besiedlung handelte, übernahmen die Beduinenstämme die Kontrolle über Tunesien und dehnten ihren Einflussbereich bis nach Marokko aus. Nach ihrem Eintreffen ließen sich die Banu Hilal und die Banu Sulaym nieder, heirateten in die einheimischen Bevölkerungen ein, verwandelten Ackerland in Weideland und weiteten den Einfluss ihrer Lebensweise aus, so dass die Bevölkerung innerhalb von drei Jahrhunderten hinsichtlich ihrer Identität und Sprache eher zu Arabern als Berbern wurde. Von Marokko aus stießen Araber weiter in die Wüste vor, und das heutige Mauretanien übernahm die arabische Sprache. Der berühmte, in Tunesien geborene Gelehrte Ibn Chaldun, der im ausgehenden 14. Jahrhundert seine Werke verfasste, sprach von den arabischen Stämmen verbittert als von Eindringlingen und Heuschrecken. Generell bestand die Veränderung aus einer Abfolge von Kriegführung, Koexistenz und Mischehen.

Die Seldschuken in Bagdad befanden sich in einem ähnlichen Dilemma wie die Fatimiden. Familien turkmenischer Migranten strömten in die iranischen Hochlande, etablierten eine Hirtenlebensweise und vertrieben die Bauernbevölkerungen. Die Seldschuken-Herrscher bemühten sich, solchen Störungen Einhalt zu gebieten: Sie waren mehr an ihrem Kampf mit den Fatimiden interessiert. Doch die Seldschuken wurden in den Krieg gegen einen anderen Feind verwickelt, das Byzantinische Reich, und errangen 1071 mit der Hilfe anderer türkischer Truppen einen bedeutenden Sieg gegen die Byzantiner bei Manzikert in Ostanatolien. Danach erlaubten die Seldschuken türkischen Hirtenvölkern, nach Anatolien hinein zu ziehen. Wie bei den Arabern heirateten diese Immigranten in die einheimische Bevölkerung ein, so dass mit der Zeit der Großteil Anatoliens die türkische Sprache und Identität besaß, obwohl genetisch die früheren Bevölkerungen (griechischer und armenischer Herkunft) vorherrschend blieben.

Mehr als ein Jahrhundert nach der Migration arabischer Stämme aus Oberägypten nach Nordafrika begann dort eine weitere Expansion von Arabern, die nach Süden den Nil hinauf und in die Savanne hinein zogen. Arabische Siedler heirateten in einheimische Bevölkerungen hinein, und da die Nubier matrilinearen Verwandtschaftsregeln folgten, konnten die arabischen Männer dadurch über die Abstammung ihrer Ehefrauen die Kontrolle gewinnen. So brachte eine mäßig große Gruppe arabischer Migranten innerhalb von einigen wenigen Jahrhunderten eine Veränderung der Identität der Bevölkerung des Sudan zustande, denn die Sprache und Identität wurden arabisch und der Islam zur vorherrschenden Religion. Die Bevölkerung blieb dunkelhäutig, da – wie bei den anderen Bevölkerungen, die arabisch wurden – der genetische Wandel nur teilweise erfolgte, ganz im Gegensatz zum nahezu vollständigen Identitätswandel.

Vor diesem Hintergrund handelt es sich bei den Eroberungszügen der Mongolen im 13. Jahrhundert also nicht um die erste Expansion berittener Krieger. Stattdessen folgten sie den gleichen Pfaden und benutzten einige derselben Techniken, wie sie bereits frühere Migranten, vor allem türkische Gruppen, angewendet hatten; doch sie taten dies mit tödlicher Schlagkraft. Die Entwicklung der mongolischen Militärmacht ist eingehend bekannt: Sie entstand aus einem erbitterten Kampf unter konkurrierenden mongolischen Fürstentümern, die alle Kontakt zum Dschurdschen-Reich Nordchinas unterhielten. Bis 1206 gewann Dschingis Khan die Oberherrschaft über einen mongolischen Staatenbund. Um 1220 hatten berittene mongolische Bogenschützen und ihre Verbündeten den Großteil des Dschurdschen-Reichs erobert und anschließend begannen mongolische Truppen, ihre Eroberungszüge nach Westen und Süden auszudehnen. Viele Soldaten der mongolischen Armeen waren Türken, so dass – obwohl die mongolische Eroberung und Verwaltung diese riesige Region ein Jahrhundert lang dominierten – mongolische Siedler zahlenmäßig den türkischen unterlegen waren. Besonders im Khanat der Goldenen Horde – dem mongolischen Nachfolger des Wolgabulgaren-Reichs – breiteten sich türkische Bevölkerungen nach Westen über die Steppe aus, nahmen viele kleine ethnische Gruppen des Kaukasus auf und dominierten oder verdrängten die Slawenvölker. Sobald die Goldene Horde zum Islam konvertierte, wurde das Arabische zur Hauptschriftsprache in ihrem Reich, so wie unter den Wolgabulgaren. Das Fürstentum Moskowien mit seinem Zentrum Moskau begann als Vasallenstaat der Goldenen Horde und dehnte dann langsam seinen Einflussbereich aus, bis es in der Lage war, seine Tributpflichten abzuschütteln und später im 16. Jahrhundert die Überreste des Khanats zu erobern.

Die Migrationen von Völkern, die Pferde und Kamele hielten und als Militärtruppen oder Siedler kamen, haben so Einfluss auf große Bereiche Afrikas und Eurasiens ausgeübt. Neben den oben beschriebenen Fällen verzeichnen wir in dieser Epoche insofern eine weitere Veränderung, als nun Reiter allmählich die dominierende Stellung in den Armeen Westeuropas, Westafrikas, Chinas und Teilen von Südostasien einnahmen. Selbst über die Regionen hinaus, in denen Pferde einen praktischen Nutzen erfüllten, war ihr Ansehen unbestreitbar: Im 15. Jahrhundert hielten sich die Könige von Benin in einem Waldgebiet an der westafrikanischen Küste Pferde, die mit hohen Kosten aus dem Norden importiert worden waren.

Zu Fuß

Im 1. Jahrtausend n. d. Z. gab es nur noch wenige unbesiedelte Orte auf der Erde. Daher bestanden die meisten Migrationen nicht in der Kolonisation unberührter Länder, sondern aus Siedlern, die in etablierte Gemeinschaften zogen. Entsprach die neue Situation weitgehend den Vorstellungen der Siedler, luden sie ihre Familienmitglieder ein, ihnen zu folgen. Oft übernahmen die Siedler die Sprache und Identität ihrer neuen Heimat. Manchmal konnte das, was als gemeinschaftsübergreifende Migration einer kleineren Anzahl von Siedlern begonnen hatte, zu einer größeren Kolonisationsbewegung werden. Gruppen von Migranten einer Heimatbevölkerung schlossen sich einer anderen Gesellschaft an, bildeten jedoch Enklaven, die stetig wuchsen, wobei die Immigranten ihre eigene Identität beibehielten und eventuell die ursprüngliche Bevölkerung verdrängten oder absorbierten.

Die Muster der Sprachverteilung in Nord- und Mittelamerika zeigen, dass Gruppen im Laufe der Zeit hin und her gezogen sind. Ein Migrationsmuster ist das der Sprecher von zentralamerindischen Sprachen, die in den Gebirgsgegenden zwischen Utah im Nordwesten und Oaxaca im Südosten Mexikos von Tal zu Tal wanderten. Gelegentlich bildeten sich dichte Bevölkerungen in bestimmten Tälern und gründeten Zentren, die Einfluss über die Umgebung gewannen: Die Hopi im heutigen Arizona schufen gegen 500 n. d. Z. ein solches Zentrum. Das größte frühe Bevölkerungszentrum war Teotihuacán am Nordende des Tals von Mexiko, das im 6. Jahrhundert eine geschätzte Einwohnerzahl von 200 000 erreichte. Und doch verfiel Teotihuacán rapide und war gegen 750 n. d. Z. praktisch verlassen. Ungefähr zur gleichen Zeit erlebten die großen Maya-Reiche der Tieflandwälder Yukatans und Guatemalas einen ähnlichen Niedergang. Das zeitliche Zusammenfallen dieser Veränderungen hat manche Gelehrte dazu veranlasst, eine katastrophale Epidemie als Grund hierfür anzunehmen.

In der Folge dieser Staatenauflösungen erschien eine kleine Gruppe von Migranten, die heute als Tolteken bekannt sind. Die Geschichte ihres Einflusses bestätigt die Bedeutung von Migrationen über Gemeinschaftsgrenzen hinaus in Mesoamerika. Scharen junger Krieger verließen Zacatecas, und zogen in ein Tal nördlich von Teotihuacán. Dort siedelten sie sich an, heirateten, bauten ihren Einfluss auf und gründeten ihre Hauptstadt Tula. Ihnen schloss sich eine andere Migrantengruppe an, die aus der entgegengesetzten Richtung kam: die Nonoalca, die aus einer Region 500 Kilometer weiter östlich an der Karibikküste stammten, in der zuvor die Kultur der Olmeken geblüht hatte, und die einigen Traditionen Teotihuacáns verhaftet blieben. Die Tolteken und Nonoalca schlossen sich zusammen und hatten bis zur Mitte des 10. Jahrhunderts bei Tula einen Staat aufgebaut, der das kriegerische Wesen der Tolteken und die rituelle Macht der Nonoalca vereinte.

In der Zwischenzeit, während die Nonoalca nach Westen zogen, bewegten sich einige ihrer Landsleute nach Osten in Maya-Territorien hinein. Dort gewannen sie Einfluss bei der Gründung von Chichén Itzá, dem bedeutendsten Maya-Staat, der nach dem Zusammenbruch im 8. Jahrhundert entstand. Mit der Zeit entwickelten sich starke Verbindungen zwischen beiden Staaten, obwohl sie 1 000 Kilometer voneinander entfernt waren und in unterschiedlichen kulturellen und ökologischen Zonen lagen. Es scheint, dass toltekische Migranten nach Chichén Itzá kamen, sich niederließen und dann die Stadt übernahmen und ihr ihre Traditionen auferlegten. Chichén Itzá blieb ein Maya sprechendes Gebiet, doch seine Architektur und Bildhauerei zeigen enge Verbindungen mit Tula. Das Tolteken-»Reich« entsprach damit nicht nur einem großen Territorium, das von einer zentralen Macht verwaltet wurde, sondern schloss eine Reihe weit voneinander getrennter urbaner Zentren ein, von denen einige sogar im heutigen Neumexiko lagen und durch Bande des Handels, der Migration und politischen Tradition verknüpft waren.

Jahrhunderte später, als das toltekische Reich im Hochland Mexikos aufgespalten war, sickerte eine andere Migrantengruppe in das Gebiet, anscheinend aus der Gegend von Nayarit im Nordwesten. Sie nannten sich selbst Mexica und konnten erfolgreich ihre Identität beibehalten. Sie bauten schrittweise ein städtisches Zentrum an einem See im Tal von Mexiko bei Tenochtitlán auf. Von diesem Zentrum aus führten sie im 15. Jahrhundert Krieg gegen benachbarte Städte und sammelten genug Tribut an, um das Reich der Azteken zu gründen.

Im Zentralafrika führte eine solche regionale Migration zu einem etwas anderen Ergebnis. Das Flussbecken des Kongo war früh im Verlauf der Bantu-Expansion besiedelt worden, und allmählich entwickelten sich voneinander abweichende soziale Systeme. Im Gebiet, in dem der Kongo allmählich nach Süden biegt, brachten Dörfer mit hohen Bevölkerungszahlen, die vielleicht aus demHandel resultierten, starke männliche Anführer hervor und änderten nach und nach ihr Abstammungssystem von einem, in dem alle Verwandten berücksichtigt wurden, zu einem, das sich allein auf die Abstammung der männlichen Linie konzentrierte. In einer Region entwickelten patrilineare Gesellschaften eine Militärorganisation, basierend auf Lanzen tragenden Kriegern, und diese Krieger zogen nach Süden und Westen und verbreiteten auf dem Weg ihre Staatsform. Nach einer Expansion von etwa 400 Kilometern nach Südwesten stießen die Lanzenträger jedoch auf Widerstand. Laut mündlicher Überlieferung führte diese Begegnung zur Schlacht von Bolongo Itoko, die Schätzungen zufolge zu Beginn des 14. Jahrhunderts stattgefunden haben soll. Die vorrückenden Lanzenträger trafen auf Menschen mit einer effektiven ebenbürtigen Organisation – einer militärischen Organisation, die auf Bogenschützen und Schwertkämpfern statt Speerträgern basierte, und einer matrilinearen Gesellschaftsstruktur unter der Führung von Inhabern des Titels *nkumu;* erworben wurde dieser Rang von Personen, die Titel und Anhänger durch große Feste und die Zurschaustellung von Wohlstand gewonnen hatten. Der Kampf dauerte eine ganze Weile an und endete mit einem Unentschieden: Die Gefechtslinien bleiben durch die ethnischen Grenzen von heute sichtbar. Der Expansion der Lanzenträger war damit Einhalt geboten, und die *nkumu*-Organisation überlebte und breitete sich aus.

Hirtengruppen, ob sie sich nun völlig auf ihre Herden verlassen oder ebenso stark auf die Landwirtschaft, sind relativ mobil. Drei afrikanische Beispiele von Rindernomaden zeigen, wie sie in der Lage waren, beträchtliche Entfernungen zurückzulegen und ihre Identität zu bewahren, doch gleichzeitig wesentliche Änderungen in ihrer Lebensweise vorzunehmen. Zunächst begannen im 1. Jahrtausend n. d. Z. Nilotisch sprechende Gruppen aus dem mittleren Niltal, mit ihren Herden den Fluss hinauf (das heißt nach Süden) zu ziehen. Die meisten waren gleichzeitig Bauern und Hirten, manche Gruppen spezialisierten sich allerdings allein auf die Rinderhaltung. Einige dieser Nilotisch-Sprecher zogen in das Gebiet des heutigen Uganda und etablierten ihre Herrschaft über die dort lebenden Bantustämme; archäologische Zeugnisse großer Einfriedungen der Bito-Dynastie, die etwa im 12. Jahrhundert im künftigen Königreich Bunyoro entstanden, sind Spuren dieser Ereignisse. Dynastien mit betont nilotischer Abstammung schufen oder gewannen die Kontrolle über die Staaten von Buganda, Busoga und Ankole (im modernen Uganda) sowie Ruanda und Burundi. Die eingewanderte Elite erhielt sich ihre Macht, übernahm jedoch die Sprache der Bantu-Mehrheit. Andere nilotische Migrantengruppen zogen weiter nach Ostafrika und behielten ihre Sprache, doch sie gründeten keine großen Staaten: Dazu gehören die Luo in Kenia, für die

Landwirtschaft vorherrschend wurde, und die Hirtenstämme der Massai in Kenia und Tansania.

Eine zweite langfristige Hirtenmigration war die der Fulbe des Wüstenrands in der Nähe des Atlantiks. Sie waren in ihrem Heimatland im Senegaltal sowohl Bauern als auch Rinderhalter, doch einige Hirten begannen, sich nach besseren Möglichkeiten umzusehen. Spezialisten in der Rinderhaltung brachen auf zu einer Wanderung, deren Anfänge wohl früh im 1. Jahrtausend n. d. Z. liegen und die die Fulbe letztendlich in all die Gebiete auf dem afrikanischen Kontinent führte, die ihrer ökologischen Nische entsprachen. Während sie jedes Jahr entsprechend der Regenzeit ihre Rinder nach Norden oder Süden trieben, um nach gutem Weideland zu suchen und die Tsetsefliegen, die ihren Herden die Schlafkrankheit brachten, zu vermeiden, zogen Gruppen von Fulbe-Familien allmählich nach Osten. Diese Bewegung mag auch von der wachsenden Macht von Staaten in der Savanne beeinflusst gewesen sein. Im Verlauf von Jahrhunderten brachten es Fulbe-Rinderhalter zu beträchtlichen Bevölkerungen in Fouta Djallon (dem Hochland des heutigen Guinea), dem Binnendelta des Niger (in Mali), eingestreut zwischen Haussa-Gemeinschaften des heutigen Nigeria, in Nordkamerun und selbst im Niltal. Die Sprache der Fulbe wurde zur Sprache der Rinderhaltung in ganz Westafrika. Ihre Ausbreitung entlang der Routen des expandierenden Handels führte letztendlich dazu, dass sich ihre Gebiete mit denen arabischer Rinderhalter zwischen dem Tschadsee und dem Nil überschnitten.

Ein drittes Beispiel der Hirtenmigration war mit einem typischen Element der Gesellschaftsorganisation verbunden: einer Differenzierung nach Altersstufen, wie sie besonders für Ostafrika typisch war. Bei dieser sozialen Ordnung werden regelmäßig Initiationen abgehalten (häufig alle vier oder acht Jahre) und die Jungen und Mädchen mehrerer Dörfer und eines bestimmten Alters (etwa acht bis zwölf) werden gemeinsam initiiert. Durch diese Initiation gewinnen die Jugendlichen Kenntnisse für die nächste Lebensphase und bilden ein Kollektiv, das sie als Gruppe ihr Leben lang zusammenhält. Aufeinander folgende Initiationen führen die Gruppen (und besonders die männlichen Mitglieder) in die jeweils aufeinander folgenden Lebensrollen ein: Gemeinsam übernehmen sie die Aufgabe des Hirten, Jägers, Kriegers, der Familiengründung, Regierung und schließlich des Beraters als Ältester. Es ist nicht bekannt, wann sich diese Lebensweise entwickelte, doch ähnliche Institutionen finden sich bei Gruppen, die kuschitische, nilotische und Bantu-Sprachen im Gebiet des Horns von

Afrika und Ostafrikas sprechen. Die Differenzierung nach Altersstufen erwies sich für die Kriegsführung und Migration als nützlich. Die Oromo-Stämme besaßen kein Königreich, doch stützten sie sich auf eine Altersstufenorganisation, um sich im 15. Jahrhundert aus ihrem Heimatland im Hochland Südäthiopiens nach Osten und in die tiefer gelegenen Länder Ostäthiopiens sowie anschließend nach Norden und in die Hochländer des christlichen Königreichs von Äthiopien auszubreiten.

Auch Handelsexperten verbreiteten sich in der Ausübung ihres Berufs über weite Gebiete. Kaufleute reisten nicht unbedingt nur zu Fuß, denn sie besaßen außerdem Packtiere für ihre Karawanen und reisten zuweilen auf dem Wasser. In der westafrikanischen Savanne dehnten Mande sprechende Kaufleute, die als Djuula bekannt waren, ihr Gebiet von Djenné-Djeno, dem Handelszentrum im Niger-Tal, aus und gründeten Siedlungen im Osten und im Westen. Als der Handel über größere Entfernungen und die islamische Religion an Einfluss gewannen, wurde Djenné-Djeno ab dem 12. Jahrhundert zu Gunsten der nahe gelegenen islamischen Stadt Djenné aufgegeben. Verknüpft durch die Mande sprechenden Gemeinschaften an jeder Station der Route und die Eselkarawanen, die die Waren beförderten, ermöglichten diese Händlergemeinschaften den Warenfluss über ein weites Gebiet. Das Epos von Sundiata, die Geschichte der Gründung des Mali-Reichs im 13. Jahrhundert, kann als Rechtfertigung der Gleichrangigkeit von Politik und Handel unter den Mande sprechenden Völkern verstanden werden. Es erzählt die Geschichte, dass viele Generationen vor der Zeit Sundiatas zwei Prinzen des frühen Königreichs Mali ihre Aufgabenbereiche aufteilten. Der eine wurde Kaufmann, der andere Jäger und König, und beide gaben ihren Beruf an ihre Nachkommen weiter.

Entlang der Handelsrouten Westasiens und des Mittelmeeres, die stärker bereist wurden als die der Gebiete südlich der Sahara in Afrika, entwickelte sich ein höherer Grad an Spezialisierung. Juden und Armenier gehörten zu denen, die Handelsexperten wurden und sich am Handel der Mittelmeergaleeren und Karawanen auf der Seidenstraße beteiligten. Mit dem Aufkommen des Islam lebten die meisten Juden in islamischen Territorien von Afghanistan bis Iberien. Im Laufe der Zeit zog eine beträchtliche Anzahl in das christliche Europa, wobei sich erneut viele auf den Handel spezialisierten. Das armenische Gebiet im Südwesten des Kaukasus, das während des 1. Jahrtausends n. d. Z. für eine gewisse Zeit ein unabhängiger Staat war, wurde vom expandierenden islamischen Reich absorbiert. Anschließend legten die Armenier, die als Christen einen anderen Glauben hatten, Handelsstützpunkte in allen östlichen Gebieten des Islam an und trieben Handel sogar bis nach Tibet und Sibirien.

Mit dem Boot

Im 1. Jahrtausend n. d. Z. segelten Seefahrer auf allen Ozeanen der Welt: durch die Inselgruppen der Karibik, Indonesiens, der Nordsee, auf dem Mittelmeer, den Gewässern von Südost- und Nordostasien sowie den größeren Becken des Indischen Ozeans und des Südpazifiks. (Nur die fast leeren, weit vom Festland entfernten Flächen des Atlantiks, Pazifiks und der Antarktis blieben unüberquert.) Die Seereisen des Zeitraums von 500 bis 1400 n. d. Z. stärkten eher frühere Verbindungen, als dass sie neue Kommunikationslinien eröffneten.

Die faszinierendsten dieser maritimen Migranten des 1. Jahrtausends n. d. Z. waren die Wikinger – die Nordländer, die im ausgehenden 8. Jahrhundert Raubzüge nach England unternahmen. In der Folge, vom 8. bis zum 11. Jahrhundert, trugen sie von ihrem skandinavischen Heimatland aus Krieg, Handel und Besiedlung nach Osten, Westen und Süden und wurden dort teilweise sesshaft. Die Zeit und das Leben der Skandinavier vor ihrer Expansion sind durch archäologische Funde und schriftliche Dokumente relativ gut bekannt. Schon früh waren die Skandinavier mit der Eisenbearbeitung und Pferdehaltung vertraut gewesen. Sie lebten in weitläufigem Kontakt mit dem Handel und der Kultur Roms: In skandinavischen Gräbern wurden zahlreiche römische Ziergegenstände und Münzen gefunden, die aus dem Mittelmeergebiet über die Flüsse Osteuropas, besonders die Weichsel und den Dnjepr zum Schwarzen Meer, importiert worden waren. Erste Inschriften mit Runen datieren aus dem 3. Jahrhundert n. d. Z., wobei sie ein eklektisches Alphabet benutzten, dessen genaue Herkunft immer noch diskutiert wird. Ihre Ansiedlungen und Häuser sind Zeugnisse einer wohlhabenden und produktiven Gesellschaft. Die Kunst der Skandinavier durchlief im 1. Jahrtausend drei unterscheidbare Perioden und wurde mit jeder Phase abstrakter. Im Mittelpunkt ihrer Religion stand ein Pantheon von Göttern, das dem anderer indoeuropäischer Völker wie der Griechen, Römer und Arier ähnlich war. Ihre Siedlungen waren befestigt, der Zeit ihrer Expansion ging wohl eine Reihe von Kriegen in Skandinavien voraus. Skandinavier reisten auch im frühen 1. Jahrtausend n. d. Z., was sich nicht nur in ihrem Handel mit dem Mittelmeer zeigt, sondern auch in ihren Ansiedlungen an der Ost- und Nordsee. Die Angeln, eine weitere skandinavische Gruppe, gingen von Dänemark aus nach Britannien und gaben ihrer angenommenen neuen Heimat den Namen England.

In der Wikingerzeit vom 8. Jahrhundert an treten die technischen Fähigkeiten der Skandinavier zunehmend deutlicher in Erscheinung. Zu ihren Schöpfungen gehörten fein dekorierte Trinkhörner, Silbermünzen und Bronzewaagen für das Wiegen von Silber sowie Goldschmuck. Zu den Schwertern und Schilden gesellten sich stabile und elegante Eisenhelme. Die Wikinger waren erstklassige Seefahrer, und als ihre größte technische Errungenschaft gilt das Wikingerschiff. Planken für den Rumpf wurden gebogen und mit Eisennägeln aneinander befestigt, an den Kiel genagelt und dann an den Spanten festgebunden, um Flexibilität zu gewährleisten. Der Mast erhob sich in der Mitte des Schiffs, konnte jedoch umgelegt werden. Die Schiffe waren zwischen 12 und 25 Meter lang und bis zu 5 Meter breit, und die Kriegsschiffe verfügten über bis zu 60 Ruderer. Die Wikinger hatten hochseetaugliche Schiffe, sie legten jedoch im Allgemeinen für die Nacht an und errichteten ein Zelt über dem Rumpf, damit die Besatzung im Trockenen schlafen konnte.

Im ausgehenden 8. Jahrhundert landeten Banden von Nordmännern plötzlich an der englischen Küste, übten schnelle Überfälle aus und kehrten dann zurück nach Dänemark. Als sie in größerer Zahl zurückkehrten, begannen sie, Siedlergruppen zurückzulassen, Land in Besitz zu nehmen und Handel entlang der gesamten Ostküste Englands zu treiben. Von 800 an überfielen sie Irland, und eine ihrer Siedlungen ist das heutige Dublin. Gegen Mitte des 9. Jahrhunderts prägten skandinavische Räuber, Kaufleute und Siedler das Bild auf den Britischen Inseln, entlang der Nordseeküste Frankreichs und Hollands sowie auf den Flüssen des heutigen Polen und Russland. Wikingerkaufleute nutzten Portagen, um über die Donau oder den Dnjepr das Schwarze Meer zu erreichen. Weiter im Norden gelangten Wikinger durch den Finnischen Meerbusen in das Flusssystem, durch das sie in der Lage waren, (wiederum mit Hilfe von Portagen) den Oberlauf der Wolga zu erreichen, die bis ins Kaspische Meer floss. Auf halbem Weg die Wolga hinab gelangten die Wikinger zum Handelslager Bulgar, wo sie sich am Handel beteiligten. Bulgar war die Hauptstadt des Reichs der Wolgabulgaren, die die Kontrolle über die Verbindungen nach Osten zur Seidenstraße besaßen. Dort schrieb der arabische Diplomat Ibn

Fadlan im Jahre 921 einen eingehenden Kommentar zu Handel und Gebaren dieser wilden, abgehärteten Kaufleute. Ihm fielen besonders die Sklaven auf, vor allem die Frauen, die von den Nordmännern zum Verkauf angeboten wurden. (Ibn Fadlans Besuch hatte den Zweck, die Bekehrung der Wolgabulgaren zum Islam zu bestätigen.)

Rurik von Schweden, ein Warägerfürst, siedelte sich näher am Finnischen Meerbusen in der Stadt Nowgorod an und hatte aus ihr bis 839 ein Königreich geschaffen, das als »Land der Rus« bekannt war. Sein Nachfolger zog gen Süden zum Dnjepr und etablierte ein Reich bei Kiew (die Kiewer Rus). Dieses Muster der nordischen Monarchie und Staatenbildung setzte sich in den meisten Gebieten mit Wikingeraktivitäten über zwei Jahrhunderte fort. Nordische Fürsten hatten bis 886 halb England erobert, ein Königreich in Island gegründet, kurz nachdem die Insel im Jahre 890 entdeckt worden war, und 911 das Herzogtum der Normandie geschaffen. Knut der Große, der bereits König von Dänemark und Norwegen war, wurde 1016 außerdem König von England und konnte im Norden einen gewaltigen Staat aufzubauen. Doch Eintracht war unter Wikingern stets nur von kurzer Dauer: Eine andere Gruppe von Wikingern, die Normannen, überquerte den Ärmelkanal von Frankreich aus und eroberte 1066 England.

Auf dem Höhepunkt des Wikingereinflusses unternahmen Flotten mit Hunderten von Schiffen Schrecken erregende, doch letztendlich erfolglose Angriffe auf Konstantinopel, Paris, London und persische Länder am Kaspischen Meer. Handel, Krieg und Staatskunst schienen Hand in Hand zu gehen: Beobachter an der Küste Frankreichs vermerkten, dass die Wikinger, sobald sie eine Schlacht beendet hatten, ein Handelsemporium eröffneten, um die Vorherrschaft zu gewinnen. Trotz der Wildheit ihrer Überfälle und ihres angehäuften Reichtums heirateten die Wikinger in die einheimischen Bevölkerungen ein und verloren bald ihre Eigenheiten. Die skandinavische Sprache verbreitete sich im zuvor unbesiedelten Island, wurde jedoch nirgendwo sonst vorherrschend. Die Reiche von Nowgorod und Kiew, die von Wikingersiedlern gegründet worden waren, übernahmen bald die slawischen Sprachen und entwickelten sich zum politischen Kern einer entstehenden russischen Identität. Wikingersiedler in Grönland und Nordamerika verschwanden als eigene Gruppen, eventuell durch den gleichen Prozess. Die normannischen Invasoren Englands machten Französisch zur Hauptsprache. Sie nutzten flämische Techniken zur Herstellung riesiger Wandteppiche und gaben den Teppich von Bayeux in Auftrag, um ihre Großtaten zu verewigen. Schon in der Phase ihrer Expansion war die Christianisierung der Wikinger erfolgt. Die normannischen Herzöge konvertierten rasch zum Christentum, und die christliche Religion wurde um 960 in Dänemark, 1008 in Island und von 1014 an in Norwegen übernommen. (Die Schweden jedoch konvertierten erst im 12. Jahrhundert zum Christentum.) Das 11. Jahrhundert bildete den Höhepunkt der Herrschaft der Wikinger, danach nahmen skandinavische Migrationen drastisch ab.

In einer letzten Welle der Wikingerfahrten und nicht länger als mysteriöse Räuber, sondern als christliche Söldner nahmen Nordmänner an Kriegen in vielen Gebieten Europas teil. Die normannischen Eroberer Roger und Robert Guiscard führten Heere, die Jahre lang kämpften, um Staaten in Süditalien zu etablieren. Rogers Königreich Sizilien wurde von 1090 an zu einem kosmopolitischen Zentrum des Wissens und Austauschs über religiöse Grenzen hinweg.

Die Unternehmungen der Wikinger hingen in hohem Maße von der Qualität ihrer Schiffe ab, die sowohl an ihre Umgebung (die kalten Ozeane und rasch fließenden Ströme, die sie befuhren) als auch an ihre Zielsetzungen (eine Kombination von Kriegführung, Handel und Besiedlung) angepasst waren. Ähnliches trifft für andere dicht besiedelte Meeresgebiete oder andere Zeiten zu: Auch hier reflektieren die Boote die Umgebung und Zielsetzung der Seefahrer. Nach dem Rückgang der Wikingerreisen und der Ausweitung des Handels wurden auf der Nord- und Ostsee die Langschiffe der Wikinger durch Koggen abgelöst, breite und schwerfällige Handelsschiffe, die schwere Frachten über stürmische Meere beförderten. Im Mittelmeer fuhren modernisierte Galeeren, die von Sklaven und auch freien Matrosen gerudert wurden. Manche Galeeren wagten sich auf den Atlantik hinaus und schufen Verbindungen zwischen Italien und Holland. Abenteuerlustige baskische Seefahrer mit ihren kleinen, doch seetüchtigen Schiffen könnten durchaus den Atlantik überquert und die Kabeljau-Fanggründe der Neufundlandbank entdeckt haben. Portugiesische Seefahrer, die ihre Reisen in den Südatlantik mit seinen widrigen Winden ausdehnten, entwickelten schließlich die Kraweelbauweise für leichte und breite Schiffe, Karavellen genannt, mit Lateinersegeln (dreieckigen Segeln) am hinteren und Rahsegeln (rechteckigen Segeln) am vorderen Mast.

In den frühen Jahrhunderten der islamischen Kalifate expandierte der Handel im westlichen Indischen Ozean beträchtlich. Arabische und persische Seefahrer befuhren die Routen, die zuvor von hellenistischen Seeleuten genutzt worden waren, vom Roten Meer und dem Persischen Golf nach Ceylon, mit Verbindungen von dort nach Malaysia und China. Doch sie entwickelten unterschiedliche Schiffe, neue Techniken der Navigation und neue Routen. Die neuen Schiffe, die heute allgemein unter ihrem ostafrikanischen Namen Dhau bekannt sind, besaßen ein ähnliches Design für eine Vielfalt von großen und kleinen Booten. Mit einem spitz zulaufenden Rumpf am Bug und Heck und gebaut aus Planken, die an die Spanten genäht waren, wurden diese Schiffe durch Rah- oder Lateinersegel aus Leinwand oder mitunter aus Kokosfasern angetrieben. Das große Frachtschiff besaß mehrere Masten. Die Navigatoren kannten die Wirkungen der Monsunwinde, die von April bis Oktober aus dem Südwesten und von Oktober bis April aus dem Nordosten wehen, und übernahmen außerdem den magnetischen Kompass von seinen chinesischen Erfindern. Mit diesen Fortschritten waren sie in der Lage, direkt über den Ozean zu segeln, statt in Küstennähe bleiben zu müssen. Im 9. Jahrhundert segelten diese Schiffe eine Zeitlang regelmäßig nach Südchina.

Das andere Gebiet mit großen Frachtschiffen war die Küste Chinas. Die als Dschunken bekannten Schiffe waren geeignet für die hohe See ebenso wie für Flüsse und Kanäle, besonders aufgrund der Entwicklung wasserdicht abgeschotteter Kammern. Eisennägel wurden nicht nur zur Befestigung von Rumpfplanken benutzt, sondern auch für Schotte unter Deck. Diese großen Schiffe besaßen mehrere Masten mit Segeln aus Leinwand oder Bambusfasern, Ruder halfen beim Kurshalten, und der Kompass wurde zur Navigation verwendet. Handels- und gelegentlich auch Kriegsschiffe segelten von der Küste Chinas sowohl nach Norden als auch nach Süden.

Die Seefahrt Südostasiens und des indonesischen Archipels war die vielfältigste der Welt, denn sie nutzte viele Traditionen. Zu Beginn wurden die Auslegerkanus der alten austronesischen Tradition weiterentwickelt. Diese schnellen und stabilen Boote (bekannt als *Proas*, obwohl dieser Begriff auch ganz allgemein für Schiffe verwendet wird) waren gewöhnlich klein, konnten aber auch für Handelszwecke größer gebaut werden; allerdings hatten sie nur einen Mast. Zusätzlich lieferte die regelmäßige Anwesenheit von Dschunken und Dhaus in südostasiatischen Gewässern einen Anreiz für Schiffsbauer, sich an einer Kombination der verschiedenen Bauweisen zu versuchen. Das Lateinersegel und der Kompass verbreiteten sich nach Westen und erreichten schließlich die Gewässer Europas.

Östlich der Philippinen erstreckten sich die Wasserwege des Handels bis in den Pazifik hinein. In Mikronesien und Melanesien hielten *Proas* mit nur einem Rumpf die Kommunikation zwischen den Inseln aufrecht. Das Währungssystem auf der Grundlage von Kaurimuscheln verband die Inseln vom Westpazifik mit den Gebieten des Mittelmeeres und umfasste auch Festlandgebiete, die von der Küste entfernt waren. Weiter im Osten jedoch, in Polynesien, starb die Tradition weiter Reisen zwischen den Inseln aus. Die Doppelrumpfschiffe wurden weiterhin gebaut, doch für kürzere Reisen: Neuseeland und Hawaii waren mehrere Jahrhunderte lang vom Rest der Welt abgeschnitten.

Weniger spektakulär als die hochseetüchtigen Schiffe waren die Flussschiffe. Sie waren kleiner und sind historisch schwieriger zu belegen, doch sie haben möglicherweise im Ganzen mehr Tonnen von Waren befördert, wenn auch über geringere Entfernungen. Die größten Flussschiffe dieses Zeitalters waren die Dschunken des Kaiserkanals in China, die Reis aus dem Süden in den Norden transportierten. Für den Rest der Welt soll hier eine Liste der Flüsse ausreichen, um die Verbindungsrouten zu Wasser anzudeuten. Die großen Flüsse Nordamerikas wurden besonders von Rindenkanus befahren, die Südamerikas von Einbäumen – und vergrößerte Versionen dieser Einbäume beförderten Seefahrer zwischen den karibischen Inseln hin und her. In Afrika erfolgte der Wassertransport auf dem Nil, Niger, Kongo und ihren zahlreichen Nebenflüssen sowie den großen Seen Ostafrikas. Der Himalaja speiste den Indus und den Ganges Indiens sowie die Flüsse Südostasiens vom Irawadi bis zum Jangtse. Bei Flüssen wie bei Meeren führten die stetige Nutzung des Wassertransports und der Ideenaustausch zu größerer Leistungsfähigkeit, Sicherheit und vermehrten Kenntnissen der Navigation.

Schlussfolgerung

Die Pfade der Migration wurden von Reisenden, in der Alten Welt in Begleitung ihres Viehs, ausgetreten. Die Flüsse und Meere hinterließen keine Spuren der passierenden Boote, doch Häfen und Versorgungsstützpunkte an ihren Ufern kennzeichnen die Phasen der Reisen zu Wasser. In jeder Ära zogen mäßige Anzahlen von Besuchern, Siedlern, Kriegern und Kaufleuten diese alten Wege entlang. Bei der Wahl einer der zahlreichen Reiserouten verließen sich Migranten auf die Gemeinschaften, denen sie unterwegs begegneten, und auf die Verknüpfungen ihrer zunehmend umfassenden Handelsnetzwerke und politischen Bündnisse. Die Phasen der Migration brachten die Reisenden in Kontakt mit neuen Sprachen und neuen Kulturen, und gleichzeitig wurde die Gesellschaft der Migranten eine Kultur für sich.

Gemeinschaftsübergreifende Migration ist das den meisten großen Wanderungen der Menschheit zugrunde liegende Muster gewesen. Was auf den ersten Blick wie Kolonisation aussieht – das systematische Vorrücken einer ethnischen Gruppe auf Kosten anderer –, erscheint bei näherer Untersuchung eine Reihe von gemeinschaftsübergreifenden Migrationen gewesen zu sein. Was die in diesem Kapitel behandelte Zeit angeht, gehörten dazu männliche Immigranten, die in einheimische Gemeinschaften einheirateten, Besucher, die als Seeleute oder Arbeiter reisten und dann wieder heimkehrten, und junge Sklavinnen, die ausgeschickt wurden, um Dienerinnen zu werden. Netzwerke zur Beförderung einzelner Migranten umfassten die Handelsdiaspora, religiöse Gemeinschaften und Sklavenmärkte. Wir haben gesehen, dass es oft mehrere Möglichkeiten gibt, wenn es darum geht, zu wählen, welche Sprache benutzt und welche Bräuche befolgt werden. Dies macht uns erneut deutlich, dass viele Menschen als Folge ihrer Reisen in mehreren Gemeinschaften daheim sein können. Häuften sich solche kleine Veränderungen in ausreichendem Maße an, so konnte sich das ethnische Übergewicht einer Region wandeln.

Weiterhin gab es Fälle von Invasoren, die mehr danach strebten, die Kontrolle über Gesellschaften zu übernehmen, statt sich ihnen anzuschließen. Die Mongolen des 13. und 14. Jahrhunderts lieferten das bisher beste Beispiel für den Versuch, die Welt zu beherrschen. (Der frühere Versuch Alexanders des Großen war beeindruckend, reichte jedoch bei weitem nicht an die Taten der Mongolen heran; die Eroberungen des Umayyaden-Kalifats gewannen zwar weniger Territorium, doch es konnte diese wesentlich länger halten.) Die Mongolen eroberten den Großteil Ostasiens, die halbe islamische Welt und praktisch alle eurasischen Steppen, wobei sie Verbindungen zwischen Regionen erschlossen, die das Gleichgewicht entscheidend, wenn auch nur vorübergehend, veränderten und vom Meer auf das Land verlagerten. Eben dieser Erfolg der mongolischen Eroberer beim Erschließen von Kontakten in ganz Eurasien und beim Verknüpfen der expandierenden Gesellschaften aller Regionen Eurasiens kann dabei helfen, die katastrophalen Pestepidemien zu erklären, die von China und Zentralasien bis Europa und Nordafrika wüteten und im 14. Jahrhundert zu einem dramatischen Bevölkerungsrückgang führten.

Nicht nur Eurasien unter den Mongolen erlebte in dieser Zeit engere regionale Verbindungen und einen Ideenaustausch. Selbst auf dem abgelegenen amerikanischen Kontinent expandierte die Kommunikation zwischen den Regionen, einerseits durch die Azteken-Eroberungen des Hochlands von Mexiko und die Arawak-Invasionen auf den karibischen Inseln, andererseits durch ausgeweitete Kontakte im Mississippi-Tal, die mit dem rituellen Zentrum der großen Erdpyramiden von Cahokia in der Nähe des Zusammenflusses von Missouri und Mississippi in Zusammenhang stehen. Migrationen in allen Regionen Afrikas bekräftigten alte Verbindungen und etablierten neue. Obwohl in Ozeanien die großen Reisen nahezu der Vergangenheit angehörten, wurden Verknüpfungen im Westpazifik kontinuierlich durch Seefahrer gefestigt. In Europa vertieften italienische Kaufleute im Süden und germanische Händler im Norden ihre Netzwerke. Keine Region war vollständig isoliert.

Weiterführende Lektüre

Die Ära von 500 bis 1400 begann und endete mit katastrophalen Epidemien. Eine phantasievolle Rekonstruktion der ersten dieser Epidemien findet sich bei David Keys, *Als die Sonne erlosch. 535 n. Chr.: Eine Naturkatastrophe verändert die Welt* (München 2002). Zur Letzten vgl. Norman F. Cantor, *In the Wake of the Plague: The Black Death and the World it Made* (New York 2001). Inzwischen brachte die islamische Pilgerfahrt Gläubige aus aller Welt nach Mekka, vgl. F. E. Peters, *The Haj: The Muslim Pilgrimage to Mecca and the Holy Place* (Princeton/New Jersey 1994).

Ibn Chalduns Verdammung der pastoralen arabischen Migration nach Nordafrika aus dem 14. Jahrhundert ist eines der Themen in *An Introduction to History: The Muqaddimah* (engl. Übersetzung von Franz Rosenthal, hg. von N. J. Dawood, London 1967). Zu den türkischen und mongolischen Völkern Zentralasiens und ihren Migrationen vgl. Richard N. Frye, *The Heritage of Central Asia: From Antiquity to the Turkish Expansion* (Princeton/New Jersey 1996) und Thomas Barfield, *The Perilous Frontier: Nomadic Empires and China, 221 B. C. to A. D. 1757* (Cambridge/Massachusetts 1989). Eine klassische Schilderung des Mongolenreichs ist Bertold Spulers Werk *Geschichte der Mongolen* (Düsseldorf 1983). Ein jüngeres Werk stellt Thomas T. Allsens Buch *Culture and Conquest in Mongol Eurasia* (New York 2001) dar.

Eine jüngere Studie der Tolteken und anderer mesoamerikanischer Gruppen findet sich in Alba Guadalupe Mastache de Escobar, *Ancient Tollan: Tula and the Toltec Heartland* (Boulder/Colorado 2002) und in Alan Knight *Mexico: From the Beginning to the Spanish Conquest* (Cambridge/Massachusetts 2002). Zur so genannten Schlacht von Bolongo Itoko in Zentralafrika vgl. Jan Vansina, *Paths in the Rainforest: Towards a History of Political Tradition in Equatorial Africa* (Madison/Wisconsin 1990). Nilotische Migrationen sind Gegenstand von Christopher Ehrets Werk *Southern Nilotic History* (Evanston/Illinois 1971). Zu Djenné-Djeno und dem mittleren Nigertal vgl. Roderick J. McIntosh, *The Peoples of the Middle Niger: The Island of Gold* (Malden/Massachusetts 1998).

Eine Studie der Wikinger in der Zeit vor ihrer großen Migration findet sich in David M. Wilsons Buch *The Vikings and their Origins: Scandinavia in the First Millennium* (New York 1970). Die Zeit ihrer Migration wird behandelt in Peter Sawyer (Hg.), *Die Wikinger. Geschichte und Kultur eines Seefahrervolks* (Stuttgart 2000). Zum Seefahrerleben im Indischen Ozean vgl. George F. Hourani, *Arab Seafaring* (Princeton/New Jersey 1995). Das Leben bei den an Flussläufen lebenden Stämmen Nordamerikas ist Thema von Lynda Shaffers Werk *Native Americans Before 1492: The Moundbuilding Centers of the Eastern Woodlands* (Armonk/New York 1992).

KAPITEL 7

Überbrücken der Ozeane, 1400 bis 1700

Im Lauf der Menschheitsgeschichte haben die Veränderungen in der verfügbaren Technologie manchmal das Leben weitab vom Wasser favorisiert und manchmal das Leben an Gewässern. Die Zeit nach 1400 brachte einen entscheidenden Fortschritt in der Schifffahrtstechnologie mit sich und führte dazu, dass die menschliche Bevölkerung und ihre Aktivitäten an den Meeresküsten expandierten. Alle Seefahrernationen der Welt, doch besonders die Chinesen, Araber und Westeuropäer erweiterten ihre Horizonte und verbesserten ihre Navigationstechniken. Das Ergebnis veränderte die Wege menschlichen Kontakts auf Dauer. Obwohl der größte Teil der weltweiten Mobilität weiterhin über Landrouten verlief, gewannen die Seerouten immer mehr an Bedeutung.

Fortschrittliche Schifffahrtstechnologie versetzte Einzelpersonen in die Lage, endlich erfolgreich den Globus umrunden zu können. Die Erschließung neuer Routen brachte erstaunliche Erlebnisse und Begegnungen mit sich, allerdings auch Katastrophen. Krieg und Eroberung führten das Ende alter Systeme herbei und wirtschaftliche Veränderungen bescherten einigen Reichtum und anderen Elend. Am bedeutendsten war, dass die Begegnungen nicht nur Menschen betrafen, sondern auch die Krankheiten einschlossen, an denen sie litten und denen sie entlang der neu erschlossenen Routen ausgesetzt wurden. Die Verbreitung epidemischer Krankheiten unter ungeschützten Bevölkerungen führte zu massiven Verlusten an Leben und zu einem Bevölkerungsrückgang im 16. und 17. Jahrhundert, insbesondere in Nord- und Südamerika, wo die Bevölkerung im Jahre 1650 auf nur fünf bis zehn Millionen Menschen gefallen war – nur ein Zehntel der Bevölkerung von 1500. In Teilen Europas, Afrikas und Asiens kam es in dieser Zeit zu einem ähnlich schweren, wenn auch weniger katastrophalen Bevölkerungsrückgang. Die Sterblichkeitsrate in jeder Bevölkerungsgruppe stieg in diesem Zeitalter der Begegnung an, besonders für Reisende.

Die Lebensweisen an den Küsten der Ozeane veränderten sich wesentlich und die Unterschiede zwischen ihnen wurden deutlicher, als der Kontakt unter ihnen regelmäßiger wurde. Der Indische Ozean war das am meisten befahrene und offenste der Weltmeere, da seine lange Tradition, von Schiffen aus aller Welt überquert zu werden, zu noch dichterem Handel ausgeweitet wurde. Der Atlantische Ozean, an dessen Küsten ab und an Schiffe entlanggefahren waren, wurde nun regelmäßig überquert, wobei die Seemächte Europas dominierten. Der Pazifik, die bei weitem größte Wasserfläche, wurde weiterhin von großen Schiffen entlang seiner Westküste und kleineren Schiffen in seinem südlichen Inselmeer befahren, und er wurde außerdem durch einige wenige, doch wichtige spanische Schiffe mit dem amerikanischen Kontinent verbunden.

Die neue Gestalt der Welt in diesem Seefahrerzeitalter richtete Westafrika auf den Atlantik und Ostafrika auf den Indischen Ozean aus, während Nordafrika sich weiterhin am Mittelmeer orientierte. Die neuen Seerouten erleichterten den Kontakt zwischen China und Indien sowie zwischen diesen beiden Ländern und Europa. Ebenso nahmen China und Indien Kontakt mit Amerika sowie indirekt mit der Westküste Afrikas auf. Die Zahl der Menschen bei diesen Migrationen überschritt nur selten mehrere Hundert, die mit einer Flotte segeln konnten, doch der kumulative Einfluss von Seemigrationen über drei Jahrhunderte hin veränderte die Welt beträchtlich. Nach zwei oder drei Jahrhunderten legte sich der Schock, der durch die globalen Seeverbindungen verursacht worden war, und ein neues System interkontinentaler Verknüpfungen eröffnete ein Zeitalter der Expansion.

Dieses Kapitel beschäftigt sich mit vier wichtigen Themen der Migration und des globalen Gleichgewichts von 1400 bis 1700. Zunächst ist da das Muster der Erforschung und Eroberung, das sowohl erfolgreiche als auch katastrophale Begegnungen zwischen Völkern mit sich brachte und für lange Zeit danach die Bedingungen von Interaktionen bestimmte. Als Zweites sind die Kaufleute und Missionare zu nennen, deren Reisen und Abenteuer wichtige neue Verbindungen erschlossen, obwohl ihre Zahl gering war. Drittens wird die soziale Geschichte globaler Migration anhand des Familienlebens untersucht und aufgezeigt, wie die Bewegungen von Migranten alte Familien veränderten sowie neue schufen. Der abschließende Abschnitt über die Verbreitung und Entlehnung von Kultur behandelt die Typen kulturellen Wandels aufgrund von überseeischer Migration.

Forschungs- und Eroberungsreisen, 1400 bis 1600

Der Druck, interkontinentale Verbindungen zu erschließen, war bereits vor 1400 gewachsen. Das Mongolen-Reich hatte sich von Ostasien bis nach Europa und an die Schwelle Afrikas ausgedehnt, doch die Pestepidemie wütete in der Mitte des 14. Jahrhunderts in diesem Reich und verursachte überall eine Schwächung der sozialen Strukturen. Der Niedergang der Mongolen-Herrschaft schuf die Voraussetzungen für neue Reiche. Regionale und interkontinentale Migrationen vermischten sich miteinander und mit dem Aufstieg und Niedergang von Reichen. Reiche lösten durch Eroberung und Vertreibung Migration aus, und sie verhinderten auch Migrationen durch die Kontrolle von Bevölkerungen. Zu den regionalen Wanderungen gehörten die großen Eroberungszüge, die auf jedem Kontinent stattfanden – und zur Gründung und Expansion der Reiche des 15. Jahrhunderts führten: zum Beispiel des Inka-Reichs in Südamerika, des Azteken-Reichs Mesoamerikas, des Reichs der Songhai in Westafrika, des Königreichs von Sannar der Fung (oder Funji) in Nordostafrika, Vijayanagaras in Indien, Majapahits in Indonesien und des gewaltigen, doch kurzlebigen Timuriden-Reichs in Zentralasien.

In den Jahren von 1400 bis 1700 ließ ein neues System globaler Migration die Zahl der Menschen ansteigen, die das Meer überquerten, und verknüpfte schließlich die früheren Muster regionaler Migrationen. Die Kartographie reflektierte und erleichterte die wachsende Mobilität der Menschen. Diese Interaktion regionaler und globaler Migrationen im 15. und 16. Jahrhundert führte letztendlich zu einer großangelegten Umverteilung der Weltbevölkerung. In diesem Zeitalter entwickelte unsere Welt außerdem ein globales System von Plantagen, Bergwerken, Reichen und Kolonien, das zu einem Austausch von Gütern und Menschen führte. Doch während der Kontakt zwischen den Kontinenten und über die Ozeane hinweg immer enger und regelmäßiger wurde, sticht ein Unterschied deutlich hervor: Die Plötzlichkeit und die Extreme von Begegnungen in der atlantischen Welt kontrastieren mit den eher schrittweisen und komplexeren Interaktionen der Region des Indischen Ozean.

Neue Begegnungen

Wie soll man einer Person zum ersten Mal begegnen: als einem Bruder oder einem Fremden? Ist das Gegenüber als Freund und Ebenbürtiger zu behandeln oder als eine Person, deren Wesen fremd und deren Motive feindlich sind? Oder gibt es noch andere Möglichkeiten? Sieht eine Person eine andere als freundlich, doch fremd an oder als ebenbürtig, doch feindlich? Das moderne Zeitalter mit seinen neuen Verbindungen ließ diese Fragen wiederholt aufkommen.

Während sich Reisende rund um den Globus bewegten, suchten sie nach Abenteuer und Erfolg. Ihre Gedanken galten dem Handel, der Erforschung, Flucht, Ansiedlung, religiösen Bekehrung und Eroberung. Was immer ihre Motive für die Reisen waren, sie begegneten dabei anderen Menschen, trafen neue Personen und neue Gruppen, die sich in Gestalt, Kleidung, Hautfarbe, Sprache, Religion und Bräuchen unterschieden. Jede Gruppe entschied, wie sie sich den anderen gegenüber verhalten und wie sie sie betrachten wollte, wobei sie wählte, ob sie entweder Unterschiede oder Ähnlichkeiten, Einheit oder Spaltung in den Vordergrund stellte. Manchmal führten diese ersten Begegnungen zu Fehlern, die sich im Laufe der Zeit zur Gewohnheit entwickelten, so zum Beispiel die Tatsache, dass die Einwohner des amerikanischen Kontinents als »Indianer« bezeichnet wurden.

Erwartungsgemäß belegen die Zeugnisse, dass Menschen, die zum ersten Mal anderen begegneten, auf verschiedene Weise reagierten, von freundlich bis feindlich. Versuche der Kommunikation, selbst über Sprachbarrieren hinweg, betonten die Gemeinsamkeiten von Völkern oder versuchten zumindest, die Unterschiede zu artikulieren. Fälle von Krieg, Gefangennahme und Diebstahl waren häufig; dasselbe gilt für Bemühungen, miteinander Handel zu treiben, zu kommunizieren und einander zu helfen. Die Einwohner des ostafrikanischen Hafens von Kilwa waren 1498 von der Ankunft der Portugiesen überrascht, doch sie wussten, wer sie waren. Kilwa hatte früher im selben Jahrhundert auch Delegationen aus China empfangen.

Männliche Migranten betonten Bündnisse und gemeinsame Werte, indem sie sich niederließen und mit einheimischen Frauen Familien gründeten. Doch wenn diese Männer später ihren Frauen oder Kindern Rechte oder Erbschaften verweigerten, stellten sie Hierarchie und Unterschied zwischen Menschengruppen in den Vordergrund statt der Gemeinsamkeit. Sexuelle Beziehungen können ebenso Dominanz wie auch Ebenbürtigkeit ausdrücken. Die Eindrücke und Beziehungen, die durch solche Begegnungen geschaffen wurden, haben die Gesellschaft in der modernen Welt geprägt.

Entdeckungsreisen

Die ersten großangelegten interkontinentalen Reisen verbanden die Pazifikküste Chinas mit der Region des Indischen Ozeans. Zwischen 1403 und 1435 führte der chinesische Admiral Zheng He sieben Flotten des Ming-Kaisers zum Indischen Ozean. Diese Reisen im Auftrag des Kaisers brachten Zheng Hes Flotten bis nach Indien, Arabien und Ostafrika. Bis zu 350 Schiffe und Mannschaften von Tausenden von Matrosen waren an diesen Expeditionen beteiligt. Die Routen, denen Zheng He folgte, waren in früheren Jahrhunderten von Kaufleuten aufgezeichnet worden, und das Netz seetüchtiger Verbindungen deckte den größten Teil islamischen Gebietes ab. Die chinesischen Expeditionen waren in gewissem Sinne Teil dieses islamischen Netzwerks: Einer von Zheng Hes Generälen, wie Zheng He selbst ein Muslim, erfüllte während einer dieser Reisen seine heilige Pflicht der Wallfahrt nach Mekka. Obwohl die Reisen der Ming-Dynastie 1435 aufhörten, befuhren private chinesische Kaufleute weiterhin die Meere, neben Händlern zahlreicher anderer Nationen, von denen viele dem Islam angehörten.

Als also der portugiesische Seefahrer Vasco da Gama 1498 das Kap der Guten Hoffnung umrundete und in den Indischen Ozean vorstieß, schloss er sich einem bereits existierenden Netzwerk des Handels und der Migration an und schuf kein neues. Die Ankunft der Portugiesen machte einen Unterschied, da sie danach strebten, kommerzielle Mächte und bestehende Reiche herauszufordern und zu dominieren. Das Eintreffen der Portugiesen löste ein Jahrhundert des Kriegs zur See im Indischen Ozean aus, das von einem Jahrhundert des Kriegs in den angrenzenden Ländern begleitet wurde.

Im Atlantik lagen die Dinge anders: Interkontinentale Reisen über seine Gewässer waren fast völlig neu, und sie führten zu einem Drang nach Dominanz unter den plötzlich mächtigen Staaten Europas. Verbindungen mit dem Goldhandel in Mali ermutigten iberische und italienische Seefahrer, nach Süden vorzustoßen. 1420 gewährte Prinz Heinrich von Portugal (auch Heinrich der Seefahrer genannt) Unterstützung für die erste von zahlreichen Reisen entlang der Küste Afrikas in der Hoffnung, den Indischen Ozean zu erreichen. (Zu dieser Zeit hatte Zheng He bereits fünf seiner Reisen in den Indischen Ozean beendet.) Die raue See des Pazifiks und des Atlantiks hatte chinesische und iberische Schiffbauer gelehrt, Schiffe zu bauen, die unter allen Bedingungen seetüchtig waren. Allerdings waren manche der chinesischen Schiffe riesig und besaßen bis zu neun Masten, während die portugiesischen und spanischen Karavellen im Gegensatz dazu höchstens drei Masten hatten. Dennoch sollten die kleineren iberischen Schiffe größeren Einfluss bei der Vernetzung der Welt haben als die chinesischen Flotten.

Portugiesische Seefahrer entdeckten unbewohnte Inseln im Atlantik und stellten Handelsverbindungen mit dicht bevölkerten Regionen der afrikanischen Küste her. Die Portugiesen erschlossen neue Seerouten und konnten in ihren Gebieten aufgrund ihrer Dominanz für den größten Teil des 14. und 15. Jahrhunderts den Frieden erhalten.

Dann überquerte Kolumbus 1492 im Auftrag Spaniens den atlantischen Ozean nach Westen und fügte den kurz zuvor erschlossenen Seeverbindungen zwischen Europa und Afrika zwei weitere Kontinente hinzu. Spanien dominierte den Westatlantik, während Portugal den Südatlantik beherrschte (einschließlich Brasiliens nach 1500), und beide Länder etablierten neue Handelsrouten, neue Häfen und neue Ströme von Arbeitskräften. Im Atlantik dominierten die christliche Religion und die Menschen von der Iberischen Halbinsel die Verbindungen über den Ozean. Doch die größte Veränderung, die die neuen atlantischen Verbindungen mit sich brachten, war der Austausch von Krankheiten unter den europäischen, afrikanischen und amerikanischen Bevölkerungen. Die Sterblichkeitsrate auf dem amerikanischen Kontinent war entsetzlich, und um 1650 war die Bevölkerung einiger amerikanischer Gemeinschaften auf ein Zehntel ihrer Größe im Jahrhundert davor zurückgegangen. Auch europäische und afrikanische Bevölkerungen wurden Opfer von neuen Krankheiten, erlitten jedoch nicht einen so katastrophalen Rückgang.

Im Pazifik befuhren die Spanier die Seerouten, die zuvor von asiatischen und ozeanischen Seefahrern erschlossen worden waren, und erweiterten sie von Küste zu Küste des großen Ozeans. Ferdinand Magellans spanisches Schiff überquerte 1532 den Atlantik und dann den Pazifik, erreichte Asien und segelte weiter um die Erde zurück nach Spanien. Als die Spanier später den Archipel eroberten, an dem Magellan in Asien anlangte, gaben sie den Inseln zu Ehren ihres Königs den Namen Philippinen.

Abbildung 7.1 zeigt einige der wichtigsten transozeanischen Bevölkerungsverschiebungen von 1400 bis 1700 sowie die Heimatländer europäischer, afrikanischer und asiatischer Gruppen und Regionen, in denen sie sich in nennenswerten Zahlen niederließen. Die Bewegungen von Siedlern verliefen im Allgemeinen von dicht besiedelten in spärlich besiedelte Re-

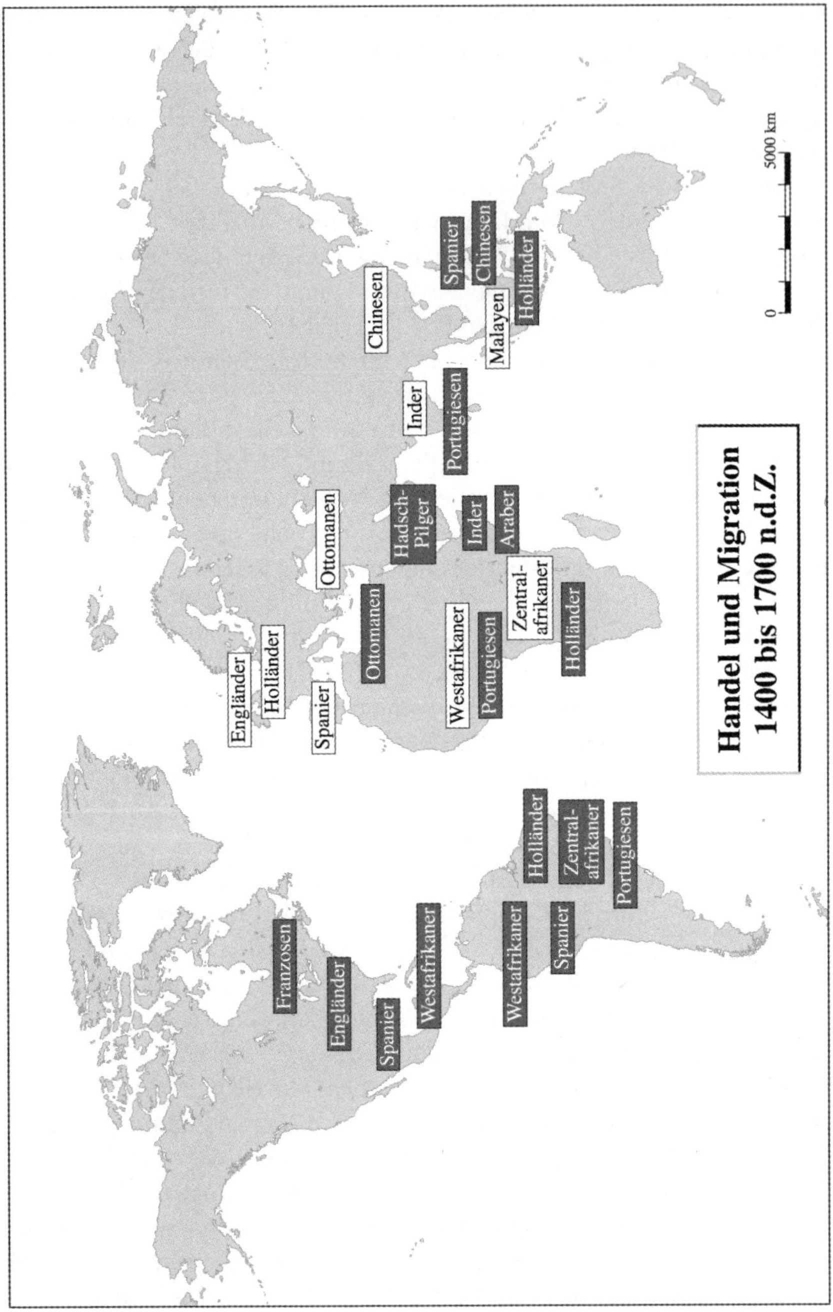
Handel und Migration
1400 bis 1700 n.d.Z.
Franzosen
Engländer
Spanier
Westafrikaner
Westafrikaner
Spanier
Holländer
Zentral-
afrikaner
Portugiesen
Engländer
Holländer
Spanier
Ottomanen
Ottomanen
Westafrikaner
Portugiesen
Zentral-
afrikaner
Holländer
Hadsch-
Pilger
Inder
Araber
Inder
Portugiesen
Chinesen
Malayen
Spanier
Chinesen
Holländer
0
5000 km

gionen; der Handelsverkehr verband dagegen gewöhnlich dicht besiedelte Regionen miteinander.

Eroberung und Reichsbildung

Die Jahre von 1400 bis 1700 sahen den Aufstieg verschiedener neuer Reiche und die Zerstörung von ebenso vielen alten Reichen. Asiatische Reiche entstanden unter Völkern, die bereits zuvor in Kontakt gestanden hatten, und veränderten die Landkarte vom Mittelmeer bis zum Pazifik. Dies geschah, indem sie Truppen zu Eroberungszügen aussandten und, wenn sie siegreich waren, die geschlagenen Armeen und die Zivilbevölkerung in andere Territorien vertrieben, wo diese mitunter selbst zu Eroberern wurden. Das mächtigste dieser Reiche war das Osmanische Reich, das das Byzantinische zerstört und im Jahre 1453 dessen Hauptstadt Konstantinopel erobert hatte. Die Osmanen expandierten erneut von 1512 an und übernahmen die Kontrolle über den größten Teil des Mittelmeerraumes, Südosteuropas und Südwestasiens, wo sie vom neu geschaffenen Safawiden-Reich im Iran aufgehalten wurden.

Migration führte auch zur Gründung von Reichen, wie zum Beispiel des Mogulreichs. Der neue Staat war durch Baburs Armee aus Afghanistan geschaffen worden. 1526 hatte Sultan Babur seine türkischen Truppen in Kabul versammelt und war über die Grenzen nach Indien eingedrungen, wobei er das Sultanat Delhi zerstört und das Mogulreich geformt hatte. Nach seiner Gründung löste dieses Reich insofern eine Migration aus, als es Verwaltungsbeamte, Kaufleute und Siedler in neu eroberte Gebiete schickte.

Das Ming-Reich Chinas, das in der Mitte des 15. Jahrhunderts von Rebellenarmeen gegründet worden war, die die mongolische Yuan-Dynastie vernichtet hatten, verursachte und bremste Wanderbewegungen. Es förderte eine Zeit lang den Überseehandel, doch verbot es anschließend den Menschen, aufs Festland zu ziehen. Neben diesem riesigen Ming-Reich gab es das winzige, doch bedeutende portugiesische Kolonialreich. Das portugiesische Kolonialreich unterschied sich beträchtlich von anderen, da es zum größten Teil aus Inseln, Festungen und Handelsposten bestand, die den Reichtum des Indischen Ozeans und des Südchinesischen Meeres ausbeuteten. (Zum Reich gehörten außerdem ein großes Territorium in Brasilien und wichtige Stützpunkte in Angola.) Das portugiesische Kolonialreich führte zur Migration zahlreicher Portugiesen ebenso wie zur Wanderung von Arbeitern und anderen Gruppen, die in seine Kolonien kamen.

In atlantischen Gebieten, in denen die meisten Verbindungen durch die Religion und Kultur des Christentums bestimmt waren, begannen Reiche, verschiedene Gruppen miteinander zu vereinigen, die zuvor keinen Kontakt zueinander gehabt hatten. Spanien, ein Königreich, das im Jahre 1469 aus der Vereinigung der Krone Aragons und der Grafschaft Kastilien – bedingt durch die Heirat von Ferdinand und Isabella – hervorgegangen war, wurde rasch zum spanischen Kolonialreich. 1492 eroberte es Granada und vertrieb die Mauren und Juden von der Iberischen Halbinsel, im gleichen Jahr also, in dem Kolumbus' Reise stattfand. Das neue Reich expandierte – nicht allein durch Eroberungen in Nordafrika und auf dem amerikanischen Kontinent sowie die Zerstörung der Azteken- und Inka-Reiche –, sondern auch durch vorteilhafte Heiraten, die ihm die Kontrolle über Österreich, den Großteil Italiens und die Niederlande verschafften. Obwohl Spanien einen großen Teil der Welt beherrschte, war es nur das viertgrößte Reich seiner Zeit hinsichtlich seiner Fläche und Bevölkerungszahl. (Das Ming-Reich und das Osmanische Reich waren größer und bevölkerungsreicher und das Mogulreich hatte eine größere Bevölkerung, wenn es auch vielleicht kleiner an Fläche war.)

Bis 1600 hatten Reisende aus jeder Region selbst die entlegensten Gebiete der Welt erreicht. Sie wussten, dass die Erde eine Kugel war; und es war nun bekannt, dass die Welt größer als zuvor angenommen, doch begrenzt und endlich war. Vielleicht traf man in abgelegenen Gebieten auf fremde Völker, doch irgendwie waren sie dem Reisenden immer noch sehr ähnlich. In China zum Beispiel behandelte einer der frühesten modernen Romane aus dem 15. Jahrhundert mit dem Titel »Reise in den Westen« genau dieses Thema. Diese Erzählung der Reise eines chinesischen Mönchs des 8. Jahrhunderts nach Indien und zurück schildert seine Begegnungen mit zahlreichen Arten von Menschen und ist nach wie vor in China und anderswo populär. Ebenso nannten um 1600 William Shakespeare und seine Partner ihr neues Theater »The Globe« (Der Globus), um zu verdeutlichen, dass die Themen der Shakespeare-Dramen überall auf der Welt Bedeutung hatten. Auch Theaterbesucher in Peru, Java, Angola und China hätten (mit der Hilfe von Übersetzern) seine Stücke sicher verstanden.

Handel und Religion, 1500 bis 1700

Im 16. und 17. Jahrhundert nutzten Kaufleute, Missionare und künftige Eroberer die sich ausweitenden interkontinentalen und regionalen Reise-Routen, um entfernte Länder zu besuchen. Sie zogen auf der Suche nach neuen Märkten, Bevölkerungen und Territorien über den Globus. Manche dieser Migranten waren islamische und christliche Missionare, andere Kaufleute aus Afrika, Asien und Europa. Die Tätigkeiten dieser Kaufleute und Missionare gingen einher mit den Wellen von Eroberung und Erforschung, sie verwandelten kurze Begegnungen in langfristige Beziehungen und schufen neue Routen sowie Verknüpfungen zwischen den Orten ihrer Aktivitäten. Auf ihren Reisen entwickelten sie Routen und Stützpunkte für spätere Migranten und brachten so die Dynamik globaler gegenseitiger Verbindungen in Gang, die die Weltmigration und den internationalen Handel förderten.

Zu den Ergebnissen dieser Bewegungen gehörte der Aufstieg des Christentums und des Islam in neuen Gebieten der Welt, darunter die Expansion des Islam in Gegenden wie Südostasien und der malaiischen Halbinsel. Ähnlich gab es in anderen Regionen Missionierungsversuche, die vielversprechend aussahen, doch schließlich scheiterten, wie zum Beispiel in China, wo sich der Islam und das Christentum ausbreiteten und dann wieder verschwanden. Kaufmännische Kontakte taten sich auf, besonders bei so wertvollen Gütern wie Gold, Silber, Fellen, Gewürzen und teuren Stoffen. Netzwerke von Kaufleuten und Missionaren weiteten ihre Kontakte auf Häfen und Marktplätze auf der ganzen Welt aus.

Einflüsse von Migranten in der Fremde und daheim

Haben Migrationen geringer Zahlen von Menschen manchmal große Auswirkungen gehabt? Haben Kaufleute und Missionare mit ihren Bewegungen wesentlich den Verlauf der Weltgeschichte beeinflusst? Oder sollten sich Studien der Migration in der Geschichte stattdessen auf Massenmigrationen beschränken? Wahrscheinlich waren auch zahlenmäßig kleine Migrationen von großer Wirkung.

Ein Teil des Arguments für die Bedeutung dieser kleinen Migrationen stützt sich auf die Wege ihrer Wanderungen: Hierbei geht es ganz besonders um die Orte für Zwischenstopps und darum, welche Rolle die Verbündeten dieser Migranten auf deren Weg zum Ziel spielten, sowie um die Kommunikationslinien mit dem Heimatland. Ein anderer Teil der Argumentation stellt die Stützpunkte der Migranten in ihrem Ansiedlungsland in den Vordergrund.

Die Absicht der Kaufleute und Missionare, die in die Fremde zogen, war es gewiss, neue Märkte zu schaffen und ihre Religion zu verbreiten, und in manchen Fällen hatten ihre Bemühungen auch Erfolg. In anderen Fällen führten die Anstrengungen von Kaufleuten und Missionaren nur zu geringer permanenter Veränderung. Die Besucher wurden von den entsprechenden Gemeinschaften absorbiert oder schlicht ausgestoßen. Portugiesische Missionare gewannen im 16. Jahrhundert großen Einfluss in Ostafrika, doch bis zum Ende des 17. Jahrhunderts waren sie von Muslimen aus Oman verdrängt worden. Die Arbeit christlicher Missionare in China führte zu einem Austausch des Wissens zwischen chinesischen und europäischen Gelehrten (viele chinesische Ideen wurden nach Europa importiert), brachte jedoch langfristig nur eine geringe Expansion des Christentums.

Die Missionare und Kaufleute beeinflussten ihre Heimatländer selbst dann, wenn sie in der Fremde waren. Dabei war die offensichtlichste Veränderung ihre Ansammlung von Reichtum und Kontakten: In den Häfen von Sevilla in Spanien und Lissabon in Portugal sammelten sich Menschen und Einflüsse von jedem Kontinent. Als die Niederlande im 17. Jahrhundert zu wirtschaftlicher Bedeutung aufstiegen und ein unabhängiger Staat am Steuer eines riesigen Handelsimperiums wurden, gewann die Hafenstadt Amsterdam den Ruf einer »Königin der Meere«. Die Untertanen dieser Königin waren Kunden auf der ganzen Welt. Auch aus anderen Gründen war der Name passend – zahlreiche Männer gingen als Seeleute, Soldaten und Siedler ins Ausland, so dass die Frauen in der Heimatbevölkerung in der Überzahl waren. In einem weiteren Schritt der Veränderung mag die Konzentration der Niederlande auf den Welthandel auch ein Grund dafür gewesen sein, dass sich die Industrie der Niederlande langsamer entwickelte als in anderen Gebieten Europas.

Im Osmanischen Reich veränderten die weltweiten Verbindungen von Handel und Religion ebenso das Heimatland. So schuf zum Beispiel der Kaffeehandel (Kaffee wurde in Äthiopien und Südarabien eingekauft) erst das Kaffeehaus, das sich über das Reich verbreitete und neue Mittelpunkte für gesellschaftlichen Kontakt und Gespräche bildete. Ähnlich erlaubte die Dominanz der heiligen Stadt Mekka im Osmanischen Reich es dem osmanischen Sultan, die geistliche Führung in der islamischen Welt zu beanspruchen und ein Kontaktnetzwerk unter Muslimen von Westafrika bis zu den Philippinen aufrechtzuerhalten.

Routen

Kaufleute waren besonders wichtig für die Kartographie neuer Routen. So zog zum Beispiel die Familie Mendes, die ein großes Bankhaus besaß, in Etappen durch Europa, als ihre Mitglieder versuchten, religiöser Verfolgung zu entkommen. Ihre Route verlief entlang einer Reihe von sozialen Verknüpfungen zwischen Handelsstädten, die durch Straßen verbunden waren, so dass ihre Verwandten und Freunde ihnen müheloser folgen konnten. Als die Familie Mendes 1492 mit anderen Juden aus Spanien vertrieben wurde, nutzte sie ihre Geschäftsverbindungen auf dem Weg durch Lissabon, Antwerpen, Augsburg und Venedig, bevor sie sich 1528 in der Hauptstadt des Osmanischen Reichs, Konstantinopel, niederließ. Doña Gracia Nasi, die noch in Portugal die Führungsrolle der Familie und ihrer internationalen Geschäfte übernommen hatte, beteiligte sich an einem Banksystem, das sich dem Gewürz- und Edelsteinhandel in Afrika, Asien und Europa widmete. In diesem Fall brachte Doña Gracia Nasi ihrer angenommenen Heimat wichtige Geschäftskontakte und bereitete gleichzeitig den Weg für jüdische Familien, die einem immer intoleranteren Christentum den Rücken kehren wollten oder mussten.

Ein anderes Beispiel ist das des armenischen Kaufmanns Hovannes Ter-Davtian, dessen Logbuch zeigt, dass er seine Heimat Isfahan (die Hauptstadt des Safawiden-Reichs des Iran) im Jahre 1692 verließ. Seine Route wurde durch eine Reihe von Verbindungen unter Handelszentren gebildet. Er reiste an die West- und Ostküste von Indien und zog dann von 1686 bis 1693 nach Tibet, um Handel zu treiben. Anschließend machte er sich mit einer Ladung Moschus, Gold und chinesischem Porzellan auf, um diese Waren in Kalkutta zu verkaufen. Auf all seinen Reisen übernachtete er bei armenischen Familien, die in den verschiedenen Städten ansässig waren, in denen er Halt machte.

Während die Kaufleute und Missionare reisten und sich niederließen, kam es zu neuen Vermischungen unter Bevölkerungen und Gesellschaften. In West- und Zentralafrika überschnitt sich das Christentum mit der einheimischen Religion und ihren Symbolen: Das Kreuz, das im Kongo seit langem bekannt war, half bei der Bekehrung der Region zum Christentum, und die Götter Westafrikas wurden in der regionalen Version des Christentums zu Heiligen. Als sich die Routen des atlantischen Sklavenhandels ausweiteten, gelangte das afrikanische Christentum auf den amerikanischen Kontinent, doch die katholische Bevölkerung des Kongo nahm ab, während der Sklavenhandel expandierte.

Stützpunkte

Am Ende eines Weges lag ein Stützpunkt – eine kleine Immigrantengemeinschaft, die in der Lage war, die Verbindung zwischen dem Heimat- und dem Zielgebiet aufrechtzuerhalten. Die Familie Mendes etablierte einen solchen Stützpunkt in Konstantinopel, ihrer neuen Heimatstadt. Portugiesische Kaufleute und Seefahrer richteten auf ihren Asienreisen Stützpunkte ein. Als die Portugiesen 1511 Goa auf dem indischen Subkontinent einnahmen, gründeten sie einen Stützpunkt, von dem aus erst portugiesische und dann holländische Kaufleute Handel mit anderen Kaufleuten trieben, die Arabisch, Kisuaheli, Gujarati, Malaiisch und Chinesisch sprachen. Als die Portugiesen nach Osten expandierten, setzten sie geschickt auf die sich entwickelnden Beziehungen zu örtlichen Kaufleuten an Chinas Südküste, um 1557 mit der Genehmigung der Qing-Dynastie einen Handelsstützpunkt in Macao zu gründen. Fujian-Kaufleute aus China nutzten Macao für sich selbst als Stützpunkt und etablierten außerdem wichtige Anlaufstellen in Manila (wo sie mit den Spaniern Seide gegen Silber tauschten) und Batavia (dem heutigen Jakarta), der niederländischen Hafenstadt auf Java. Obwohl Macao als Stützpunkt für den regionalen Handel bedeutend war, vermochte es nicht, die umgebende Region zu verändern.

In Nordamerika dagegen richteten französische Kaufleute und Missionare einen Stützpunkt ein, der das Leben unter den indianischen Stämmen veränderte. Die Bevölkerungen nahmen wie anderswo auf dem amerikanischen Kontinent durch Krankheiten ab und zur gleichen Zeit entwickelte sich der Pelzhandel in einem riesigen Gebiet, dessen Zentrum das Tal des St.-Lorenz-Stroms war. Das Leben der Algonkin und anderer Stämme der Region wandelte sich gewaltig, als der Pelzhandel und die französische Ansiedlung an Einfluss gewannen. Obwohl französische Händler weit über den Kontinent verbreitet waren, verzeichneten die Bevölkerungen in zwei großen Städten, Québec und Montreal, um 1700 einen deutlichen Zuwachs, bedingt durch örtliche und überseeische Migrationen: Sie zählten nun jeweils mehr als 10 000 Einwohner. Der französische Stützpunkt in Neufrankreich reichte trotz seiner geringen Größe aus, um das Leben der in seiner Umgebung ansässigen Algonkin-Bevölkerung zu verändern.

Islamische Missionare etablierten bereits im 13. Jahrhundert auf ihren Reisen über Land und See Stützpunkte in ganz Südostasien. Ihre Bemühungen erweiterten die religiösen und kaufmännischen Netzwerke, die Wege erschlossen, über die sich der Islam im 15. und 16. Jahrhundert nach Malaysia, Indonesien und auf andere ostindische Inseln verbreiten konnte. Der katholische Jesuiten-Orden schickte seinerseits tatkräftige Missionare mit der gleichen Absicht wie die ihrer islamischen Kontrahenten in dieselben Gebiete des Indischen Ozeans, Amerikas und Afrikas. Jesuiten errichteten einen Stützpunkt in Form einer Mission im chinesischen Handelszentrum Nanking und einen anderen bei den Indianern Paraguays.

Manchmal erlitt der anfängliche Erfolg von Kaufleuten und Missionaren Rückschläge und die Stützpunkte verschwanden wieder. In Japan zum Beispiel reagierte die Militärregierung des Shogun zunehmend mit Beunruhigung auf die Bekehrungsbemühungen der Christen. Nach der Teilnahme von Christen an einem Aufstand gegen den Shogun ließ die Regierung einige Priester und ihre Anhänger kreuzigen, vertrieb schließlich die Europäer und verbot das Christentum. Ähnlich nahmen auch die großen muslimischen Gemeinschaften in chinesischen Küstenstädten unter den Ming- und Qing-Dynastien ab.

In der Frühen Neuzeit lockten Handel und Religion Kaufleute und Missionare aus aller Welt in alle Welt. Ihre Reisen setzten die Maßstäbe für ein Weltsystem der Bekehrung und des Handels, die sich im vergeblichen Verlangen nach Weltbeherrschung überschnitten. Sie erweiterten die traditionellen Routen und bewegten Menschen, Ideen und Waren in alle Richtungen. Später beschleunigten sich Wanderbewegungen in Folge der vorangegangenen Reisen von Kaufleuten und Missionaren, die wichtige Impulse für die weitere Entwicklung setzten: Häufig erfolgte Migration als Kettenreaktion. In Nord- und Südamerika zum Beispiel wurden einige einheimische Bevölkerungen durch Invasoren aus der Alten Welt aus ihren Ländern vertrieben. Sie zogen in neue Länder, nahmen dabei häufig neue Berufe auf und gerieten dadurch oft in Konflikt mit ihren Nachbarn. In West- und Zentralafrika führten die Kriege und Überfälle des expandierenden Sklavenhandels dazu, dass manche Bevölkerungen in der Hoffnung auf Sicherheit migrierten. In Europa ließen sich jüdische Flüchtlinge, die von der Iberischen Halbinsel und aus anderen Teilen Westeuropas vertrieben worden waren, in Polen und dem Osmanischen Reich nieder. Bei vielen, wenn auch nicht allen dieser Inlandsbewegungen kann man behaupten, dass Migrationen über das Meer dazu beitrugen, Festlandsmigrationen anzuregen.

Familien unterwegs, 1550 bis 1750

Um 1550 war Migration in Japan ein eher unbedeutendes gesellschaftliches Phänomen. Folglich wurden Familien dort recht groß und umfassten viele Generationen. Zahlreiche Nachkommen und Verwandte lebten unter der Leitung von Patriarchen und eventuell in matriarchalischen Verhältnissen. Junge Leute mussten geduldig abwarten, bevor sie mit zunehmendem Alter entsprechend Respekt und Macht gewannen, und Ehen waren eher Familienbündnisse als eine Vereinigung von Einzelpersonen. In Westafrika und anderen Regionen mit stabilen Bevölkerungen war die Lage ähnlich.

Im 16. und 17. Jahrhundert, als Migration üblicher wurde, veränderten sich Familien in den Ländern ihrer Herkunft und den Zielländern. Die Migration verteilte Familienmitglieder über große Entfernungen, sie riss existierende Familien auseinander und bildete neue Kerne für neue Familien.

Wir werden uns mit Migrantenfamilien in drei verschiedenen Regionen beschäftigen. Zunächst sind da die Regionen, in denen Einwanderer dominierten – Regionen, in denen lokale Bevölkerungen klein oder verstreut waren und in denen die Siedlerzahlen groß wurden. In solchen Regionen, einschließlich Teilen Amerikas und auf kleinen Inseln aller Ozeane, nahmen Familien neue Formen an. Diese Bevölkerungen bestanden hauptsächlich aus männlichen Mitgliedern, sie zählten viele junge Erwachsene, wenig Kinder und wenig alte Leute. Aufgrund nur geringen Einflusses älterer Leute konnten junge Erwachsene zu Familienoberhäuptern werden. Migrationen in solche Länder brachten neue gesellschaftliche Unterschiede. Derartige Verschiedenheiten in Rasse, Religion und Sklavenstatus ließen viel Spielraum für Hierarchie in diesen kleinen neuen Familien. Nach nur zwei oder drei Generationen konnten sich Großfamilien entwickeln, und daraus erwuchs dann ein komplexes Gefüge verschiedenster

Rassen. Trafen dagegen immer weitere Migranten ein, blieben die Familien im Allgemeinen klein.

Zweitens hatten Migranten in Regionen, in denen sie einen kleinen, doch bedeutenden Teil der Bevölkerung bildeten, die Wahl, ob sie sich existierenden Familien anschließen oder neue gründen wollten. Dazu gehörte eine Mehrheit von Migranten, die vom 16. bis 18. Jahrhundert von einem Teil der Alten Welt in einen anderen zog – von Europa nach Afrika oder Asien oder von einem Gebiet Asiens in ein anderes. Diese Bevölkerungen besaßen ein relativ ausgeglichenes Verhältnis der Geschlechter, doch sie gründeten neue Arten von Familien. Mischbevölkerungen wie die Luso-Afrikaner Angolas, die Indo-Portugiesen Indiens und die Mestizen chinesischer Abstammung auf den Philippinen entstanden im 16. Jahrhundert.

Drittens änderten sich auch die Familienstrukturen in der einstigen Heimat der Migranten. Zu diesen Regionen gehören Teile Westeuropas, Westafrikas und Südchinas. Zudem nahm der Anteil der männlichen Angehörigen in den Familien immer mehr ab. Die Rolle des Migranten über große Entfernungen war gewöhnlich eine männliche Rolle, da Männer und Jungen die Heimat verließen, um ein neues Leben als Seefahrer und Kaufmann zu beginnen oder als Gefangener zu fristen. Die zurückgelassenen Frauen mussten die Arbeit der Männer übernehmen, auf den Feldern und im Haushalt, und sie lebten weniger in der Gesellschaft von Männern und weniger nach deren Vorschriften. Mitunter gelang es den Männern, zurückzukehren oder ihre Familien finanziell zu unterstützen.

Bis spätestens 1750 gehörten Familien, die durch Migration entstanden waren, zum Erscheinungsbild der geschäftigen Zentren in aller Welt. In manchen Gegenden hatten die neuen Familien die vorherige Familienordnung verdrängt, wie zum Beispiel in der Karibik. In anderen Fällen hatten die Migranten die vorherige Familienordnung modifiziert oder komplexer gestaltet, wie im Mittelmeerraum und an den Küsten des Indischen Ozeans und Südostasiens. In noch anderen Fällen veränderte eine Tradition der Auswanderung, besonders von Männern, die Gesellschaft.

Formen der Familienmigration

Jede Familie ist eine Einheit und gleichzeitig eine Mischung. Die Verbindung von Mann und Frau sowie die Vermischungen von kontrastierenden genetischen und sozialen Hintergründen sind ebenso wichtig wie die Einheit des Lebens, das ein Ehepaar führt, und die Nachkommen, die sie aufziehen. Die Familie wird in jeder Generation neu geschaffen und doch können Familien über viele Generationen hinweg bestehen. Die Familieneinheit kann auf ein Minimum von Ehemann und Ehefrau oder Mutter und Kind beschränkt sein, sich aber auch auf die Größe von Geschlechtern oder Clans von Tausenden ausweiten. Jeder Familientyp hat sein eigenes Gleichgewicht zwischen Einheitlichkeit und Unterschiedlichkeit.

Die Geschichten von migrierenden Familien unterscheiden sich von denen fest angesiedelter Familien. Fragen in Angelegenheiten der Heirat, Erbschaft und Kindererziehung änderten sich, wenn Migration ihren Teil beitrug. Zum Beispiel bedeutete »Familie« bei ansässigen Gruppen gewöhnlich »Ehe«, doch bei Migrantenbevölkerungen gab es in vielen Familien keine Ehen. Mitunter konnten für Paare, die heiraten wollten, keine Zeremonien abgehalten werden. Die Institution der Sklaverei verkomplizierte die Eheschließung. Manche Herren heirateten Sklavinnen; doch häufiger hatten Herren Kinder mit Sklavinnen, blieben jedoch die Besitzer der Mütter und oft auch ihrer Kinder. Die herkömmlichen Strukturen von Ehe und Familie wandelten sich und neue Formen entstanden.

In allen Gebieten, die von Migration beeinflusst wurden, veränderten sich Familien. Familien, die von Migration betroffen waren, wurden gewöhnlich kleiner und bestanden aus Mitgliedern mit vielfältigem Hintergrund. Die Familien kennzeichnete folglich eine Vielfalt, die das Ergebnis der Mischung von Rassen, Religion, Gesellschaftsstatus und Ehestand der Menschen war, die einander durch Migration begegneten. Personen, die in einem neuen Territorium eintrafen, wurden Migranten der ersten Generation mit angenommener Wahlheimat. Ihre Kinder, die sie entweder mit anderen Migranten oder mit Einheimischen hatten, wurden Immigranten der zweiten Generation und lebten im Land ihrer Geburt, außer sie wanderten selbst.

Historiker können diese Veränderungen klären, indem sie den Prozess der Migration in Phasen unterteilen und die Beziehungen zwischen den Migrationsphasen und dem Familienleben untersuchen. Zunächst führte Migration dazu, dass sich Familien im Heimatbereich insofern geographisch ausdehnten, als sie Verwandte einschlossen, die in entfernte Regionen reisten. Die Gefühle zwischen denen, die gingen, und denen, die zurückblieben, wurden häufig zu einem Problem im Familienleben.

Während sie unterwegs waren, knüpften Migranten oft starke Bande miteinander, die mitunter zu neuen Familien führten. Nach der Ankunft von Migranten an ihrem Ziel bildeten sich Familien auf verschiedene Weise. Zahlreiche Migranten – vielleicht sogar die meisten – gründeten keine neue Familien, sondern verbrachten den Rest ihres Lebens als entfernte Mitglieder ihrer Heimatfamilien. Andere schufen informelle Familien und verwandelten Freunde in »Brüder« und »Tanten«. In wieder anderen Fällen mag ein Immigrant eine Immigrantin geheiratet haben – diese beiden Siedler hatten dann nur ihre eigenen Kinder und die angenommenen Verwandten ihrer Wahl als Verwandte. Darüber hinaus kann es auch sein, dass ein Immigrant die Tochter einer einheimischen Familie heiratete.

Nach einer oder mehreren Generationen können die Kinder zweier lokaler Familien heiraten. Nur in diesem Fall kämen die Familienbeziehungen denen eines seit langem besiedelten Gebietes nahe, in denen neue Familien nicht so sehr die Vereinigung zweier Einzelpersonen darstellen, sondern eher ein Bündnis von existierenden Familien, besiegelt durch die untereinander geschlossenen Ehen ihrer Nachkommen.

So nahmen Familien in den Städten und Kolonien der frühen Neuzeit, in denen Migranten zahlreich waren, eine vielfältige und nicht traditionelle Form an. In diesen Gebieten gab es einige große und mächtige Familien, die sich durch sorgfältig ausgewählte Heiraten vermehrten. Die ostafrikanische Stadt Mombasa liefert ein Beispiel von Migrantenminderheiten, die eine lokale Bevölkerung veränderten. Arabische, portugiesische und indische Migranten kamen in diese Hafenstadt, schlossen sich Familien an und gründeten eigene. Die lokale Herrscherfamilie, die Mazrui, ging Mischehen mit Immigranten ein, behielt jedoch ihre Vorrangstellung.

Die meisten Familien bestanden aus kleineren Gruppen. Diese Immigrantenfamilien glichen den heutigen Kleinfamilien. Diejenigen, die Sklaven oder auf andere Art unfrei waren, hatten größere Probleme, eine Ehe einzugehen und eine Familie aufzubauen, es sei denn, besondere Arrangements waren getroffen worden. Die Familien in Migrationszonen wurden insofern zu Modellen, als sie prägend wirkten. Dabei ist besonders das Beispiel von Malakka bemerkenswert, wo sich alle Kaufleute Asiens trafen. Familien von Migranten hatten gerade aufgrund ihres Kontakts mit einem so großen Teil der Welt Einfluss auf Familienwerte in allen Regionen, mit denen sie in Berührung kamen.

Der Begriff »Kreole« kann auf verschiedene Weise ausgelegt werden, ist jedoch wichtig, um das Wesen von Migrantenfamilien zu verstehen. Es wird hier von einem umfassenderen Begriff von »Kreole« ausgegangen, der Personen aller Rassen einschließt, die in Gesellschaften hineingeboren wurden, in denen eine Kombination von Migration und Kolonialherrschaft vorherrschend das Leben bestimmte. Kreolenfamilien bildeten sich in vielen Gebieten des amerikanischen Kontinents, doch sie traten auch in den Kolonien, Hafenstädten und auf den Plantagen Afrikas, Asiens und Europas in Erscheinung. Das Anwachsen des Anteils von Kreolen an der menschlichen Bevölkerung repräsentiert eine Art und Weise, wie die Migration der Weltgeschichte in der frühen Neuzeit einen neuen Charakter verlieh.

Kreolische Gesellschaften waren durch starke kulturelle Vermischung gekennzeichnet, doch sie entwickelten auch neue Hierarchien auf der Grundlage von Rasse, Religion, Ethnie und Rechtsstatus. Kreolenfamilien, die als weiß angesehen wurden, befanden sich nahe der Spitze dieser Hierarchie und bekräftigten ihre Dominanz durch große und formelle Heiraten. Als Nächstes kamen Kreolenfamilien mit »gemischter« Abstammung, unterteilt in gemischte Abstammung der ersten Generation (ohne Heirat) und die folgenden Generationen, in denen Personen gemischter Herkunft heirateten, um ihre Zwischenrolle in der Gesellschaft zu formalisieren. Kreolenfamilien, die von Sklaven oder anderen untergeordneten Gruppen abstammten, pflanzten sich ohne formelle Anerkennung ihrer Ehen fort. An der Spitze dieser komplexen Gesellschaftsordnung standen die Funktionäre aus der europäischen Metropole und an ihren Rändern die »Eingeborenen«, die aus ihrem ursprünglichen Land vertrieben worden waren und nun in der neuen Ordnung eine untergeordnete Rolle spielten.

Migration von Männern ins spanische und portugiesische Amerika

Die Migranten, die ins spanische und portugiesische Amerika, einschließlich der Karibik, aufbrachen, waren größtenteils Männer. Frauen machten nur ein Drittel der afrikanischen und ein Fünftel der iberischen Migranten aus. Es ist davon auszugehen, dass weibliche Migranten eher Kinder hatten als männliche, obwohl Immigrantinnen in Amerika weniger Kinder hatten als eingeborene Frauen.

Kinder von Immigranten und einheimischen Frauen bildeten die Bevölkerungen entlang der Wege und Stützpunkte. Die brasilianische Region Bahia wurde zur bevölkerungsreichsten Gegend Brasiliens durch die Ankunft freier Männer aus Portugal, die viele afrikanische und indianische Sklavinnen mitbrachten. Ihre Nachkommen konnten mehrere Sprachen fließend sprechen und besaßen aufgrund ihrer Herkunft eine nur schwer zu definierende Identität. Zwar gab Kriterien wie Sprache, Geburtsort, Nation oder Hautfarbe, doch keine dieser Kategorien lieferte eine absolute Identität. Aus diesen Unterscheidungen ergaben sich Begriffe wie »Siedler« und »Eingeborene« in der ersten Generation, »Kreolen« und »Mestizen« in der zweiten und komplexere Begriffe in späteren Generationen. Jede Familie war gemischt, und die Terminologie war ähnlich vielfältig.

Die ursprünglichen Bedeutungen der Begriffe »Kreole« und »Mestize« spiegeln Migration und Generationsherkunft. Vor Ort geborene Kinder von Immigranten in Amerika waren als Kreolen bekannt. Dabei verstand man unter »Kreolen« die Kinder jener Regionen, in denen Migranten in der Überzahl waren, unter der Bezeichnung »Mestizen« dagegen die Kinder in überwiegend von Einheimischen bewohnten Regionen. Der Begriff »Kreole« wurde bald in seiner Bedeutung ausgedehnt, um der Realität gerecht zu werden. So identifizierte zum Beispiel ein katholischer Priester, der in den 80er Jahren des 16. Jahrhunderts über die portugiesische Kolonie São Tomé schrieb, die Kinder von europäischen und afrikanischen Immigranten auf der Insel als »Kreolen«. Dabei bezog er sich nicht auf die rassenmäßige Bezeichnung dieser Kinder, sondern auf ihren Geburtsort und folgerte, dass ihre Geburt auf der Insel der portugiesischen Herrschaft sowohl Vor- als auch Nachteile brachte.

Im Hochland Mexikos ermöglichte es das relativ günstige Klima den Immigranten, länger zu überleben und größere Familien zu bilden, einschließlich von Kreolen, Mestizen, Mulatten und Indianern. Der Begriff »Mulatte« wurde geprägt, um die Kinder europäischer und afrikanischer Eltern zu bezeichnen. Der Begriff »Mestize« bezog sich auf Kinder von Europäern und Indianern in Amerika, doch auch auf die Kinder von Chinesen und Filipinos auf den Philippinen. (Die Begriffe *mestizo* im Spanischen, *mestiço* im Portugiesischen und *métis* im Französischen bedeuten alle »gemischt«.) Das größte Problem bei der Definition dieser Kinder als »gemischt« lag in der stillschweigenden Annahme, dass ihre Eltern »rein« waren. All diese Begriffe reflektierten die Bemühungen, Elitestrukturen zu vereinfachen und gleichzeitig zu bekräftigen sowie die komplexe Realität des Lebens in diesen Zonen der gegenseitigen Verbindungen.

In anderen Fällen begegneten portugiesische und spanische Migranten Frauen in den Gebieten, in denen sie sich niederließen. Diese Beziehungen reichten von Vergewaltigungen bis zu Liebesbeziehungen und langfristigen Ehen und sie brachten ein breites Spektrum von Familien hervor.

Diese Familien nahmen häufig eine nicht-europäische Kultur und Identität an und wurden mit »Etiketten« wie Mestizen, Mulatten, Luso-Afrikaner oder Indoportugiesen belegt. Das heißt, sie waren nicht nur aus biologischer Sicht Mischlinge, sondern auch hinsichtlich ihrer Kultur und Rasse.

Migration von Familien nach Neuengland

Die englische Migration nach Neuengland im 17. Jahrhundert war ungewöhnlich, denn sie schloss existierende Familieneinheiten ein. Mitglieder der puritanischen Religionsgemeinschaft, die ihre Religion in England nicht ausüben konnten, zogen mit ihren Familien nach Holland und dann von 1620 an nach Neuengland. Die Zahl der ursprünglichen 20000 Migranten, darunter zahlreiche Frauen und Kinder, wuchs rasch, und sie zogen es vor, formell innerhalb ihrer Gemeinschaft zu heiraten, statt Familien mit anderen Gruppen zu gründen, denen sie begegneten. So entstand eine große und ausgeprägte Bevölkerung, und in der Folge sandte Neuengland nach 1700 mehr Emigranten aus, als es Immigranten aufnahm. Die Auswanderer zogen von Neuengland nach Westen und Süden auf das nordamerikanische Festland, in die Karibik und auch in die östliche Hemisphäre.

Die niederländischen Ansiedlungen von Nieuw Nederland und dem Kap der Guten Hoffnung, die französischen in Kanada und die späteren englischen Siedlungen in Pennsylvania hatten einige Charakteristika dieser Ansiedlung ganzer Familien gemeinsam. In all diesen Fällen spielte die Interaktion mit den ursprünglichen Einwohnern eine große Rolle.

Außerhalb Neuenglands trafen in Britisch Nordamerika nur sehr wenige ganze Familien als Siedler ein. In den Jahren vor 1750 zogen viele englische, irische und schottische Migranten in die Karibik, dann zur Chesapeake Bay und anschließend in die nordamerikanischen Kolonien. In ähnlichen Zahlen trafen dort afrikanische Migranten ein. Sowohl die britischen Migranten als auch die afrikanischen Sklaven waren zum allergrößten Teil männlich, und die Probleme, auf die sie bei der Gründung von Familien stießen, waren schwerwiegend. Zwei Gruppen entschieden sich für ein formelles Familienleben, sanktioniert durch die Ehe und mit schriftlichen Hinterlassenschaften an ihre Kinder: Weiße mit vollen Rechten in ihrer Heimat und freie Farbige, die ihre lokale Gemeinschaft ausbauten und für deren Fortbestand sorgten. Dennoch waren die Familien, die Brücken zwischen diesen Gemeinschaften schlugen – das heißt Mischfamilien von Weißen und Farbigen –, obgleich sie zahlreich waren, gewöhnlich nicht durch eine Eheschließung formal bestätigt und häufig offiziell illegal. Der ehemalige Sklave und Autor Olaudah Equiano berichtet im 18. Jahrhundert über eine Ausnahme von der Regel: Er erzählt die Geschichte eines weißen Plantagenbesitzers und einer frei geborenen Schwarzen aus Monserrat, die auf einem Boot vor der Küste heirateten, um dem Verbot ihrer Heirat auf der Insel zu entgehen.

Die Geschichte der Migration aus der Perspektive der Familie

Dafür, dass die Familie die grundlegende Institution menschlicher Gesellschaften ist, haben die Globalhistoriker ihr bisher nur wenig Aufmerksamkeit gewidmet.

Hat sich das Wesen der Familie auf der Welt insgesamt verändert? Für die Zeit von 1550 bis 1750 kann man zwei charakteristische Trends erkennen. Erstens überwogen Frauen bei Migrationen über geringe Entfernungen, während Männer bei Migrationen über große Entfernungen vorherrschten. Aus diesem Umstand resultierte zunehmend eine Mischung von Familientypen. Im Verlauf von Jahrhunderten führte die Verstärkung dieses Musters zu einigen bedeutenden Entwicklungen in der Gesamtweltbevölkerung. Zweitens erhöhte die Migration die Zahl der Kreolen auf der Welt. Sie schuf neue Vermischungen biologischer und kultureller Abstammung und brachte neue Arten familiärer und gesellschaftlicher Hierarchien hervor.

So konstant Migrationen im Leben der Menschen auch waren, und so sehr Migration die Verschmelzung von Migranten mit Gruppen förderte, denen sie über die Jahrhunderte hinweg begegneten, so entsprang dieser Entwicklung in der frühen Neuzeit doch ein neues Wesen des Familienlebens – ein Wesen, das allmählich seine Wirkung auf Gesellschaften überall zeitigte.

Verbreitung und Entlehnung von Kultur, 1650 bis 1750

Menschen, die migrierten, konnten nicht alles, was sie besaßen, mit sich nehmen. Migranten konnten manche Güter tragen, doch sie mussten andere in ihrer neuen Heimat neu schaffen oder neu erfinden. Sie hielten an ihren Ideen fest, mussten sie jedoch in ihren Ansiedlungsländern häufig in anderen Sprachen ausdrücken. Die Verbreitung von Kultur war daher nicht dasselbe wie die Migration von Menschen. Migranten verbreiteten ihre Kultur und entlehnten gleichzeitig die anderer. Und wenn sich Güter und Ideen manchmal langsamer als Migranten bewegten, so bewegten sie sich ein anderes Mal mitunter schneller und weiter als die Menschen selbst. Seidenstoffe, die von Hand zu Hand weitergereicht wurden, reisten gelegentlich wesentlich weiter als einzelne Kaufleute.

Während es um das 17. Jahrhundert herum keine die Welt vereinende Kultur gab, überschwemmten Wellen der kulturellen Veränderung die Inseln und Kontinente und brachten der Welt im 18. Jahrhundert neue Traditionen. In jeder Region hatten sich neue Nahrungsmittel etabliert – Kartoffeln in Europa, Mais in Afrika, Pfefferarten in Ostasien, Erdnüsse auf dem Festland und den Inseln Südostasiens, Yams in der Karibik und Weizen auf dem amerikanischen Kontinent. Manche Stoffe – persische Seidenstoffe, indische Baumwollstoffe, europäische Wollstoffe – verbreiteten sich überall, und mit ihnen auch neue Kleidungsstile. Neue Verbindungen entstanden in der Musik, der religiösen Tradition und in Regierungsformen. Durch diese Verbindungen entwickelten Menschen in verschiedenen Regionen neue Methoden der Arbeitsorganisation, neue Arten des Schiff- und Hausbaus sowie neue Arten, Kindern Geschichten zu erzählen.

Der Austausch von Gütern und Ideen fand überall statt, doch besonders an Knotenpunkten – Kreuzungen der Routen von Migration und Handel. Ein bedeutender Knotenpunkt im Osten war die südchinesische Hafenstadt Guangzhou, die wiederholt von Kaufleuten, Seefahrern und Missionaren besucht wurde. Muslime, Christen, Hindus und Juden trafen in dieser Metropole mit konfuzianischer Regierung auf Buddhisten.

Knotenpunkte mussten nicht unbedingt immer große Metropolen wie in unserem Beispiel sein. Die kleinen Städte Recife und Nieuw Amsterdam waren die Heimat von indianischen, afrikanischen, portugiesischen und holländischen Siedlern, darunter »Neue Christen« (Konvertierte aus anderen Religionen) und Juden. Neben Hafenstädten konnten sich Knotenpunkte auch an anderen Verbindungsstellen zwischen unterschiedlichen geographischen Gebieten befinden, wie zum Beispiel Timbuktu an der Grenze zwischen Savanne und Wüste oder Samarkand an einer ähnlichen Grenze in Zentralasien. Diese Treffpunkte beschleunigten gesellschaftliche Veränderungen.

Migration kultureller Praktiken

Die Migration Einzelner ist relativ leicht zu beschreiben. Die Migration von Kultur ist dagegen schwieriger darzustellen, teils aufgrund von Meinungsunterschieden darüber, was unter »Kultur« zu verstehen ist und was unter »kultureller Veränderung«. Kultur umfasst die Ausdruckskultur, z. B. von Sprache und Musik, doch auch dic materielle Kultur wie Werkzeuge und Nahrungsmittel. Sie umfasst die Elitekultur von Hohepriestern und Königen, doch auch die volkstümliche Kultur von Dorftänzen und Volkssagen. Sie beinhaltet so Spezifisches wie Holzschnitzereien, aber auch die Gesamtheit der zivilisatorischen Tradition. Kulturelle Veränderung beschreibt die Migration von Kultur und ihre Verwandlung durch Neuinterpretation, Übersetzung, Innovation und Kombination. All diese Aspekte der Kultur überlappen einander und interagieren natürlich, und Migration hat viel dazu beigetragen, diese Interaktionen zu ermöglichen.

Die Analyse kultureller Veränderung erfordert eine Terminologie und Definitionen. Wir brauchen Begriffe und Konzepte, um die faszinierenden, doch komplexen Modelle kultureller Veränderung zu erklären. Wir benötigen eine Terminologie für Kultur, die so reich und vielfältig ist wie die kulturellen Praktiken selbst. Gleichzeitig sollten wir uns der Beschränkung jedes Begriffs bewusst sein, wenn es um die Beschreibung der Komplexität kultureller Veränderung geht. Die hier gewählten Begriffe zur Terminologie unterscheiden Typen kultureller Produktion und Typen kultureller Veränderung oder Verbindung.

Bei der kulturellen Produktion wird unterschieden in materielle Kultur und Ausdruckskultur. Die Betonung dieser beiden Bereiche macht uns bewusst, dass »Kultur« keine einheitliche Tradition ist, sondern eine Reihe kultureller Praktiken und Produkte, die alle ihre eigenen Muster besitzen.

Bei der Analyse kultureller Veränderung ist die Terminologie etwas komplexer. Analysten verlassen sich häufig auf einfache Begriffe wie »Diffusion« und »Verbreitung«, um die Bewegungen von Nahrung, Textilien, Musikrichtungen und Religion zu beschreiben. Im Bereich Musik können sie so von der »Verbreitung« der Gitarre vom Mittelmeer aus über die ganze Welt sprechen. Doch die Begriffe »Diffusion« und »Verbreitung« sind zu simpel, um eine gute Erklärung kultureller Veränderung zu liefern. Die Gitarrenmusik hing nicht allein vom Instrument ab, sondern auch von der musikalischen Tradition, von der jeder Künstler beeinflusst war.

Musik veränderte sich in ihren Arrangements und auch in ihren Rhythmen sowie in Form und Zweck der musikalischen Vorführung.

Um der Untersuchung kultureller Veränderung Gestalt zu geben, möchte ich zunächst zwischen der Verbreitung und der Entlehnung von Kultur unterscheiden. Als französische Siedler in Kanada Weizen säten, verbreiteten sie die Kultur ihrer alten Heimat in ihrer neuen. Doch als Menschen aus Westafrika und vielen Teilen Asiens lernten, karibische Chilis anzubauen, entlehnten sie Kultur. In beiden Fällen migrierte ein Produkt, doch im letzteren übernahmen neue Gruppen ein Produkt und entwickelten eine neue Küche.

Der Unterschied zwischen Verbreitung und Entlehnung von Kultur ist einer der zahlreichen Unterschiede, die sich bei einer Betrachtung der Prozesse kultureller Veränderung herauskristallisieren lassen. Als Hilfsmittel für die Identifikation dieser Prozesse möchte ich eine weitere Liste von Verbindungstypen vorschlagen. Diese reichen von der einfachen Diffusion bis zu komplexeren Mustern der Innovation, Fusion und des Synkretismus, gegenseitigen Austauschs, der Vererbung und Improvisation.

Materielle Kultur: Nahrung, Kleidung und Wohnungsbau

Nahrung ist immer mit kultureller Bedeutung und Bewertung behaftet. Das Welthandelssystem löste eine globale landwirtschaftliche Revolution hinsichtlich des Geschmacks, der Prozesse zur Erzeugung von Nahrungsmitteln und des Handel mit ihnen aus. Der Handel mit Tee, Kaffee und Zucker wuchs endlos. Portugiesische Migranten führten Tempura in Japan ein, wo es immer noch beliebt ist. Die Chinesen hießen neue Nahrungsmittel wie Mais und Erdnüsse willkommen. Afrikaner fanden neue Verwendung für diese Nahrungsmittel sowie für Kakao und Kürbisse. Die Kaffeepflanze, die in Nordostafrika heimisch ist, gewann auf dem amerikanischen Kontinent an Bedeutung und verbreitete sich schließlich in viele warme Regionen der Welt. Tomaten, die vom amerikanischen Kontinent stammten, wurden besonders populär in den Ländern des Mittelmeeres als Zutat für Eintöpfe, Saucen und Salate. Jedes dieser Nahrungsmittel – zum Beispiel die Tomate – löste eine kleine Revolution in der Landwirtschaft, Wirtschaft und hinsichtlich des Geschmacks aus. Die Erntegüter selbst veränderten sich auf ihrem Weg nur geringfügig. Doch die Verwendung, die sie fanden, und die Bedeutung, die sie gewannen, variierten beträchtlich.

Der Nahrungsmittelanbau wiederum beeinflusste die Migrationsmuster. Die Ankunft des Maises in China ermöglichte das Bebauen von Ländereien, die zuvor Randgebiete gewesen waren. Die Produktion von Zucker in Brasilien und der Karibik führte zur Migration von Millionen Arbeitern und brachte noch andere Veränderungen mit sich. In South Carolina wurden Afrikaner aus dem Reisanbaugebiet von Sierra Leone angefordert, um Reis für Arbeiter auf karibischen Zuckerplantagen anzubauen.

Andere Beispiele für die Migration materieller Kultur zeigen, dass sich kulturelle Produkte auf ihrem Weg verändern konnten. Kattun, eine Art weißer Baumwollstoff aus Indien, zog durch die Aktivitäten von Händlern um die Welt. Eine sich verändernde Nachfrage führte zur Bemalung und dann zum Bedrucken von Kattun. Indische Hersteller stellten fest, dass sie ihre Muster mitunter rasch variieren mussten, um auf den Bedarf von Kunden aus zum Beispiel Westafrika oder Nordamerika zu reagieren. Auch Hausbaustile migrierten und wandelten sich. Der Bungalow, ein einfaches Haus aus Bengalen mit einer Veranda, erschien in vielfältiger, doch immer erkennbarer Form überall in den Tropen.

Ausdruckskultur: Sprache und Religion

Sprache ist ein Beispiel der Ausdruckskultur. Ihre Veränderungen enthüllen verschiedene Typen kulturellen Kontakts und Wandels. Als die portugiesische Sprache zu einer Hauptsprache des Handels entlang der Küsten des Atlantischen und Indischen Ozeans und des Südchinesischen Meeres wurde, fanden portugiesische Begriffe ihren Weg in die anderen Sprachen dieser Regionen. So wurden zum Beispiel die Begriffe »cabess« (Kopf) und »galinha« (Huhn) in westafrikanischen Sprachen für Mengen von Kaurimuscheln gebraucht, dic als Gcld bcnutzt wurden.

Mitunter konnten Sprachen von dominanten Mächten aufgezwungen werden. Die wachsende Macht Spaniens, Englands, Russlands und Chinas spielte eine große Rolle bei der Verbreitung ihrer Sprachen im 17. und 18. Jahrhundert. Zur gleichen Zeit herrschte unter den Sprechern verschiedener Sprachen eine Art Konsens, so dass selbst diese expandierenden Sprachen in jeder Region, in der sie gesprochen wurden, deutlichen Veränderungen unterlagen. Und es waren nicht allein die Sprachen der imperialen Zentren, die sich verbreiteten. Sprache wie Arabisch, Deutsch, Haussa und Armenisch wurden aufgrund ihrer Bedeutung für Handel und Religion weit außerhalb ihrer Heimatländer gesprochen. Die Dichtung und Literatur in jeder dieser Sprachen fand Inspiration in der Erfahrung der Migration. Mitunter migrierten eher einzelne Wörter als ganze Sprachen. Das chinesische Wort für Tee »Chai« ist in fast jeder anderen Sprache mit dem Transfer des Tees selbst übernommen worden. Der karibische Begriff »Kanu« und das arabische Wort »Algebra« haben sich beinahe ebenso allgemein verbreitet.

Religion stellt eine Art Ausdruckskultur dar, obwohl es sich auch um eine Philosophie handelt. Der Islam verbreitete sich in der frühen Neuzeit mit Migration und Handel. Als die islamische Religion in Südostasien und Westafrika Fuß fasste, wurde die strenge weibliche Kleiderordnung des Nahen Ostens leicht abgeändert. Sind dies Fälle religiösen Synkretismus? »Synkretismus« in der Religion bezieht sich auf die Kombination verschiedener Traditionen, bei der beide ihre Charakteristika beibehalten. Der Sikhismus, der in Nordindien in einer Atmosphäre des Konflikts zwischen Islam und Hinduismus entstand, kann als synkretistisch betrachtet werden, als ein Kompromiss zwischen zwei Traditionen. Die Sikhs jedoch sehen sie als eine Fusion an, eine neue Idee, bei der die verschiedenen Elemente der alten Ideen nicht nur koexistieren, sondern vereinigt sind.

In der afrikanischen Diaspora überschnitten sich zahlreiche religiöse Traditionen. Das Christentum konkurrierte in Afrika mit lokalen Religionen, und Afrikaner in Nord- und Südamerika, die zum Christentum bekehrt wurden, engagierten sich häufig auf kreative Weise für die neue Religion und machten sie sich zu Eigen. Voodoo, eine Religion aus Westafrika, leistete beträchtliche Beiträge zu Religionen in Amerika, zum Beispiel zum Voodoo auf Haiti, Candomblé in Brasilien und Santería auf Kuba.

Die Konzepte von Synkretismus und Fusion können auch für kreolische Sprachen gelten. Jede kreolische Sprache kann ihre Herkunft auf mindestens zwei andere Sprachen zurückführen, wobei häufig die Grammatik aus der einen und das Vokabular aus einer anderen stammen. (Wurde der Begriff »Kreole« manchmal nur im Sinn der Rasse oder Ethnie auf Weiße angewendet, so galt »Kreole« dagegen in der Sprache für alle Sprecher dieser Sprache, unabhängig von der Farbe.) Crioulo entwickelte sich bereits im 15. Jahrhundert auf den kapverdischen Inseln als eine Mischung aus dem Portugiesischen und westafrikanischen Sprachen und ist immer noch eine Hauptsprache in Kap Verde. Ähnliche Kreolsprachen entwickelten sich im gesamten Atlantikraum. Tatsächlich sind sowohl das

Englische als auch das Kisuaheli – weit verbreitet gesprochene Sprachen von regionaler und internationaler Bedeutung – synkretistischer Herkunft aus Gebieten, die Knotenpunkte der Migration waren.

Kulturelle Verbindungen

Es ist eine komplexe, doch faszinierende Aufgabe für Historiker, die Muster in der Entwicklung globaler Kultur miteinander zu verknüpfen. Um zum Beispiel die Verbindungen unter musikalischen Traditionen zu verfolgen, kann man zwischen den Instrumenten unterscheiden, dem Arrangement (den Kombinationen der einzelnen Instrumente), den Rhythmen der Musik, den Melodien und dem Text. So sind natürlich die Klänge der Musik der Vergangenheit das, was wir am liebsten hören würden und was am schwierigsten zu reproduzieren ist. Doch wenn wir unsere Aufmerksamkeit dem zuwenden, was über Arrangement und Rhythmus bekannt ist, können wir im Geist eine Form der vergangenen Klänge rekonstruieren und uns vorstellen, wie sie von Gruppe zu Gruppe weitergegeben wurden.

Während Menschen unterschiedlicher Traditionen migrierten und interagierten, probierten sie neue Ideen aus und hielten gleichzeitig an eigenen fest. Menschen in jeder kulturellen Tradition kommentierten andere: Zum Beispiel verwendeten musikalische Kompositionen Melodien oder Arrangements, um auf andere musikalische Traditionen zu verweisen. Menschen versuchten sich auch an der Vermischung und Übernahme kulturellen Materials. Nicht alle Experimente waren erfolgreich, doch die Versuche dauerten an.

In einer Welt des kulturellen Wandels entschieden sich manche, die Reinheit einzelner Traditionen zu betonen, während andere die Techniken kultureller Vermischung zu schätzen lernten. Es geschah erst mit der Blütezeit der Jazzmusik im frühen 20. Jahrhundert, dass das Konzept der »Improvisation« offiziell als eine Stärke in der kulturellen Tradition der afrikanischen Diaspora anerkannt wurde. Allerdings mag es lange vor dem Wort zur Tat gekommen sein. Die Migration hat seit langem Menschen mit höchst unterschiedlichen Hintergründen zusammengeführt, und es kann durchaus sein, dass die starke Durchmischung verschiedenster Gruppen auf dem amerikanischen Kontinent schon seit langer Zeit Improvisationsstile entwickelt.

Schlussfolgerung

Die maritimen Innovationen, die im 15. Jahrhundert auftauchten, setzten sich in der Zeit von 1400 bis 1700 fort: Segeltechniken, Schiffbau, Navigation, Schiffsgeschütze und Frachtbehandlung wurden allesamt verbessert, sowohl für kleine als auch große Schiffe. Die gegenseitigen Verbindungen zu Beginn dieses Zeitraums konzentrierten sich auf den Transfer von Gewürzen und Gold sowie auf die Bewegungen kleiner Gruppen von Seefahrern und Missionaren. Mit der Zeit weitete sich das Warenangebot aus und beinhaltete den Handel mit Silber, Pelzen, Seiden- und Baumwollstoffen, Keramik und Elfenbein, Zucker und Sklaven. Die landwirtschaftlichen Erzeugnisse, die rund um die Welt wanderten, waren bis 1700 in immer neuen Regionen zur wesentlichen Grundlage der Ernährung geworden.

Häfen und Schiffsbestand nahmen sowohl in neuen als auch alten Regionen mit Zugang zum Meer zu. Zu den Regionen, an denen es schon lange rege maritime Aktivitäten gegeben hatte und die immer noch expandierten, gehörten Küsten der Nordsee, des Mittelmeers und des Schwarzen Meeres, des westlichen und östlichen Indischen Ozeans, des Südchinesischen Meers und des indonesischen Archipels. Regionen, in denen die Schifffahrt über große Entfernungen etwas Neues darstellte, waren die Westküste Afrikas, die Karibik und andere amerikanische Küsten.

Wenngleich die Bevölkerungen, die vom Land lebten, wesentlich zahlreicher blieben als diejenigen, die vom Wasser lebten, wandten auch die Herrscher und Kaufleute der Landmächte ihre Aufmerksamkeit dem Meer zu. Obwohl sich solch frühe Muster der Migration und sozialen Umstrukturierung, wie sie vom Mongolen-Reich eingeführt wurden, in der Zeit nach 1400 fortsetzten, waren sie nun mit den Meeren verbunden: Einer der Gründe für die Expeditionen Zheng Hes war es, die Flagge der Ming-Dynastie in die Region zu bringen, in der Timur Leng (oder Tamerlan) herrschte.

Der offensichtlichste Preis für diese ausgedehnten maritimen Kontakte waren die Auswirkungen von Krankheiten. Die Bevölkerung der gesamten Welt wird 1650 geringer als 1500 gewesen sein, besonders aufgrund abnehmender Bevölkerungszahlen in Amerika, doch auch aufgrund erhöhter Sterblichkeitsraten in Afrika, Europa und Asien. Zusätzlich war bei Reisenden die Sterberate immer höher als bei denen, die zu Hause blieben. Doch dies waren Veränderungen, seien sie positiv oder negativ, die bleiben sollten. Die neuen globalen Verbindungen, die durch die Expansion von

Seereisen entstanden waren, führten zu dauerhaften Veränderungen in der Hinsicht, dass alle Ozeane, Kontinente und Inseln von nun an in regelmäßigem Kontakt miteinander standen.

Weiterführende Lektüre

Die Expansion des maritimen Lebens von 1400 an wurde von den Ming-Expeditionen angeführt, die in dem lebendigen Werk von Louise Levathes *When China Ruled the Seas* (New York 1994) beschrieben sind. Bald darauf folgten die Portugiesen, wie geschildert in A. J. R. Russell-Woods *A World on the Move: The Portuguese in Africa, Asia, and America 1415–1808* (New York 1993). Alfred Crosby zeichnet die Interaktion der westlichen und östlichen Hemisphären nach in *The Columbian Exchange: Biological and Cultural Consequences of 1492* (Westport/Connecticut 1992), und Joseph E. Harris betrachtet Interaktionen zwischen Afrika und Asien in *The African Presence in Asia* (Evanston/Illinois 1971). Studien des Aufstiegs und Niedergangs von Reichen in dieser Zeit finden sich in Geoffrey W. Conrads und Arthur A. Demarests Werk *Religion and Empire: The Dynamics of Aztec and Inca Expansionism* (New York 1984), in James Forsyths Ausführung *A History of the Peoples of Siberia: Russia's North Asian Colony 1581–1990* (New York 1992) und in Jane S. Gerbers Buch *The Jews of Spain: A History of the Sephardic Experience* (New York 1992).

Schilderungen kaufmännischer Netzwerke in der frühen Neuzeit bilden einen wichtigen Teil von Philip Curtins bahnbrechender Studie *Cross-cultural Trade in World History* (Cambridge 1984). Eine Sammlung von Untersuchungen zum Handel vom imperialen Standpunkt aus findet sich in James Tracy (Hg.), *The Rise of Merchant Empires: Long-Distance Trade in the Early Modern World 1350–1750* (New York 1990). M. N. Pearsons Buch *Pilgrimage to Mecca: The Indian Experience 1500–1800* (Princeton/New Jersey 1996) behandelt die Überschneidung von Pilgerfahrt und Handel.

Was die Verbindung von Familien und Migration in der frühen Neuzeit angeht, so gibt es Studien zu vielen Teilen der Welt, zum Beispiel Nicholas Canny (Hg.), *Europeans on the Move: Studies on European Migration, 1500–1800* (New York 1994), David M. Crowe, *A History of the Gypsies of Eastern Europe and Russia* (New York 1994), Richard Hellie, *Slavery in Russia, 1450–1725* (Chicago/Illinois 1982), John A. Larkin, *The Pampangans: Colonial Society in a Philippine Province* (Berkeley/Kalifornien 1972), Avigdor Levy, *The Sephardim in the Ottoman Empire* (Princeton/New Jersey 1992), Muriel Nazzari, *Disappearance of Dowry – Women, Families & Social Change in São Paulo, Brazil 1600–1900* (Stanford/Kalifornien 1991), Robert Shell, *Children of Bondage: A Social History of the Slave Society at the Cape of Good Hope, 1652–1838* (Boston/Massachusetts 1994) und Cecil Roth, *The House of Nasi* (Westport/Connecticut 1969). Vielleicht werden diese regionalen Studien bei künftiger Analyse globale Muster im Familienleben enthüllen.

Kulturelle Transfers und Veränderungen in Amerika bilden den Gegenstand von Jack D. Forbes, *Africans and Native Americans* (Urbana/Illinois 1993) sowie Frank Gilbert Roe, *The Indian and the Horse* (Norman/Oklahoma 1955). Zum südostasiatischen kulturellen Wandel vgl. Anthony Reid, *Southeast Asia in the Early Modern Era* (Ithaca/New York 1993).

KAPITEL 8

Arbeitskräfte für Industrie und Imperium, 1700 bis 1900

Die sich ändernde Weltwirtschaft des 18. und 19. Jahrhunderts brachte eine Zunahme der Migration aus wirtschaftlichen Gründen mit sich: zunächst die erzwungene Migration von Sklaven, dann die Migration von landwirtschaftlichen und industriellen Arbeitskräften, die mal mehr, mal weniger freiwillig ihre Heimat verließen. Die meisten dieser Arbeiter trafen in ihren Zielländern auf fremdsprachige Gemeinschaften. Sprecher afrikanischer Sprachen lernten andere afrikanische Sprachen, die Sprachen ihrer Herren (zum Beispiel Englisch, Portugiesisch oder Arabisch) und Kreol-Sprachen, die von Siedlergemeinschaften entwickelt worden waren. Chinesisch-Sprecher des Kantonesischen lernten in Peru Spanisch und in Thailand Thai. Migranten aus Skandinavien, Griechenland und dem Libanon eigneten sich die Sprachen Nord- und Südamerikas an, als sie den Atlantik überquerten. Wie so oft zuvor, doch jetzt in einem größeren Maßstab, überwanden Menschen Gemeinschaftsgrenzen und verstärkten dabei das kreative Potenzial der menschlichen Gesellschaft.

Das Tempo der Migration beschleunigte sich in diesen beiden Jahrhunderten. Im frühen 18. Jahrhundert reisten jedes Jahr Zehntausende von Gefangenen auf den Segelschiffen des atlantischen Sklavenhandels. Diese Zahl stieg auf beinahe 100 000 pro Jahr gegen Ende des 18. Jahrhunderts, während Zehntausende anderer Gefangener zwangsweise andere Zielorte in Afrika und dem Nahen Osten anliefen. Bis zum Ende des 19. Jahrhunderts machten sich jährlich Millionen freier Migranten per Dampfer von Europa und Asien auf den Weg auf der Suche nach Arbeit in Übersee. Zu diesen langen, transozeanischen Unternehmungen kamen nun Reisen über kürzere Entfernungen – zunehmend mit der Eisenbahn – zu florierenden städtischen Gebieten in Europa, Asien und Amerika hinzu.

Diese Beschleunigung der Migration führte zu einer weiteren Vermischung der Bevölkerungen. In Südostasien, den größten Teilen Amerikas und im Pazifikraum lebten nun die unterschiedlichsten Gruppen von Immigranten, die zahlreich genug waren, um mit den Eingeborenen zu konkurrieren oder sie zahlenmäßig zu übertreffen. Zwischen diesen Gruppen, die sich in räumlicher Nähe und häufig in einer hierarchischen Beziehung zueinander befanden, entwickelten sich gespannte Verhältnisse und stereotype Meinungen voneinander. Diese Realität kultureller Vielfalt und die deutlich sichtbaren physischen Unterschiede waren unter anderem der Nährboden für Konzepte, in denen es um eben jene Unterscheidung und Hierarchie von Rassen ging, und die gegen Ende des 19. Jahrhunderts auf ein nie dagewesenes Maß anwuchsen. Derartige Konzepte verbreiteten sich über Land- und Seerouten und erreichten Menschen in allen Regionen der Welt. Die Expansion der Weltwirtschaft bedingte somit die Migration und eine Umverteilung von Arbeitskräften, ebenso aber auch die Verbreitung neuer Ideen und neuer Konflikte.

Die vier Abschnitte dieses Kapitels beschäftigen sich mit Zwangsmigration, der Schaffung von Identitäten anhand von Nationalität und Rasse, den Auswirkungen der Industrialisierung auf die Migration und der mit diesen Prozessen verbundenen Expansion von Weltreichen und mit freiwilliger Migration. Erzwungene Migration führte Gefangene auf den amerikanischen Kontinent, aber auch an Ziele in der östlichen Hemisphäre, so dass Sklaverei zu einem Baustein moderner Gesellschaft in vielen Regionen wurde. Das große Ausmaß von Sklaverei und Leibeigenschaft im 18. und 19. Jahrhundert lässt die Zwangsarbeit als einen entscheidenden und schmerzhaften Schritt auf dem Weg zur modernen Weltwirtschaft erscheinen. Als sich sowohl unfreie als auch freie Migranten in neuen Ländern ansiedelten, entwickelten sie und ihre Nachkommen neue Identitäten und neue Beziehungen zu anderen Gruppen. Vom 18. Jahrhundert an prägten diese sich entfaltenden Beziehungen neue Begriffe, die »Nationen«, »Rassen« und »Stämme« beschrieben und klassifizierten.Während Industriewachstum und -veränderung in europäischen Fabriken des 18. und 19. Jahrhunderts stattfanden, profitierten davon ebenso die Bauernhöfe, Bergwerke, Werkstätten und Häfen auf der ganzen Welt. In diesem Zeitalter zogen Migranten aus, um eine Arbeit in Fabriken oder in der Landwirtschaft, in Städten oder auf dem Land, in gemäßigten wie auch tropischen Zonen aufzunehmen. Die Wende zum 20. Jahrhundert brachte massive Gebietserweiterungen der Kolonialreiche durch die Eroberungen der führenden Industrienationen mit sich, aber auch enorme Menschenströme aus den bevölkerungsreichsten Gebieten der Welt. Hier wird für diese beiden Phänomene, die gewöhnlich getrennt voneinander betrachtet werden, aufgezeigt, dass sie in vielerlei Hinsicht eng miteinander verbunden sind.

Zwangsmigration, 1700 bis 1850

Viele Migranten wanderten gegen ihren Willen. Unfreiwillige Bewegungen umfassten die Vertreibung ganzer Bevölkerungen und den Transport von Gefangenen. Selbst die Migration von Kindern, die in Begleitung ihrer Eltern eine Heimat verließen, die sie nicht verlassen wollten, kann als unfreiwillig betrachtet werden. Nichtsdestotrotz war die Hauptform unfreiwilliger Migration die Versklavung. Während Vertreibungen zu großen Bewegungen innerhalb einer kurzen Zeit führten, betraf Versklavung dagegen kleinere Bevölkerungsanteile, die über eine längere Zeit migrierten, führte aber insgesamt zu einem größeren Anteil Vertriebener bzw. Verschleppter. Sklaverei bot eine Möglichkeit, Arbeitskräfte zu bekommen und sie auszunutzen, wenn freiwillige oder bezahlte Arbeitskräfte nicht ausreichten.

Systeme der Sklaverei erwuchsen in verschiedenen Teilen der Welt von etwa 1400 bis 1850. Das gewinnträchtigste und engmaschigste Sklavereisystem war das der Neuen Welt. Dieses System – mit Schwerpunkten in Brasilien, der Karibik und Nordamerika – förderte Gold und Silber und produzierte Zucker, Tabak, Baumwolle und Kaffee für den Weltmarkt. Noch gegen Anfang des 17. Jahrhunderts waren Afrikaner eine Minderheit unter den Sklaven weltweit, da sich die Sklaverei zu jener Zeit auf das Mittelmeer konzentrierte und die meisten Gefangenen aus Zentralasien und Europa bezogen wurden. Doch um 1700 fanden sich die größten Sklavenbevölkerungen auf dem amerikanischen Kontinent, und sie bestanden hauptsächlich aus Afrikanern (unter ihnen waren allerdings auch einige Indianer).

Warum nahm die Sklaverei zu? Die zunehmende Nachfrage nach Sklaven vonseiten der Europäer führte zu einer Expansion dieses Systems. Die Nachfrage portugiesischer, spanischer, niederländischer, englischer und französischer Kaufleute nach Arbeitern für Bergwerke und Plantagen blieb stets hoch und ließ die Sklavenpreise steigen. Gefangene Afrikaner, die nach Amerika gebracht wurden, bauten Städte, rodeten Felder, transportierten Waren, arbeiteten auf den Plantagen und dienten in den Häusern ihrer Besitzer.

Die steigende Nachfrage europäischer Kaufleute verlockte stetig mehr Afrikaner dazu, Arbeitskräfte zu fangen und zu verkaufen. Afrikanische

Händler hielten sich einige Gefangene, und als Reaktion auf die herrschenden Verhältnisse in der Neuen Welt entstand ein westafrikanisches System der Sklaverei. Durch Kontakte über die Meere und Kontinente hinweg entwickelten sich verschiedene andere Sklavereisysteme der Alten Welt als Antwort auf das expandierende Sklavensystem Amerikas: in Ostafrika, dem Nahen Osten, dem Gebiet am Schwarzen Meer, am Indischen Ozean und in Südostasien. Die Sklaverei in Russland, auch wenn sie sich von den anderen Systemen der Sklaverei unterschied, spielte ebenfalls eine Rolle im Gesamtsystem.

Wo immer es zu Wellen der Versklavung kam, folgten letztendlich Wellen der Befreiung. In Neuspanien und Peru nahmen Sklavenimporte im 18. Jahrhundert ab und viele Kinder von Sklaven wurden zu Freien. Auf Haiti gewannen Sklaven ihre Freiheit durch einen Aufstand, und in anderen Gebieten erlangten sie die Freiheit durch Gesetze. In Russland wurde die große Sklavenbevölkerung im 18. Jahrhundert zu Leibeigenen umgewandelt. Die Zahl der Sklaven und Leibeigenen auf der Welt erreichte gegen 1850 mit etwa 50 Millionen ihren Höhepunkt. Danach übertraf die Zahl der Freilassungen rasch die neuer Gefangener oder geborener Sklaven.

Zwangsmigration nach Geschlecht und Alter

Das Beispiel des atlantischen Sklavenhandels zeigt, dass Versklavung je nach Alter und Geschlecht unterschiedliche Auswirkungen hatte. In Amerika war die Nachfrage nach Männern am größten, und sie erzielten die höchsten Preise. Die Gefangenen, die den Atlantik überquerten, waren zu mehr als 60 Prozent männlich und das Sklavensystem Amerikas wies daher einen beträchtlichen Frauenmangel auf, solange weiter Gefangene aus Afrika eintrafen. Gefangene auf europäischen Schiffen wurden oft Wochen oder monatelang an der Küste festgehalten, und ihre Halter mussten für ihre Nahrung und Kleidung in dieser Zeit zahlen. An Bord wie an der Küste wurden Männer gewöhnlich von Frauen und Kindern getrennt gefangen gehalten. Die Reise über den Atlantik dauerte mehrere Wochen, und die Zahl der Gefangenen, die ohnehin schon geschwächt waren, reduzierte sich während der Überfahrt durchschnittlich um 15 Prozent. Betrachtet man die Sterblichkeitsrate an Bord, so lässt sich ein weiterer geschlechtsspezifischer Unterschied aufzeigen: Diese Rate war bei Frauen anscheinend immer niedriger als bei Männern.

Auf dem afrikanischen Kontinent selbst bestand die größte Nachfrage nach Frauen, und hier mussten die höchsten Preise für sie gezahlt werden. So waren die in Afrika verbleibenden Sklaven zu weit über 60 Prozent weiblich, und daraus entwickelte sich eine bedeutende, überwiegend weibliche afrikanische Sklavenbevölkerung, die in den Haushalten unter der Domäne freier Männer lebte. Für die Männer waren die weiblichen Sklaven Bedienstete und Konkubinen – alle Kinder waren Eigentum des Besitzers.

Afrikaner wurden hauptsächlich durch Krieg und Entführung versklavt, doch auch durch Gerichtsverhandlungen oder wegen des Vorwurfs der Hexerei. Sobald sie in Gefangenschaft waren, wurden manche an afrikanische Käufer und andere nach Übersee verkauft. Die höchsten Preise für männliche Gefangene wurden an der afrikanischen Küste gezahlt, und so mussten sie dorthin gebracht werden. Frauen besaßen demgegenüber als Gefangene einen beträchtlichen Wert in vielen afrikanischen Gesellschaften, und so wurden weibliche Gefangene gewöhnlich innerhalb Afrikas in die Sklaverei verkauft, in der Nähe des Orts ihrer Gefangennahme.

Die anderen Systeme von Sklaverei und jene Fälle erzwungener Migration, die zum großen Teil die Antwort auf die Sklaverei in der Neuen Welt waren, besaßen ebenfalls jeweils eine spezifische Geschlechter- und Alterskonstellation. Der Nahe Osten bezog seine Sklaven immer mehr aus Nord- und Ostafrika und nahm zumeist Frauen als Dienstboten, was in diesen Gebieten Afrikas zu einem Frauenmangel führte. Das russische System, in dem die Sklaven hauptsächlich männlich waren, stand dem des Osmanischen Reichs nahe, in dem Sklaven überwiegend weiblich waren.

Afrikanische Sklaverei in der Neuen Welt

Etwa zehn bis zwölf Millionen Afrikaner überquerten den Atlantik in Gefangenschaft. Das Zwangssystem der Sklaverei unterstützte die wirtschaftliche Veränderung durch die Ausweitung der Plantagenproduktion von Zucker, Tabak, Indigo und später Baumwolle. Als Ironie der Geschichte begünstigte die Sklaverei auch den wirtschaftlichen Fortschritt, da Anlage und Unterhaltung derartiger Plantagen zur Entwicklung industrieller Organisationsstrukturen beitrugen. Kubanische Plantagen expandierten im ausgehenden 18. und 19. Jahrhundert rapide durch den Einsatz von Dampfmaschinen, Eisenbahnen und anderen technologischen Fortschritten und beruhten auf einer komplizierten Arbeitsteilung und Techniken der Massenproduktion – und all das mit Sklavenarbeit.

Die Migration von Sklaven ging über ihre ursprüngliche Gefangennahme und ihren Transport hinaus. In zwei bedeutenden Fällen resultieren die Migrationen großer Sklavenbevölkerungen über weite Entfernungen aus den Chancen, die sich ihre Herren erhofften. Im amerikanischen Süden der Zeit von 1800 bis 1860 wurden die Sklaven des Alten Südens, die auf den Tabakplantagen an der Atlantikküste arbeiteten, verkauft, oder sie zogen mit ihren Herren in den Neuen Süden. In dieser Zeit wurde etwa eine Million Sklaven verschleppt und die Familien dabei auseinandergerissen. Zur gleichen Zeit befanden sich die zahlreichen Sklaven des brasilianischen Bahia, die vom Niedergang der Zuckerindustrie getroffen wurden, in einer Situation, in der sie in einem ähnlichen Prozess gruppenweise nach São Paulo und Rio de Janeiro verschleppt wurden, um dort als Arbeiter auf den wachsenden Kaffeeplantagen eingesetzt zu werden. Wie in den Vereinigten Staaten wurde ungefähr eine Million Sklaven auf Befehl ihrer Besitzer an andere Orte gebracht, wobei auch hier die Familienverbände zerstört wurden. In diesen Fällen war die Sklaverei, wie beim kubanischen Zuckeranbau, verknüpft mit der zunehmenden industriellen Produktion.

Zwang und Geschlechterverhältnis in der Alten Welt

Obwohl europäische Sklavenhändler gelegentlich zu »Raubzügen« nach Afrika aufbrachen, konnten sie an große Zahlen von Gefangenen nur kommen, indem sie diese von afrikanischen Händlern kauften. Diese Händler wiederum trafen Vereinbarungen mit denjenigen, die Menschen aus den Küsten- und Binnenlandgebieten Afrikas versklavten und transportierten. Infolge der daraus resultierenden Kriege und Entführungen nahmen einzelne Bevölkerungsgruppen in Afrika ab und das Schicksal afrikanischer Königreiche stieg und fiel mit dem Sklavenhandel. Das Oyo-Reich, ein großer Staat des 17. Jahrhunderts, enthielt sich bis zum ausgehenden 18. Jahrhundert weitgehend des Exports von Sklaven. Danach wurde Oyo 50 Jahre lang zu einem aktiven Teilnehmer am Sklavenhandel, was zum Zusammenbruch des Reichs und zur Aufgabe seiner Hauptstadt gegen 1830 führte.

Die Nachfrage nach afrikanischen Sklaven stieg gegen Ende des 18. Jahrhunderts im islamischen Mittelmeergebiet und an den Rändern des

Indischen Ozeans. Die meisten der nach Norden und Osten verschleppten Sklaven waren junge Frauen, die hauptsächlich als Haussklavinnen dienten. Männliche Afrikaner wurden als Bauarbeiter beim Ausbau der heiligen Stadt Mekka, als Perlentaucher in den Fischgründen des Golfs von Persien und als Soldaten in Ägypten gekauft. Texte und Abbildungen aus Istanbul zeigen die Bedeutung von Sklaven als Diener, Soldaten, Arbeiter in Bergwerken und der Landwirtschaft sowie in anderen Aufgabenbereichen.

Von den Gefangenen, die in die Sahara verschleppt wurden, überlebten viele die Durchquerung nicht. Manche starben im Verlauf der harten Reise, doch viele andere wurden als Sklaven in der Wüste angesiedelt – als Bergleute, die nach Salz gruben, oder als landwirtschaftliche Arbeiter in den Oasen, in denen Datteln und Getreide für den örtlichen Bedarf und den Export produziert wurden. Diese Sahara-Oasen entsprachen somit in gewisser Weise den Inseln des Atlantiks und der Karibik.

In Arabien herrschte unter den Männern eine besonders hohe Nachfrage nach versklavten Oromo- und Somali-Frauen vom Horn von Afrika. Diese Frauen wurden zu ihren Gattinnen und Konkubinen. In Arabien wie anderswo im Nahen Osten bekamen Sklavinnen gewöhnlich eher die Kinder freier Männer als die anderer Sklaven. Infolgedessen entwickelte sich, im Gegensatz zum amerikanischen Kontinent, eine von Sklaven abstammende Bevölkerung, die sozial und genetisch in die freie Bevölkerung integriert wurde. In Amerika wurde die Erhaltung einer getrennten schwarzen Bevölkerung durch Rassendiskriminierung und durch Verbote der Ehen zwischen Schwarzen und Weißen verstärkt.

Die Knappheit an Frauen in den Migrantenbevölkerungen Amerikas und die Knappheit an Männern in Afrika waren verantwortlich für die geringe Zahl von Kindern, die von Sklaven in Amerika geboren wurden, und die in Relation dazu höhere Zahl von Kindern, die in Afrika zur Welt kamen. Doch immer noch, so zeigen Berechnungen, verließen sehr viele Frauen Afrika in Ketten oder starben in der Sklaverei, so dass die afrikanische Bevölkerung im 18. Jahrhundert abnahm, zu einer Zeit, da die Bevölkerung in anderen Teilen der Welt zunahm.

Die Sklaverei breitete sich im 18. und 19. Jahrhundert in Südostasien weitgehend auf die gleiche Weise wie im westlichen Indischen Ozean aus. Die gefangenen Bevölkerungen kamen jedoch hauptsächlich aus Südasien und von den Inseln, die später zu Indonesien wurden, und nur selten aus Afrika. Die indonesische Sklaverei expandierte, als einheimische und holländische Pflanzer auf Java, Malakka und Ceylon (dem heutigen Sri Lanka) Sklaven von Sklavenhändlern kauften und diese zur Arbeit auf ihren Kaffee-, Gewürz- und Zuckerplantagen einsetzten.

Am Ende des 18. Jahrhunderts hatte sich die Sklaverei zu einem Arbeitssystem entwickelt, das sich über den größten Teil der Welt erstreckte und in dem Arbeitskräfte gefangen (hauptsächlich in Afrika) und über kurze oder lange Entfernungen transportiert wurden, um gemäß den Bedürfnissen und Wünschen ihrer Besitzer zu arbeiten. Afrikanische Sklaven arbeiteten in Bergwerken, auf Plantagen und als Diener in Amerika, als Diener und Arbeiter in Afrika, als Hausdiener und Handwerker in Nordafrika, Südwestasien und am Indischen Ozean.

Sklaverei war nicht allein ein globales System, sondern sie begünstigte außerdem in jeder Region, die sie betraf, eine Veränderung des Musters in den Geschlechterbeziehungen. Die vorhandenen Zeugnisse zur Struktur versklavter Bevölkerungen liefern Einblicke in das Leben dieser Menschen. Schiffsregister weisen auf die Alters- und Geschlechteranteile von Sklavenlieferungen hin, Plantagenbücher auf die Alters- und Geschlechterstruktur der Sklavenarbeiter. Durch Kombination dieser Urkunden und anderer Kenntnisse über die typischen Bevölkerungsmuster ist es möglich, die Interaktionen und Veränderungen der Bevölkerungen Afrikas, der Gefangenen unterwegs und der Sklaven in Amerika aufzuzeigen.

Eine ungewöhnliche Quelle bilden die portugiesischen Volkszählungen in Angola gegen Ende des 18. Jahrhunderts, die beweisen, wie sehr Sklaverei das Verhältnis von Männern und Frauen verändern konnte. Diese Volkszählungen fassen verschiedene Regionen der Kolonie zusammen und zeigen eine deutliche Knappheit an erwachsenen Männern. Die Urkunden belegen, was auf andere Weise aus dem Muster der transatlantischen Sklavenmigration deutlich wird: Afrika verlor wesentlich mehr Männer als Frauen, und daher umfassten afrikanische Bevölkerungen bei weitem weniger Männer. Die Knappheit an Männern in Westafrika und die große Zahl versklavter Frauen förderte das Aufkommen einer neuen Art des Patriarchats. Männer, die in Afrika zurückblieben, konnten mehrere Ehefrauen oder Sklavinnen als Konkubinen besitzen.

Durch verschiedenartige, doch miteinander verbundene Prozesse entstanden überall im Atlantik des 18. Jahrhunderts Patriarchatssysteme, die alle mit der Expansion der Sklaverei verknüpft waren. In Amerika dominierten männliche Sklavenbesitzer ihre Sklaven, hatten jedoch auch große Macht über ihre Frauen und über ärmere freie Männer. Freie weiße Männer hatten Kinder mit schwarzen Frauen, häufig ohne gesellschaftliche Verpflichtung gegenüber den Frauen oder Kindern. Die Macht des Besitzers über Sklaven, der Weißen über Schwarze und der Männer über die Frauen verband sich, um das System des Patriarchats in der Neuen Welt zu definieren.

Eine weitere Veränderung des Patriarchats entwickelte sich im Europa des 18. Jahrhunderts. Dort führten das Wachstum der Fabrikproduktion und das damit verbundene Aufkommen des Familienlohns (bei dem Männer gut und Frauen schlecht bezahlt wurden) zu einem Typ des Patriarchats, bei dem die Männer das Familieneinkommen kontrollierten. Geteilte Familieneinkommen und Verantwortlichkeiten wurden ersetzt durch eine Hierarchie, in der Familienmitglieder bei der Arbeit getrennt waren und Männer dominierten.

Die Dreiecksrouten des Handels, die Europa, Westafrika und Amerika verbanden, verstärkten das Wachstum dieser patriarchalischen Normen. Die genaue Bedeutung, die das Wort »Patriarchat« in den drei verschiedenen Fällen erhielt, unterscheidet sich. Und doch entstanden alle drei Gesellschaftssysteme zur gleichen Zeit und in Wechselwirkung miteinander. Das europäische Fabriksystem erwuchs in Verbindung mit der Sklaverei in Amerika und mit dem Sklavenhandel in Afrika. Güter aus europäischen Fabriken trugen zum Kauf afrikanischer Gefangener bei, und afrikanische Sklaven in Amerika produzierten Rohstoffe für die europäischen Märkte. So wurden die Geschlechterrollen der modernen Welt zum Teil durch globale Verbindungen, Migration und die Erfahrung der Sklaverei geprägt.

Migration und Identität, 1750 bis 1850

Wird unsere Identität durch das Schicksal bestimmt, oder ist sie eine Frage der Wahl? Man wird als männlich oder weiblich und an einem bestimmten Ort geboren, man wächst mit einer bestimmten physischen Veranlagung auf und spricht die Muttersprache (oder Sprachen), die man in seiner Kindheit gelernt hat. Und dennoch können Menschen wählen, wem sie folgen möchten, und können zumindest über einige ihrer Lebensinhalte frei verfügen. Migration, sei sie freiwillig oder unfreiwillig, bietet mehr Möglichkeiten für die Bildung von Identität. Zum Beispiel können sich diejenigen, die sich an einem neuen Ort ansiedeln, als Pioniere in einer neuen Heimat oder als Exilanten aus ihrer alten Heimat betrachten.

Der nachfolgende Abschnitt betont die Bedeutung der Migration für die Definition individueller, ethnischer, rassischer und besonders nationaler Identität.

Wenn Einzelpersonen sich definieren können, können Gruppen es genauso. Einzelpersonen können neue Sprachen lernen und zu Mitgliedern neuer Gemeinschaften werden. Ganze Gemeinschaften können sich vereinen oder spalten. Diese Arten von Identitätsveränderungen, Individuen und Gruppen betreffend, erfolgten im 18. und 19. Jahrhundert, als gesellschaftliche und kulturelle Bedingungen, einschließlich der Migration, die Entwicklung wichtiger neuer Identitäten förderten.

Bis zum 18. Jahrhundert, nach zwei Jahrhunderten zunehmend rascher Migration und Vermischung, hatte sich die Weltbevölkerung umverteilt. Bewegungen von Menschen auf der ganzen Welt hatten die Bildung neuer Beziehungen gefördert. Individuelle Neudefinitionen der Familien- und Gruppenidentität – zum Beispiel Siedler, Kreolen und Mestizen – verbreiteten sich bis zu einem Punkt, an dem neue gesellschaftliche Schichten geschaffen wurden. Kurz gesagt, für die Menschen war es an der Zeit, ihre Identität neu zu konzeptualisieren. Als Reaktion auf dieses Bedürfnis tauchten neue Definitionen für Nation, Rasse und Volkszugehörigkeit auf.

Heute existieren zwei große Kategorien der Gruppenidentität »Nation« und »Rasse«. Diese Begriffe tauchten etwa um die Wende des 19. Jahrhunderts auf und zwar teilweise als Reaktion auf die Migration. Zu Beginn des 18. Jahrhunderts bedeutete »Nation« (in europäischen Sprachen) eine Gruppe von Menschen, die eine Sprache und Kultur teilten. Man sprach von den Irokesen, den Ibo oder den Bengalen als Nationen, genau so wie von den Franzosen und Holländern. Um 1850, nach einem Jahrhundert der Revolution und politischen Veränderung, beschrieb der Begriff »Nation« ein Volk mit einer nationalen Regierung. Das Aufkommen des modernen Nationalstaats etablierte neue nationale Identitäten und schuf eine neue Hierarchie, eine, in der Menschen ohne einen Nationalstaat auf eine niedrigere Stufe gestellt wurden. So wurden die Franzosen, Holländer und Brasilianer 1850 als Nationen betrachtet, doch die Ibo und Bengalen nicht mehr: Sie wurden nun als »Stämme« oder ähnliches bezeichnet. Im gleichen Zeitraum änderte sich die Bedeutung von »Rasse«, wobei der Hierarchie des Besitzens oder Nicht-Besitzens von Souveränität eine Hierarchie des physischen Typs hinzugefügt wurde. Der Begriff »Kaukasier« wurde gegen Ende des 18. Jahrhunderts entwickelt und diejenigen, die nicht als Kaukasier bezeichnet wurden, wurden von drei in sechs rassische Gruppen unterteilt.

Die Interpretation der Nationsbildung

Historiker und Politiker diskutieren seit über 200 Jahren die Gründe für die Entstehung von Nationalstaaten. In diesen Diskussionen gab es verschiedene Erklärungsansätze und Perspektiven, die je einer eigenen Logik folgten, um deren Entwicklung zu erklären. Der folgende Abschnitt stellt die verschiedenen Theorien zur Nationsbildung vor, doch primär geht es darum, aufzuzeigen, dass Muster der Migration ebenfalls bei jeder gründlichen Interpretation von Nationalismus und Souveränität berücksichtigt werden müssen.

Eine frühe und immer noch populäre Theorie ist die Idee, dass die heutigen Nationen ein Erbe alter Gemeinschaften sind. Dieser Ansatz ist von der Wissenschaft insbesondere auf Länder wie Frankreich und England angewendet worden. Nach dieser Ansicht waren Jahrhunderte politischer Gemeinschaft und ethnischer Einheit »ererbt« und führten zu einer »automatischen« nationalen Identität. Länder, die das Glück hatten, eine solche nationale Identität zu erben, wurden von der Geschichte mit dem Status großer Nationen belohnt.

Im 20. Jahrhundert wuchs die Zahl der Nationen explosionsartig. Es wurde deutlich, dass sich die Entstehung neuer Nationen wie Ghana und Indonesien nicht als langsame Akkumulation nationaler Identität über Jahrhunderte hinweg erklären ließ. Diese Länder blickten zwar auf lange historische Traditionen zurück, doch ihr Auftreten als Nationen hing außerdem von ihrer Erfahrung mit Kolonialherrschaft und Kampagnen im Kampf um ihre Unabhängigkeit ab. Wird der obige Ansatz angewendet, dann waren solche Länder keine legitimen Nationen – Kritiker argumentierten, dass sie keinen Anspruch auf ethnische Einheit oder Anerkennung als Staat stellen könnten. Wenn solche Länder wirklich Nationen waren, dann musste das Modell ihres Auftretens neu untersucht werden.

Als Reaktion auf die Notwendigkeit, das Konzept der Nation zu überdenken, versuchte man nun, diese Länder durch das Modell der Reifung zu interpretieren. In den Jahren der Dekolonisation behaupteten zeitgenössische Gelehrte wie Hans Kohn, Souveränität sei ein Zeichen politischen Fortschritts. Die führenden Nationen seien gereifte Gemeinschaften und andere nationale Gemeinschaften könnten wachsen und sich entwickeln, wenn die Bedingungen stimmten. Die ehemaligen Kolonien wurden in dieser Theorie als »neue Nationen« oder »junge Nationen« bezeichnet.

In der 70er Jahren des 20. Jahrhunderts, als sich immer mehr Nationen einem Status der Gleichrangigkeit näherten, wandte sich die Wissenschaft Erklärungen zu, die auf dem Modell der Konstruktion von »Nation« beruhen. Sie kam zu dem Schluss, dass Menschen ihre Nationen aktiv und bewusst aufbauen, statt sie zu ererben oder ihre Reifung zu fördern. Benedict Anderson, Ernest Gellner und Eric Hobsbawm sind drei führende Vertreter des Aufbaumodells von Nationen; sie wendeten diese Theorie sowohl auf England und Frankreich als auch auf Ghana und Indonesien an.

Das Modell des Aufbaus einer Nation führt zu einer Betrachtung der Nationsbildung als Projekt und wirft die Frage auf, wer bei diesem Projekt die Führung hatte. Das nationale Projekt umfasst solche Zielsetzungen wie das Erlangen der Kontrolle über die Regierung, das Profitieren von internationalem Handel, Unterstützung einheimischer Kaufleute, Landwirtschaft und Industrie sowie das Gewinnen von Anerkennung und Prestige für die eigenen nationalen Traditionen. Benedict Anderson stellte sich die Nation als eine »erfundene Gemeinschaft« vor, die sich aus der Verbindung von Kapitalismus und Buchdruck heraus entwickelte. In seinem Ansatz hob Ernest Gellner das Aufkommen der Staatsbürokratien hervor.

Die Debatte über das Modell der Nationsbildung dauert an. Obwohl die neueren Interpretationen wirklichkeitsnäher sind als die früheren Rechtfertigungen des Nationalismus, sind wichtige Fragen noch ungeklärt. Viele Analysen der Nationsbildung gehen immer noch Fall für Fall, Nation für Nation vor. Anders ausgedrückt, sie konzentrieren sich auf ein einzelnes Land. Neben diesen engen Interpretationen des Nationalismus sollte man außerdem betrachten, wie eine Erfahrung mit Nationalismus andere beeinflusst hat. Dann: Welche Rolle hat Migration bei der Herausbildung von Nationen gespielt? Die Fall-für-Fall-Methode der Erklärung nationaler Identität unterschätzt die Verbindungen zwischen den verschiedenen Fällen und ist ein Grund, warum die Wissenschaft den Faktor Migration beim Aufbau von Nationen vernachlässigt. Drittens, wie sieht die Beziehung zwischen Souveränität und Rasse aus? Da diese beiden Begrifflichkeiten bzw. damit verknüpften Gedankenmodelle zur gleichen Zeit und häufig in den gleichen Köpfen aufkamen, sind die Vorstellungen von »Rasse« und »Nation« wahrscheinlich verbunden.

Migration und Nation

Die Migration bleibt bei Diskussionen, in denen es um Souveränität geht, üblicherweise unberücksichtigt. Und dennoch spielt sie eine zentrale Rolle dabei, wie es überhaupt zur Ausprägung des Bedürfnisses nach neuen Identitäten kam. Europäische Siedler in Amerika entwickelten, selbst wenn sie ihren europäischen Wurzeln treu blieben, typische Bedürfnisse und Bündnisse, die Identitäten schufen, in deren Mittelpunkt die nunmehr von ihnen besiedelten Länder standen. Auch die afrikanischen Sklaven auf dem amerikanischen Kontinent entwickelten noch in ihrem unfreien Status neue Bedürfnisse, neue Allianzen und eine Vision der Gemeinschaftsentwicklung in ihren neuen Heimatländern. Und die indianischen Bevölkerungen entwickelten ebenfalls neue Identitäten, ob sie nun erobert oder vertrieben wurden oder ob sie Beziehungen zu neuen Nachbarn aufbauen mussten. Die Cherokee zum Beispiel waren eine »Nation« im alten Sinne, die versuchte, eine »Nation« im neuen Sinne zu werden. Ihr Projekt, das mit Hilfe von Diplomatie, Handel und Kriegführung in den 40er Jahren des 18. Jahrhunderts in Gang gesetzt wurde, setzte sich fort bis zu ihrer Vertreibung aus ihrem Heimatland in Georgia in den 30er Jahren des 19. Jahrhunderts. Dennoch zeigt die Kampagne der Cherokee, als Nation anerkannt zu werden, dass der Impuls, nationale Einheiten zu schaffen, von allen an der Weltwirtschaft beteiligten Menschen – gleich welcher Herkunft – aufgegriffen wurde, besonders in der Atlantikregion.

Sogar in der Alten Welt trug Migration maßgeblich zur Entwicklung der Souveränität bei. Der französische Kaiser Napoleon spielte eine Rolle bei der Nationsbildung, da seine Eroberungszüge das Wachstum nationaler Identität in Deutschland, in anderen Gebieten Europas und in Ägypten beschleunigten. Napoleons Besetzung von ganz Europa unter dem Banner der Abschaffung feudaler Beschränkungen wurde in vielen deutschsprachigen Territorien willkommen geheißen. Dann verwandelte sie sich in ein Kolonialsystem, das Mitteleuropa mit Hilfe von Vizekönigen ausbeutete, genau so wie Spanien mit Amerika verfahren war. Als Reaktion darauf begannen die Deutschen, sich auf den Aufbau einer eigenen Nation und die Entwicklung einer deutschen Kultur und eines deutschen Handels zu konzentrieren. In Ägypten folgte der Eroberung durch Napoleon und der kurzen Periode französischer Herrschaft von 1798 bis 1803 eine Kampagne der Nationsbildung unter dem Regime von Muhammad Ali Pascha, einem in Albanien geborenen osmanischen Beamten, dessen Herrschaft von 1803 bis 1848 dauerte. Bis zu seiner militärischen Niederlage gegen die Briten und Franzosen baute er die landwirtschaftliche und industrielle Produktion auf, förderte das Bildungswesen und steigerte den ägyptischen Nationalstolz, wenn auch zum Preis von Krieg und Versklavung.

Rasse und Nation

Obwohl der Begriff »Rasse« im frühen 18. Jahrhundert nur selten verwendet wurde, war er bis zur Mitte des 19. Jahrhunderts alltäglich geworden, doch er hatte zu dieser Zeit eine neue Bedeutung erhalten. Während er sich vorher auf einzelne ethnische Gruppen (die »dänische Rasse«) bezog, beschrieb »Rasse« nun allgemeine physische Typen, und zwar als kaukasisch, negrid, mongolid, malaiisch und amerikanisch. Eine solche rassische Kategorisierung entwickelte sich aus Migrationen in der frühen Neuzeit, die Menschen mit unterschiedlichen regionalen Hintergründen in eine neue und enge Abhängigkeit voneinander brachten.

Die Verbindungen zwischen Rasse und Souveränität kann man besonders deutlich am Fall Haitis sehen. Haiti entstand als Nation und Staat infolge einer Revolution. Die Rebellion begann nicht als Aufstand gegen Frankreich, sondern mit der Teilnahme verschiedener Gesellschaftsklassen auf der Insel am revolutionären Umbruch in Frankreich seit dem Frühling 1789. Schließlich schlossen sich sogar die Sklaven an: Sie erhoben sich im Jahr 1791, enteigneten ihre Herren und schlossen notgedrungen ein Bündnis mit freien Farbigen – Grundbesitzern, die ihre Sklaven aufgeben mussten. Toussaint Louverture, der in der Rebellion rasch die Führung übernahm, diente als Gouverneur des Inselterritoriums Saint-Domingue unter der Oberherrschaft des revolutionären Frankreich. Doch als der Herrscher Frankreichs, der frisch zum Kaiser gekrönte Napoleon, sich anschickte, die Insel erneut zu erobern und die Sklaverei wieder einzuführen, änderte sich die Stimmung. Sobald die Franzosen gegen Ende 1803 vertrieben waren, erklärte sich Haiti zu einem eigenen Staat.

Obwohl Haiti als die erste »schwarze« Nation definiert wurde, sollte man betonen, dass diese rassische Definition Haitis von außen bestimmt wurde. Frankreich widerrief, unter Napoleon, seine Anerkennung der Gleichheit aller Menschen, als es sich entschloss, Schwarze erneut der Sklaverei zu unterwerfen. Die haitianischen ehemaligen Sklaven, die unter dem

Banner von Freiheit, Gleichheit und Brüderlichkeit gefochten hatten, mussten sich nun gegen die Weißen stellen.

Unterdessen änderte sich die Verwendung des Begriffs »Rasse« nicht unmittelbar und vollständig dahingehend, dass Menschen innerhalb jeder rassischen Gruppe als gleichrangig betrachtet wurden. Man denke nur an Irland. Wenn die Engländer von der »irischen Rasse« sprachen, benutzten sie Begriffe, die ebenso negativ und abwertend waren, wie alle anderen, die auf andere Gruppen angewendet wurden. Bis zum Ende des 18. Jahrhunderts war es Iren nicht gestattet, eine andere Religion als die anglikanische auszuüben, und sie hatten keine parlamentarische Repräsentation. Irische Arbeiter durften auf englischen Ländereien und in englischen Fabriken arbeiten, doch zum Preis ständiger Erniedrigung.

Diese neue und diskriminierendere Verwendung des Begriffs »Rasse« – das heißt, eine Verwendung, die Untergruppen innerhalb spezifischer rassischer Definitionen unterschied – wurde vom 19. Jahrhundert an auf Juden und Roma und Sinti angewendet, die man als »Zigeuner« bezeichnete. Diejenigen, die als zu einer minderwertigen Rasse gehörig definiert wurden, betrachtete man einer Anerkennung als Nation unwürdig. Im Konkurrenzkampf um die Schaffung von Nationen blieben diese Gruppen außen vor. Diskriminierung nach Hautfarbe, Religion und anderen Kriterien hatte seit langem existiert, doch nun wurde die Diskriminierung durch »wissenschaftliche« Argumente gerechtfertigt.

Herausbildung der Souveränität

In den 50 Jahren von 1780 bis 1830 entwickelte sich das Aufkommen nationaler Einheiten so rapide, dass man von einer Bildung der Nationen aus vorhergehenden politischen Formen sprechen kann. Die Anerkennung der Vereinigten Staaten als unabhängige Nation zeigte, dass hier ein solcher Kristallisationsprozess im Gange war. Frankreich organisierte sich neu als Nation in den 90er Jahren des 18. Jahrhunderts, Haiti erlangte 1804 seine nationale Unabhängigkeit; die spanischen Kolonien auf dem amerikanischen Festland gewannen diesen Status in den 20er Jahren des 19. Jahrhunderts. Darüber hinaus offenbart ein Blick auf die zahlreichen gescheiterten Versuche, wie weit der Prozess der Kristallisation vorangeschritten war. Zu diesen gehörten die Irische Rebellion des Jahres 1798, das Scheitern der polnischen Verfassung im Jahr 1793, die peruanische Rebellion von Túpac Amaru II. von 1780 bis 1781, die brasilianische »Verschwörung der Schneider« des Jahres 1798 und der lange Kampf der Cherokee um Anerkennung als Nation.

Die Herausbildung der Souveränität war mit Debatten und Mühen erfüllt. Nationsaufbau ist ein Prozess des Einbeziehens, indem Menschen dazu gebracht werden, sich der »erfundenen Gemeinschaft« anzuschließen und eine gemeinsame Identität anzunehmen. Doch dies bedeutet auch immer Exklusivität: die Abwehr fremder Mächte und den Ausschluss nicht zur Nation gezählter Gruppen. Insbesondere Sklaven wurden im Allgemeinen als außerhalb der Nation stehend definiert. Die Unabhängigkeitserklärung der Vereinigten Staaten von Amerika zum Beispiel betonte die Einheit der Bürger der 13 Staaten, vermied jedoch jegliche Erwähnung von Sklaven. Gleichzeitig lehnte sie ausdrücklich jede Verbindung mit dem englischen König sowie den Indianern ab. Ähnliche Diskussionen kamen an anderen Orten auf. Sollte die französische Nation alle einschließen, die ihre universelle Erklärung von Prinzipien anerkannten? Sollten Sklaven freigelassen werden, um Bürger Venezuelas und Mexikos zu werden? Die haitianische Regierung unter Alexandre Petión gewährte Simón Bolívar, dem Befreier Südamerikas, Zuflucht, als er 1815 aus Venezuela verbannt wurde, und unterstützte seine zweite Expedition als Gegenleistung für seine Zusage, die Sklaven zu befreien. Die meisten ehemaligen spanischen Territorien schafften die Sklaverei ab, taten dies jedoch häufig nur langsam und nur teilweise. Bei der Ausbreitung der Nationalbewegungen auf der ganzen Welt blieb die Migration einer der Hauptfaktoren bei der Definition nationaler Identität, und rassische Unterscheidungen – Unterscheidungen, die beträchtlich von Migration beeinflusst waren – spielten eine ebenso große Rolle für die nationale Identität.

Globale Wirtschaft und regionale Migration, 1800 bis 1900

Der Begriff »Fabrik« änderte im Verlauf des 18. Jahrhunderts seine Bedeutung. Aus einem gewerblichen Depot, in dem Waren ge- und verkauft wurden, wurde ein Produktionszentrum, in dem Waren mit Hilfe von Maschinen hergestellt wurden. Fabrikproduzierte Waren – Textilien, Seife, Schuhe, landwirtschaftliche Werkzeuge, später Dampfschiffe und Eisenbahnen – wurden überall auf der Welt verkauft. Bezahlte Arbeitskräfte konzentrierten sich in großen und kleinen Städten. Migranten aus umliegenden Gebieten erhöhten die Arbeiterzahlen der wachsenden Fabriken, und es kamen noch Migranten aus größerer Entfernung hinzu.

Die Fabriken befanden sich in der Nähe entscheidender Ressourcen wie Wasserkraft oder später Kohle für die Dampfmaschine. Zu den weiteren Ressourcen gehörten eine ausgebildete Belegschaft und eine aus vorherigen Investitionen resultierende Infrastruktur: Noch lange nach dem Rückgang der Wasserkraft als Antriebsenergie für die Fabrikproduktion hielten sich Fabrikstädte in den Flusstälern von Flandern, den Midlands in England und in Neuengland, wo sie die Arbeitskräfte, die Maschinen und die Zulieferer nutzten, die dort alle ihr Tätigkeitsfeld hatten.

Fabriken waren außerdem abhängig von landwirtschaftlichen Produkten und den Transportnetzwerken, die die Fabriken mit den Feldern verbanden. Der globale Weizenhandel zum Beispiel verknüpfte Produktionszentren auf allen Kontinenten. Die Fabrikbesitzer waren abhängig von Verbrauchern, die überall auf der Welt angesiedelt sein konnten. Der Aufstieg der Gebrüder Lever und der englischen Seifenindustrie war daher mehr als die schlichte Geschichte von Innovation und Investition in Fabrikstädten. Er erforderte Rohstoffe aus dem Mittelmeergebiet, Westafrika und Südostasien ebenso wie ein globales Transport- und Marketingsystem.

Im Laufe des 19. Jahrhunderts veränderte die Industrialisierung die Weltwirtschaft. Migranten strömten in wachsende Industrie- und Gewerbestädte mit Stahlwerken, Warenbörsen und Banken, vor allem in Europa und Nordamerika. Ähnliche städtische Zentren entstanden in Tokio, Buenos Aires, Bombay und Schanghai. Eine genauso große Anzahl von Menschen zog jedoch auch in ländliche Gebiete und arbeitete in Bergwerken und in der Landwirtschaft, um industrielle Rohstoffe zu produzieren: Eisenerz, Kohle, Diamanten, Gummi, Guano, Zucker, Kakao, Felle, Weizen und Reis. Wieder andere wanderten als Transport- und Bauarbeiter, d.h. sie gruben Kanäle, bemannten Dampf- und Segelschiffe, bedienten Eisenbahnen und lenkten Gespanne.

Industriewirtschaft und Migration

Was war der Schlüssel zur Entwicklung der Industrieproduktion? Bisher wurde Erfindungen die meiste Aufmerksamkeit geschenkt, so etwa der neuen Technologie in der Textilindustrie, Dampfmaschinen und Stahlgießereien. Doch eine neue Technologie allein war nicht ausreichend. Die Produktion konnte nicht stattfinden ohne Rohstoffe – Wolle und Baumwolle, Mineralien oder Pflanzenöle für Seifen –, und viele davon kamen aus Gebieten, die weit vom industriellen Kernland entfernt waren. Auch konnte die Produktion keine Fortschritte machen, wenn es keine Märkte für ihre Erzeugnisse gab – die Käufer daheim in England, Frankreich und den Vereinigten Staaten, aber auch diejenigen in Südamerika und Südasien. Technologie, Kapital, Rohstoffe und Märkte waren alle entscheidend für die neue Industriewirtschaft.

Ebenso wichtig waren die Arbeitskräfte. Die vorliegende Betrachtung der Industrialisierung konzentriert sich auf die Arbeitskräfte, die all die industriellen Aufgaben erfüllten. Wo immer Arbeitskraft benötigt wurde, um die industrielle Entwicklung voranzutreiben, beschaffte man sich Lohnarbeiter, Siedler, Sklaven oder Kontraktarbeiter. Die Bewegung von Arbeitskräften um die Welt im 19. Jahrhundert würde ein Muster ergeben, bei dem jene Orte zu erkennen wären, an denen der größte Bedarf an Arbeitskräften bestand. Die Frage ist: Was waren die wichtigsten Zielorte migrierender Arbeiter? Waren es die Fabriken in nahen Städten? Waren es Bergwerke und Plantagen jenseits der Meere? Oder war es der kontinuierliche Ortswechsel von Arbeitern im Bau- und Transportwesen?

Betrachten wir die Migranten, die über geringe Entfernungen wanderten, um in der Industrie zu arbeiten. Diese Migranten kamen aus ländlichen Gebieten Europas in europäische Städte und aus ländlichen Gebieten Nordamerikas in Städte der Vereinigten Staaten und Kanadas. Oft musste ein kleiner Bauer oder ein Dorfhandwerker feststellen, dass sein Land nicht groß genug war oder dass Fabrikwaren eine zu große Konkurrenz darstellten, als dass er seinen Lebensunterhalt damit hätte verdienen können. Diese Migranten waren hauptsächlich jung und gezwungen, hart zu arbeiten und ihr Leben in ihrem neuen sozialen Umfeld zu verbessern. Migranten halfen, das große Industriezentrum an der Ruhr zu schaffen, und erweiterten das gewerbliche Zentrum Amsterdams.

Auf dem europäischen Kontinent schritten das industrielle und städtische Wachstum im Laufe des Jahrhunderts immer rascher voran, und es entwickelte sich eine Reihe stetig wachsender und regional unterschiedlicher Produktionssysteme. Mailand und Prag sind Beispiele für Städte, die im ausgehenden 19. Jahrhundert von ihrem Hinterland abhängig waren, um zu bedeutenden Industriezentren aufsteigen zu können. In ähnlicher

Weise setzte Barcelona auf seine Stärke als gewerbliches Zentrum, um eine stattliche industrielle Basis aufzubauen. Der Aufstieg Barcelonas und sein daraus resultierender Reichtum führten zur Entwicklung des katalonischen Nationalismus. Katalanisch, die Sprache von mehreren Millionen Menschen im Hinterland von Barcelona, unterscheidet sich vom kastellanischen Spanisch, das schon seit langem die Amtssprache Spaniens war. Obwohl Barcelona ganz offensichtlich als regionale Metropole an der Weltwirtschaft teilnahm, ging es bei seiner Expansion im Industriezeitalter ebenso sehr um regionale Migration und die Entwicklung einer regionalen Identität. In diesem Zeitraum erlangten charakteristische regionale Kunst- und Architekturtraditionen allgemeine Aufmerksamkeit.

Manche Migranten reisten über lange Entfernungen in weit entfernte Städte, um dort Arbeit in der Industrie zu finden – so beispielsweise die deutschen und irischen Migranten, die nach Baltimore und Boston aufbrachen. Doch in der Regel arbeiteten solche Migranten, die von weither kamen, im 19. Jahrhundert auf Feldern, in Bergwerken und auf Baustellen. Skandinavische Migranten zogen als Lohnarbeiter auf die Farmen des amerikanischen Mittleren Westens. Indische Migranten waren Kontraktarbeiter in den Bergwerken und auf den Plantagen von Mauritius, Südafrika, Malaysia, Fidschi und der Karibik.

In Malaysia war es die Arbeit in den Zinngruben und auf den Gummisowie Palmölplantagen, die die Menschen dorthin lockte. Es war üblich, dass sich asiatische Migranten vorübergehend in einem neuen Land aufhielten, um dort das Geld zu verdienen, das ihnen bei einer Rückkehr in ihr Heimatdorf zu einem besseren Leben verhelfen sollte. Mehr als die Hälfte aller chinesischen und indischen Emigranten kehrten in ihre Heimat zurück. Diese Rückkehrrate variierte je nach Arbeitsort. Über zwei Drittel der indischen Migranten, die in andere Gegenden Asien oder nach Afrika gezogen waren, kehrten nach Hause zurück, so wie die Eisenbahnarbeiter aus der britischen Kolonie Uganda; dagegen sahen nur wenige vertraglich gebundene Hausangestellte von den Fidschis oder den Westindischen Inseln ihre Heimat wieder.

Abbildung 8.1 zeigt die globale Migration im 19. und 20. Jahrhundert, wobei die Kästchen die Abwanderung in Millionen für Europäer, Inder und Chinesen zwischen 1840 und 1940 darstellen und die Kreise die Einwanderung an den Hauptzielen. Was die afrikanischen Migranten betrifft, so ist die Hauptperiode des Sklavenhandels (1650–1880) dokumentiert, eine Zeit, in der das Reisen langsamer und die Sterblichkeit höher war.

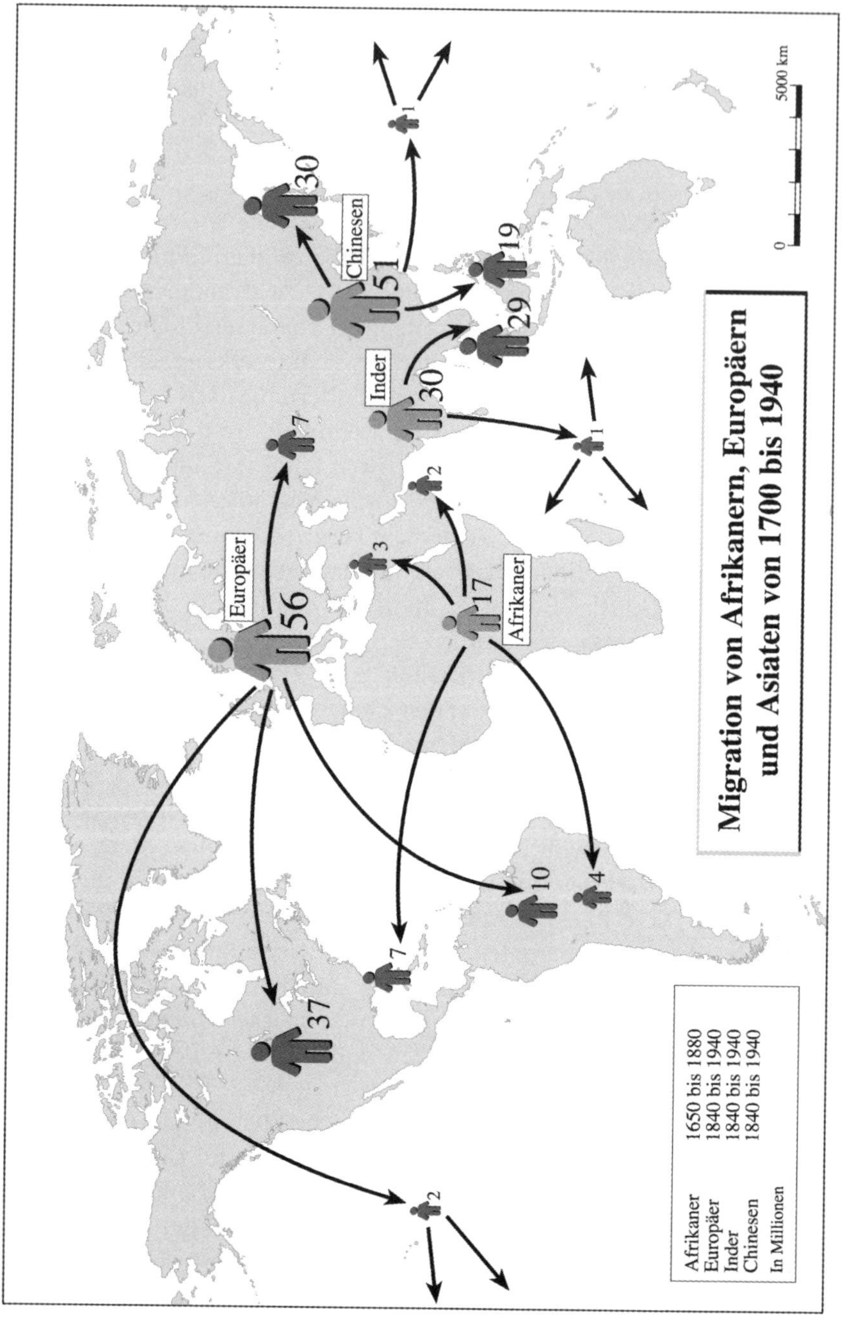
Migration von Afrikanern, Europäern und Asiaten von 1700 bis 1940
Europäer
56
Afrikaner
17
Inder
30
Chinesen
51
37
7
10
4
2
3
2
7
1
29
19
30
1
Afrikaner 1650 bis 1880
Europäer 1840 bis 1940
Inder 1840 bis 1940
Chinesen 1840 bis 1940
In Millionen
0
5000 km

All diese Muster zusammengenommen veranschaulichen den hohen Grad menschlicher Mobilität.

Neue Transporttechnologien

Die meisten Arbeitsmigranten landeten in Fabriken oder in der Landwirtschaft, doch durch eine dritte Kategorie wurde es den Fabriken und der Landwirtschaft ermöglicht, in Verbindung zu bleiben, nämlich den Arbeitern im Transportwesen. Von allen neuen Technologien gehörten die Fortschritte im Transportwesen zu den produktivsten. Selbst in Bereichen, in denen sich die Transporttechnik nicht änderte, wie bei Ochsenkarren oder dem Transport durch menschliche Träger, erforderte der wachsende Handel des Industriezeitalters eine erweiterte Arbeiterschaft.

Die neue Transportinfrastruktur umfasste Straßen, Brücken, Waggons, Kanäle, Dampfschiffe, neue Hafenanlagen, Eisenbahnen und Bahnhöfe. Die Schaffung dieses Transportnetzwerks steigerte den Bedarf an Werften, Eisenbahnwaggons, Baumaschinen und Sprengstoffen.

In den frühen Zentren der Industrieproduktion in England, den Niederlanden und im Nordosten der Vereinigten Staaten begann Anfang des 19. Jahrhunderts eine aktive Phase des Kanalbaus. Danach nahm der Kanalbau auf allen Kontinenten zu. In China förderte die lange Erfahrung im Kanalbau dessen Expansion besonders. Das größte Projekt des 19. Jahrhunderts war der Bau des Suezkanals, der 1869 fertig gestellt wurde und die Schifffahrtsrouten zwischen Europa und Asien entscheidend änderte. In all diesen Fällen erforderte das Bauvorhaben jahrelange Arbeit von Hunderten oder Tausenden von Arbeitern. Sie kamen von nah und fern, lebten an der Baustelle und mussten weiterziehen, wenn sich das Projekt seinem Ende entgegenneigte.

Der Eisenbahnbau begann in den 30er Jahren des 19. Jahrhunderts in England und erfasste dann rasch weltweit eine Region nach der anderen, bis das Schienennetz bei Ausbruch des Ersten Weltkriegs praktisch seinen vollen Umfang erreicht hatte. Die Vereinigten Staaten und Frankreich gehörten zu den Ersten, die ein Eisenbahnnetz anlegten, ebenso wie Kuba und das Osmanische Reich. Das argentinische war ein besonders vollständiges und umfassendes regionales Eisenbahnnetz. Auf jedem Kontinent wurden Arbeiter zum Bau der Bahnstrecken angeheuert: chinesische Arbeiter in den westlichen Vereinigten Staaten, indische in Ostafrika, irische in Südafrika und russische, um die Transsibirische Eisenbahn zu bauen, die unmittelbar nach 1900 in Betrieb genommen wurde.

Es war eine Zeit des Aufbruchs, in der diese neuen Transporteinrichtungen und Beförderungsmittel aufkamen; ihr Betrieb und ihre Instandhaltung hingegen waren langfristige Unternehmungen. Mannschaften und Dockarbeiter wurden für die Dampf- und Segelschiffe auf allen Wasserwegen benötigt. Die Mannschaften auf den Dampfschiffen des Indischen Ozeans pendelten zwischen Suez, Aden, Bombay und Singapur, luden und entluden Kohle und Wirtschaftsgüter und arbeiteten in den Kesselräumen. Diese Mannschaften bestanden aus afrikanischen und asiatischen Männern, viele von ihnen Sklaven oder ehemalige Sklaven. Sie bildeten eine »schwimmende« industrielle Belegschaft.

Neue Märkte für Waren und Arbeit

Förderten die Märkte für industriell gefertigte Güter die Migration über lange oder kurze Entfernungen? Die Märkte für fabrikproduzierte Textilien begünstigten die Migration zu den Spinnereien der englischen Midlands und Neuenglands. Allerdings unterstützten dieselben Märkte die Migration von Sklaven in Baumwolle produzierende Länder der Vereinigten Staaten sowie die Migration von Schafhirten nach Australien und Neuseeland.

Der erhöhte Bedarf an Getreide führte zur Auswanderung von Bauern in den amerikanischen Mittleren Westen, nach Australien und Argentinien sowie nach Ostrussland. Der wachsende Weltmarkt für Reis zog viele Menschen in die Reisanbaugebiete von Thailand und Java. Die steigende Nachfrage nach Elfenbein – für Schmuck, Billard und Klaviere – intensivierte die Elefantenjagd in ganz Afrika; der Bedarf an Diamanten schließlich führte zu einer Welle der Migration nach Südafrika. Die ständig steigende Nachfrage nach Kaffee führte Arbeiter aus Italien nach Brasilien und aus umliegenden Gebieten nach Nordangola.

Das Problem, die Arbeitskräfte unter all den konkurrierenden Anfragen nach starken Armen und geschickten Fingern zu verteilen, wurde stetig komplizierter. Es entwickelte sich ein Weltmarkt für Arbeit, auf dem es nicht ausblieb, dass die unterschiedlichen Situationen von Bauern, Lohnarbeitern, Sklaven und Leibeigenen zu Begegnungen und Diskussionen über ihre jeweiligen Vorteile für Arbeiter und Herr führten.

Nicht nur das Wesen der alltäglichen Arbeit änderte sich, außerdem wandelten sich die Beziehungen zwischen Arbeitern und ihrem sozialen Umfeld. Dazu zählten Arbeitgeber, Besitzer, Vermieter, Regierungen und andere mehr. Die Schwierigkeiten von Lohnarbeitern zu Zeiten, da sich in den Industriestädten Arbeiterklassen entwickelten, sind eingehend dokumentiert worden.

Die Geschichte der globalen Wirtschaft

Eine Geschichte der Welt unter globalhistorischem Aspekt zu schildern, ist eine komplizierte Aufgabe, vielleicht besonders für die Weltwirtschaft im 19. Jahrhundert. Doch verfolgt man ein beliebiges Produkt oder eine beliebige Migration in Einzelheiten, so zeigen sich jene Strukturen, die Industrie und Landwirtschaft verbinden. Arbeiter auf der ganzen Welt wurden mit komplexen Veränderungen in ihren Arbeitsbedingungen konfrontiert. Wenn schonungslose Arbeitgeber oder gefährliche Maschinen viele Menschen verarmen ließen und ihr Leben verkürzten, so gab das Aufkommen von Gewerkschaften und Organisationen Arbeitern neue Handlungsmöglichkeiten. Während das Zeitalter der Industrialisierung Wellen neuer Maßregelung und Unterdrückung brachte, offenbarte sich hier nun aber insgesamt auch eine scharfe Tendenz zur Emanzipation von Arbeitern. Sklaven erlangten in einem Land nach dem anderen ihre Freiheit, Leibeigene konnten ihren Aufenthaltsort selbst bestimmen, Kontraktarbeiter erzielten vorteilhaftere Verträge, Bauern kämpften darum, die Höhe ihrer Pachtzahlungen zu senken, und Lohnarbeitern gelang eine gewisse Anerkennung ihrer Rechte, sich zu organisieren. In all diesen Fällen stieg mit der Befreiung von früherer Zwangsarbeit die Wahrscheinlichkeit, dass Arbeiter migrierten.

Die Emanzipation der Arbeit war alles andere als unangefochten. Russische Leibeigene mussten selbst nach der Abschaffung der Abhängigkeit einen Pass beantragen, um zu reisen. Ehemalige Sklaven in Amerika erhielten keine Entschädigung für ihre Versklavung und sahen sich mit Reisebeschränkungen und Problemen beim Landkauf konfrontiert. Nach 1880 drohte Chinesen in Amerika die Ausweisung. Gewerkschaften wurden regelmäßig für ungesetzlich erklärt oder in langen Streiks auf die Probe gestellt. Die Sklaverei blieb in vielen Teilen Afrikas bis weit ins 20. Jahrhundert hinein in Kraft. Und dennoch, trotz all dieser Einschränkungen bewegten sich Migranten weitaus freier und schneller als zuvor an jeden Ort der sich industrialisierenden Welt.

Die neue Technologie veränderte die Verknüpfungen zwischen der Industrie und der Landwirtschaft und die Arbeitsverteilung unter ihnen. Die Telegraphie war die erste Technologie, die ohne Sichtkontakt eine direkte Verbindung zwischen weit entfernten Regionen ermöglichte. Regierungen und Geschäfte, die begierig auf sofortige Informationen zu Entscheidungen und Preisen in entfernten Gebieten aus waren, tätigten beträchtliche Investitionen, und innerhalb einiger weniger Jahre gab es eine gewaltige Expansion der Überland- und Unterseekabel für die telegraphische Kommunikation. Diejenigen, die diese Informationen kontrollierten, hatten eine neue Macht über diejenigen, denen der Zugang verwehrt war. Doch das Leben aller wurde durch die neue Informationsgeschwindigkeit verändert. Mit schnelleren und (mitunter) genaueren Informationen konnten Migranten nun ihre Reisen zielbewusster unternehmen, da sie eine bessere Vorstellung davon hatten, was sie an ihrem Ziel erwartete.

Imperialismus und Migration, 1850 bis 1920

In der zweiten Hälfte des 19. Jahrhunderts nahm die transatlantische Migration ein neues Ausmaß an. Millionen von Menschen verließen ihre europäischen Geburtsorte, um nach besseren Chancen zu suchen. Umfang und Geschwindigkeit dieser Wanderbewegungen waren beispiellos. Zur gleichen Zeit fielen einige mächtige Regierungen, zumeist dieser europäischen Länder, in Länder Asiens, Afrikas und auf den Inseln der Welt ein, annektierten sie oder übernahmen auf andere Weise die Kontrolle.

Die sich ergebenden Veränderungen waren demographischer, politischer und kultureller Natur. Die Verteilung der Weltbevölkerung änderte sich, als Europäer und ihre Nachkommen viele Gebiete des amerikanischen Kontinents füllten. Die politische Landkarte der Welt wurde insofern neu gezeichnet, als nun eine kleine Zahl großer Mächte die Kontrolle über ausgedehnte Territorien übernahm. Die Sprachmuster der Welt änderten sich, als migrierende Familien und erobernde Generäle jeweils ihre Sprachen in neue Länder mitnahmen.

Dieser Strom von Migranten aus Europa war nicht die einzige große Migration dieses Zeitraums. Unzählige chinesische, indische, japanische und andere asiatische Arbeiter und Siedler zogen über die asiatische Landmasse, den Indischen Ozean und den Pazifik. Die mehr als 50 Millionen chinesischen Migranten entsprachen der Zahl europäischer Auswanderer und die 30 Millionen indischer Migranten lagen nicht weit dahinter zurück. Ähnlich große Arbeitermigrationen fanden im gleichen Zeitraum in Afrika und Lateinamerika statt. Insgesamt war der Zeitraum von 1850 bis 1930 die Zeit der intensivsten Migration in der Menschheitsgeschichte.

Das Britische Empire, die dominante Weltmacht dieser Zeit, zeigt den Zusammenhang zwischen Imperialismus und Auswanderung. England kontrollierte Gebiete, die als »Siedlerkolonien« bekannt waren und in die große Zahlen von Migranten aus dem Heimatland zogen: Kanada, Australien und Neuseeland sowie die Karibischen Inseln. Außerdem verstärkte England seinen Einfluss in Indien und gewann die Kontrolle über ausgedehnte neue Territorien im Nahen Osten, in Südostasien sowie in West-, Ost- und Südafrika. Weiterhin zogen Millionen Migranten von England über die Grenzen des Empire hinaus, besonders in die Vereinigten Staaten.

Die kulturelle Auswirkung von kolonialer Expansion und Emigration zeigt sich unter anderem in den Sprachen der Welt. Englisch wurde die Regierungssprache für fast ein Viertel der Weltbevölkerung. Es war die Muttersprache in Siedlerkolonien und die Amtssprache in eroberten Kolonien. Französisch wurde die Amtssprache in großen Teilen Afrikas, Südostasiens, Syriens und des Libanon sowie auf mehreren Pazifikinseln; Russisch war die Amtssprache in den neu eroberten Gebieten Zentralasiens. Und in der gleichen Zeit verbreiteten sich Chinesisch, Arabisch, Gujarati und Tagalog in neue Gebiete.

Herrschaft über Land, Kapital und Kultur

Dies war das Zeitalter Europas. Imperialismus und Migration waren zwei bedeutende Prozesse, die europäischen Gesellschaften – und Gesellschaften auf der Grundlage europäischer Modelle – den Weg bereiteten, die Welt des 19. und 20. Jahrhunderts zu dominieren. Was verursachte die europäische Migration? Was führte zu massiven asiatischen Migrationen? Was zu den neuen Imperien? Waren diese drei Phänomene miteinander verbunden? Antworten auf diese Fragen zu finden, erfordert, auf verschiedenen Ebenen gleichzeitig zu denken – besonders auf den Ebenen des Individuums und der Gesellschaft. Emigration ist die Geschichte von Millionen von Einzelpersonen, während der Aufbau und die Erhaltung eines Imperiums die Geschichte einer Handvoll großer Mächte und ihrer Gesellschaften betreffen.

Zunächst werden die Imperien von Land, Kapital und Kultur in den Vordergrund gestellt. Reiche waren seit Jahrtausenden aufgestiegen und untergegangen, doch dieser »neue Imperialismus« gab der Vorstellung von einem Reich ganz neue Dimensionen. Um 1920 wurde ein größerer Teil der Welt von Kolonialmächten beherrscht als je zuvor. Es empfiehlt sich in jedem Fall, sich ein Kolonialreich als etwas vorzustellen, das aus einem Heimatland und seinen Kolonien besteht.

Landimperien waren die riesigen neuen Territorien, die von großen Mächten regiert wurden. Das Deutsche Reich entstand 1870/71 nach der militärischen Niederlage Frankreichs. Es einte viele zuvor eigenständige deutsche Staaten. Um 1885 hatte Deutschland dem Reich einige überseeische Kolonien hinzugefügt. Das Britische Empire, das in früheren Jahrhunderten entstanden war, expandierte von 1870 bis 1905 beträchtlich. Das französische Zweite Kaiserreich, geschaffen 1852, wurde 1870 durch die Dritte Republik abgelöst, doch der Begriff Französisches Reich wurde weiterhin für die Überseekolonien verwendet. Das Russische Reich bemächtigte sich in den 70er Jahren des 19. Jahrhunderts einiger Territorien in Zentralasien. Ähnlich eroberten und annektierten die Vereinigten Staaten Gebiete in Nordamerika und später auch überseeische Territorien. Diese wurden manchmal das Amerikanische Reich genannt, doch wenn Territorien als Staaten in die Union aufgenommen wurden (wie zum Beispiel Kalifornien im Jahre 1850), wurden sie nicht mehr als Teil des Reichs bezeichnet.

Kapitalimperien bestanden aus einem Heimatland, das die Kontrolle über die Märkte und Produktionsmittel in anderen Ländern hatte. Zahlreiche Kritiker erklärten territoriale Reiche durch das, was der englische Ökonom John Hobson 1903 als ihre »wirtschaftliche Pfahlwurzel« beschrieb. Nach dieser Theorie bestand das Wesen des Imperialismus nicht in der politischen Eroberung, sondern in der Etablierung überseeischer wirtschaftlicher Kontrolle durch Investitionen und die Beherrschung des Handels. So gesehen war Lateinamerika im 19. Jahrhundert einerseits Teil des Britischen Empire, andererseits Teil des Amerikanischen Reichs im 20. Jahrhundert. Russland war trotz seines riesigen Landreichs abhängig von Frankreich, das den Großteil des russischen Kapitals kontrollierte.

Das Wechselspiel von Industrie und Arbeit spielte eine große Rolle für das Wachstum von Kapitalmächten. Dieses Zeitalter rapider industrieller

Veränderung wurde begleitet von Debatten über die Sklaverei und wirtschaftliche Freiheit. Das Industriewachstum generierte einen Bedarf an Arbeitern und bewirkte dadurch die Migration. Die Industrie lieferte verbesserte Dampfschiffe, Telegraphen und Repetiergewehre für imperiale Staaten. Der Vorsprung der Großmächte in militärischer und anderer Technologie trug maßgeblich zur Expansion des Reichs und eventuell auch der Migration bei.

Kulturimperien entstanden in Verbindung mit Land- und Kapitalimperien. Die Menschen im imperialen Kernland entwickelten ein Gefühl kultureller Überlegenheit. Sie argumentierten, dass der »Westen« und die »zivilisierte Welt« hinsichtlich ihrer Errungenschaften und intellektuellen Fähigkeiten den Menschen nichteuropäischer Länder oder nichtweißen Rassen überlegen seien. In diesem Fall bezog sich Kultur nicht auf Einzelheiten wie Material- oder Ausdruckskultur, sondern auf eine allgemeine »Lebensweise«. Das Zeitalter des »neuen Imperialismus« war erfüllt von Kulturvergleichen nach den Kategorien von Rasse, Religion, Nationalität und Sprache. Die Franzosen sprachen von ihrer »zivilisatorischen Mission« und stellten die Verbreitung der französischen Sprache in den Vordergrund. England und die USA waren vielleicht in vieler Hinsicht uneins, doch sie kooperierten allmählich bei der Verbreitung des Konzepts einer »angelsächsischen Kultur«.

Emigration

Beim Großteil der europäischen Emigration oder Auswanderung handelte es sich um freiwillige Unternehmungen, obwohl der Beweggrund für einige die harten Bedingungen in der Heimat waren. Die Niederschlagung der europäischen Arbeiterrebellionen des Jahres 1848 und die Pogrome in russischen Dörfern in den Jahren 1880 und 1881 lösten jeweils große Ströme von Migration aus. Unter diesen Umständen waren die Migranten wahrscheinlich durch ein Verlangen nach politischer Freiheit, Sicherheit und sozialen sowie wirtschaftlichen Möglichkeiten motiviert.

Migranten im Europa der Mitte des 19. Jahrhunderts zogen zunächst in nahe Städte und dann in Gebiete jenseits ihrer Landesgrenzen. Auf den Britischen Inseln wanderten sie z.B. vom ländlichen Schottland in Zentren wie Edinburgh und besonders Glasgow. Irische Arbeiter gingen in Scharen nach Belfast und Dublin und in noch größeren Scharen in die Industrie-

und Geschäftszentren von Liverpool und Manchester. Hierbei handelte es sich um Migrationsformen, die der Unterstützung der Familie dienen sollten, doch ebenso auch (für die unglücklichen Daheimgebliebenen) um Unternehmungen, um der Familie zu entkommen. Als Englisch sprechende Migranten nach Australien und Kanada zogen, taten sie dies zum Teil, um das Imperium auszubauen. Diejenigen, die in die Vereinigten Staaten einwanderten, kann man dagegen als Auswanderer betrachten, die fortgingen, um dem Empire zu entkommen.

Die ländliche Bevölkerung Frankreichs migrierte nur langsam, entweder in die Städte Frankreichs oder in Gebiete jenseits des Heimatlands. Vielleicht hatten die Errungenschaften des französischen Bauernstands in der Revolution der 90er Jahre des 18. Jahrhunderts dazu geführt, dass sie nun zufriedener mit ihrem Leben auf dem Land waren. Doch die französische Regierung war darauf bedacht, ein neues Reich zu schaffen: Zu diesem Zweck fiel Frankreich 1830 in Algerien ein und unterstützte den österreichischen Prinzen Maximilian bei seinem Versuch, gegen Ende der 50er Jahre des 19. Jahrhunderts die Kontrolle über Mexiko zu gewinnen. Französische Siedler zogen nach 1850 zu Tausenden nach Algerien, doch nur in geringeren Zahlen in andere Länder.

1850 bestand das spätere Königreich Italien aus zwei großen Königreichen (Sizilien und Piemont), einer bedeutenden Republik (Venedig), den Territorien des Kirchenstaats und einigen kleineren Gebieten. Ein italienisches Bewusstsein hatte seit Jahrhunderten existiert, doch erst in der Mitte des 19. Jahrhunderts entfaltete die Bewegung der nationalen Einheit ihre wahre Dynamik. Zu Beginn waren Giuseppe Mazzini und Giuseppe Garibaldi die Anführer, gegen Ende führte König Viktor Emmanuel von Piemont diese an und wurde 1861 zum König von Italien gekrönt.

Die Bewegung der nationalen Einheit zeigte Parallelen zur Industrialisierung und Urbanisierung Italiens. Bauern strömten in die italienischen Städte. Zur gleichen Zeit zogen viele über das neu vereinigte Italien hinaus in Gebiete Nordafrikas, die von Frankreich erobert worden waren, dann nach Brasilien, Argentinien und später in die Vereinigten Staaten. Die meisten dieser Migranten wollten ihre Familien unterstützen in dem Sinn, dass ein Großteil der Männer, die nach Übersee gingen, dies nur für eine bestimmte Zeit taten und nach Hause zurückkehrten, sobald sie genug Geld verdient hatten. Andere wollten als Siedler in Nordafrika oder Amerika neue Familien gründen. Von all diesen kann man behaupten, dass sie das italienische Reich verlassen wollten. In späteren Jahren beabsichtigte eine kleinere Anzahl von Migranten, das Imperium auszubauen, und zog in italienische Kolonien in Eritrea, Somalia und später Libyen. Spanische Migranten folgten einem ähnlichen Muster und gingen in die Karibik und nach Südamerika. Ihre Zahl belief sich auf etwa die Hälfte der italienischen Migranten. Auf eine andere Art und Weise reflektierte auch die Migration von Russen die Komplexität der Muster dieser italienischen Wanderbewegungen. Die Emanzipation russischer Leibeigener im Jahre 1861 verschaffte Bauern das Recht zu reisen, obwohl sie immer noch einen Pass beantragen mussten. Zunächst zogen viele Russen vor allem von Zuhause in andere ländliche Gebiete, z.B. von der Ukraine nach Zentralasien. Als Nächstes emigrierten sie in russische Städte und schließlich nach Übersee; hier waren es besonders jüdische Migranten, die in die USA reisten.

Eroberungen

Während europäische Migranten zur Veränderung der Bevölkerung einiger Regionen beitrugen, zeichneten gleichzeitig die Kolonialreiche der Welt die Karte der politischen Macht in anderen Gebieten neu, vor allem in Zentralasien, Süd- und Südostasien sowie Afrika. Europäische Reiche übernahmen die Kontrolle über riesige Landstriche. In manchen Fällen resultierten die Eroberungen aus großen Schlachten, wie im Zulu-Königreich 1879 bis 1880, in Ägypten 1882, Madagaskar 1895 bis 1896 und im Kalifat von Sokoto 1898. In anderen Fällen annektierten Europäer Territorien durch Verträge und schlugen später Rebellionen nieder, um ihre Machtposition zu festigen. Kleine Gruppen von Migranten aus Europa übernahmen die Regierung und beherrschten die Wirtschaft dieser Territorien. Ein ungewöhnliches Beispiel einer solchen imperialen Eroberung war der Kongo, in dem der König von Belgien mehr als 20 Jahre lang seine persönliche Kontrolle über ein enormes Territorium erhalten konnte.

Für die Europäer waren diese Eroberungen mit Erforschung, Annektierung und Besiedlung verbunden. Zum Teil eroberten Europäer neue Länder in der Hoffnung, die Kontrolle über wirtschaftliche Ressourcen zu gewinnen. Manchmal funktionierte dies – Diamanten in Südafrika, Uran im Kongo, Öl in Kuwait, Zinn und Gummi in Malaysia und Reis in Burma. In vielen anderen Fällen führten die Eroberungen zu keinem wesentlichen Reichtum.

Für die betroffenen afrikanischen und asiatischen Gesellschaften folgten den Eroberungen Phasen des Widerstands, der Assimilierung und der Vertreibung. Die Eroberer rissen die besten Ländereien an sich und nutzten die Besteuerung, um die Einwohner zu zwingen, in ihren Unternehmen zu arbeiten. Als die Franzosen 1883 in Westafrika das obere Nigertal eroberten, verlangten sie, dass die Sklaven des vorherigen Regimes an Ort und Stelle blieben und Getreide für die französische Armee produzierten. 1904 erhoben sich die Sklaven und kehrten in ihre Heimat zurück.

Als das Osmanische Reich im Ersten Weltkrieg besiegt wurde, wurden seine arabischen Territorien zwischen Großbritannien und Frankreich aufgeteilt. Großbritannien etablierte Monarchien in Jordanien und im Irak, während Frankreich direkt über Syrien und den Libanon herrschte. Die Ausübung britischer Herrschaft über Palästina, in das seit Jahrzehnten jüdische Siedler aus Russland und Westeuropa gekommen waren, schaffte die Voraussetzungen für einen neuen Konflikt. In der Balfour-Deklaration von 1917 befürwortete der britische Premierminister die Einwanderung osteuropäischer Juden nach Palästina.

Im Fall des Japanischen Kaiserreichs verliefen Eroberungen und Migration in entgegengesetzte Richtungen. Japanische Migranten zogen als Landarbeiter auf Pazifikinseln, vor allem nach Hawaii, und dann später in die Vereinigten Staaten, nach Brasilien und Peru. Zur gleichen Zeit strebte Japan nach Stützpunkten in China, gewann 1895 die Kontrolle über Taiwan und im Jahre 1910 über Korea, fünf Jahre nach seinem Sieg über Russland in einem Krieg um die Dominanz im Westpazifik. Nach dem Ersten Weltkrieg wurde Japan die Macht über einige Pazifikinseln übertragen, die unter deutscher Herrschaft gestanden hatten.

Für die Vereinigten Staaten war der Prozess der Migration und der Festigung der Macht länger und komplizierter. Durch Käufe von und Abkommen mit anderen imperialen Mächten gewannen die USA die Kontrolle über Louisiana, Florida, Oregon und Alaska. Dann »eroberten« sie durch ein Bündnis mit Siedlern, die das Reich durch Rebellion und Krieg ausbauen wollten, Texas und Kalifornien von Mexiko. Außerdem annektierten sie 1893 Hawaii und begannen fünf Jahre später ihren Eroberungszug in die spanischen Territorien der Philippinen, Puerto Ricos und Kubas. Von diesen konnte nur Hawaii eine große Anzahl von Siedlern aus den USA aufweisen, und allein Kuba gewann rasch seine Unabhängigkeit.

Migration zu und aus den Imperien

Migration und Eroberung sind zwei unterschiedliche Phänomene. Eines ist individuell motiviert und das andere ist das Ergebnis von Regierungspolitik – obwohl Regierungen eine Migration fördern oder behindern können. Warum fanden die europäische Migration und imperiale Eroberung zur gleichen Zeit statt? Die Industrialisierung war eindeutig ein wichtiger Faktor hinsichtlich des Zeitpunkts beider Phänomene.

Doch das volle Ausmaß der Kausalität mag zu komplex sein, um es in einer simplen Aussage zusammenzufassen. In dem Fall mag es einfacher sein, die Verbindungen hinsichtlich der Ergebnisse von Migration und der Bildung von Imperien zu diskutieren. Menschen aus Europa gingen zumeist aus dem Machtbereich ihres eigenen Heimatlandes fort. So wanderten Migranten aus Italien, Österreich, Skandinavien und Deutschland überwiegend aus ihren Reichen aus. Zahlreiche Migranten aus Großbritannien und Spanien zogen in ihre Kolonien, doch noch mehr verließen ihr Reichsgebiet gänzlich. Asiaten zogen unterdessen hauptsächlich in Reiche von Großmächten: vor allem über den Pazifik und in britische Territorien im Indischen Ozean.

Die Expansion von Reichen war im Allgemeinen verknüpft mit dem Machtanspruch über Länder in Übersee. Manchmal jedoch, wie bei amerikanischen und russischen Eroberungen, handelte es sich um eine territoriale Expansion in angrenzende Gebiete. (Ähnliches traf auf Kanada und Argentinien zu.) In diesen Fällen kamen die meisten Siedler aus dem nationalen Kernland. Zum Beispiel zogen die meisten Russen selbst dann an andere Orte innerhalb des Reichs, als russische Juden ganz aus dem Reich auswanderten.

Ebenso kann man Verbindungen, die durch Migration und Imperialismus geschaffen wurden, unter kulturellem Aspekt erkennen. Die Wechselwirkung von Imperialismus und Migration führte weltweit zu so vielen Verknüpfungen, dass man Kultur allmählich auf eine allgemeine Formel brachte. Die Nationen des Westens wurden von den Völkern des Ostens unterschieden. Im Westen dominierten die Weißen die Industrienationen Europas und Nordamerikas und besaßen parlamentarische Regierungen. Im Osten waren die Völker Asiens und Afrikas hauptsächlich dunkelhäutig und lebten ohne industriellen Wohlstand, viele von ihnen unter Kolonialherrschaft. Die Sowjetunion, der Arbeiterstaat, der aus der Asche des Russischen Reichs geboren worden war, wurde auf eine Stufe mit den anderen

Völkern und Staaten des Ostens gestellt. Lateinamerika, das nach dieser Hierarchie offiziell ein Teil des Westens war, blieb zumeist unberücksichtigt.

So legte die Kombination von Imperialismus und Migration das Fundament für die Spaltungen und Konflikte des 20. Jahrhunderts. Sie schuf die geographischen und politischen Kategorien Osten und Westen, Norden und Süden. Die beiden großen Bewegungen der Migration und der imperialen Eroberungen erreichten ihren Höhepunkt unmittelbar nach 1910 und wurden anschließend nahezu gestoppt durch die Katastrophe des Ersten Weltkriegs von 1914 bis 1918.

Schlussfolgerung

Seeverbindungen führten weiterhin den Prozess der menschlichen Migration während des 18. und 19. Jahrhunderts an. Die große Wanderung des 18. Jahrhunderts war die Zwangsmigration von Afrikanern in Gefangenschaft, hauptsächlich nach Amerika. Dieses Arbeitssystem, das eng mit dem Beginn der Massenindustrie verbunden war, verbreitete sich durch Afrika und Asien im 19. Jahrhundert, während es in Amerika zunehmend an Bedeutung verlor.

Die britische Seemacht, die sich im Verlauf des 18. Jahrhunderts durch zahlreiche Kriege gegen die Franzosen, Spanier und Holländer herausbildete, expandierte und brachte den Briten im 19. Jahrhundert die globale Vorherrschaft. Das Aufkommen von Dampfschiffen und ihre Abhängigkeit von Kohle, einer Ressource, über die Großbritannien damals in hohem Maße verfügte, ermöglichte sowohl die Durchführung billiger, verlässlicher Reisen als auch die britische Vormachtstellung auf den Seerouten.

Bereits im 18. Jahrhundert hatte die Welt insgesamt den Schock der anfänglichen interkontinentalen Verbindungen überwunden; fortan stieg die Bevölkerungszahl, und die Industrieproduktion wuchs kontinuierlich dadurch, dass menschliche und materielle Ressourcen in neuen Regionen eingesetzt wurden. Gleichzeitig aber führten die Migration, das Wachstum und die Neudefinition von Regionen auch zur Schaffung neuer, unter anderem regionaler und nationaler Identitäten, die teilweise durch das Wesen der regionalen Verbindung zum Rest der Welt geprägt wurden. Und innerhalb jeder Region wurden durch den gleichen Prozess neue Identitäten in Rasse, Volkszugehörigkeit und Souveränität geschaffen.

Im 19. Jahrhundert wirkten all diese Kräfte zusammen, wodurch es zur Ausprägung zweier scheinbar widersprüchlicher Tendenzen kam. Auf der einen Seite entstand das Zeitalter dessen, was Kenneth Pomeranz die »große Divergenz« nannte, in dem die Nationen Westeuropas und des Nordatlantiks schließlich gebündelt wie auch individuell Wohlstandsgrade erreicht hatten, die jene anderer Regionen bei weitem übertrafen – vor allem jene der Regionen in Süd- und Ostasien, die den Europäern zuvor an Wohlstand und Produktivität gleichgekommen oder gar noch besser gestellt gewesen waren. Auf der anderen Seite war die Industrialisierung Europas, der charakteristischste Aspekt der großen Divergenz, nicht eine Frage des Wachstums einer isolierten Region. Stattdessen erforderte das Industriewachstum die Bewegung von Arbeitern und die Warenproduktion in allen Regionen der Welt.

Im ausgehenden 19. Jahrhundert befähigte die wachsende Macht der Industrienationen sie dazu, die unter ihrer Kontrolle stehenden Territorien durch eine Reihe von militärischen und politischen Siegen zu erweitern mit dem Ergebnis, dass europäische Mächte um 1920 fast die Hälfte der Weltbevölkerung regierten. Doch noch bemerkenswerter in der historischen Veränderung dieses Zeitalters war die außergewöhnliche Zunahme von Wanderbewegungen in allen Regionen der Welt. Afrikaner migrierten weiterhin, selbst nach der allmählichen Abschaffung der Sklaverei, doch ihre Zahlen wurden in den Schatten gestellt von den Millionen Menschen aus ganz Europa und den meisten Regionen Asiens und Amerikas.

Während diese beispiellose Welle der freiwilligen Migration immer mehr Menschen ergriff und ihren Höhepunkt erreichte, kam gleichzeitig eine Bewegung von Zwangsarbeitern langsamer ihrem Ziel näher. Hierbei handelte es sich um die Emanzipationskampagne von Sklaven und Leibeigenen im Kampf um die Freiheit von ihren Herren, um das Recht, sich zu bewegen, wie sie wollten, und um die Staatsbürgerschaft in den Nationen und Reichen, in denen sie gedient hatten. Die Emanzipation von Sklaven und Leibeigenen in Europa und Amerika begann im 18. Jahrhundert und wurde im 19. Jahrhundert abgeschlossen, und in diesen Regionen schlossen sich Frauen und Lohnarbeiter in Emanzipationsbewegungen zusammen und verlangten nach ihrer eigenen Freiheit. Währenddessen war die Aufhebung anderer Formen unfreier Arbeit in Afrika und Asien erst um Mitte des 20. Jahrhunderts beendet.

Weiterführende Lektüre

Einen globalen Überblick über Sklaverei und Sklavenhandel findet man bei Patrick Manning, *Slavery and African Life: Occidental, Oriental, and African Slave Trades* (Cambridge 1990). Zum größten Einzelthema des Sklavenhandels vgl. Joseph C. Miller, *Way of Death: Merchant Capitalism and the Angolan Slave Trade, 1730–1830* (Madison/New York 1988). Zur Sklaverei und zum Sklavenhandel in anderen Regionen vgl. Herbert S. Klein, *African Slavery in Latin America and the Caribbean* (New York 1986), Hakan Erdem, *Slavery in the Ottoman Empire and its Demise, 1800–1909* (New York 1996), Ian Hancock, *The Pariah Syndrome: An Account of Gypsy Slavery and Persecution* (Ann Arbor/Michigan 1987), Abdul Sheriff, *Slaves, Spices & Ivory in Zanzibar* (Athens/Ohio 1987) und James Watson, *Asian and African Systems of Slavery* (Berkeley/Kalifornien 1980). Zur Produktion und zum Verbrauch von Zucker vgl. Signey Mintz, *Die süße Macht. Kulturgeschichte des Zuckers* (Frankfurt 1996). Die Erfahrung gebundener Diener bildet das Thema von Peter Wilson Coldham, *Bonded Passengers to America* (Baltimore/Maryland 1983) und Robert Hughes, *The Fatal Shore: The Epic of Australia's Founding* (New York 1986).

Migration veränderte die Identität von Migranten und denjenigen, denen sie begegneten. Für koloniale Gebiete können diese wechselnden Identitäten verfolgt werden in Carl A. Trocki, *Opium and Empire: Chinese Society in Colonial Singapore, 1800–1910* (Ithaca/New York 1990), Merwyn S. Gabarino, *The Seminole* (New York 1989), Ronald Wright, *Geraubtes Land* (Braunschweig 1992) und Peter Gray, *The Irish Famine* (London 1995). Migration war wichtig für die Schaffung nationaler wie auch individueller Identitäten. So kann man die Hauptwerke zum Nationalismus unter dem Aspekt der Migration neu nachlesen in Eric Hobsbawm, *Nationen und Nationalismus* (2. Aufl., Frankfurt 2005), Benedict Anderson, *Die Erfindung der Nation. Zur Karriere eines folgenreichen Konzepts* (3. Aufl., Frankfurt 2005) und Ernest Gellner, *Nations and Nationalism* (Ithaca/New York 1983). Exemplarisch für eine Identität, die gleichzeitig national wie auch global war, ist Olaudah Equiano, vgl. seine Autobiographie, *Merkwürdige Lebensgeschichte des Sklaven Olaudah Equiano, von ihm selbst veröffentlicht im Jahre 1789* (Frankfurt 2002).

Die industrielle Expansion verwandelte Europa, doch die gleichen Prozesse führten auch zu einer Veränderung in vielen anderen Regionen. Zu regionalen und globalen Migrationen und den begleitenden wirtschaftlichen Veränderungen vgl. Joseph Inikori, *Africans and the Industrial Revolution in England* (Cambridge 2002), Leslie Page Moch, *Moving Europeans* (Bloomington/Indiana 1992), Alfred W. Crosby, *Ecological Imperialism: The Biological Expansion of Europe, 900–1900* (New York 1993), Jeffrey Burds, *Peasant Dreams and Market Politics: Labor Migration and the Russian Village, 1861–1905* (Pittsburg/Pennsylvania 1998), Kathleen Neils Conzen, *Immigrant Milwaukee, 1836–1860: Accommodation and Community in a Frontier City* (Cambridge/Massachusetts 1976), David Northrup, *Indentured Labor in the Age of Imperialism, 1834–1922* (Cambridge 1995), Ehud R. Toledano, *The Ottoman Slave Trade and its Suppression: 1840–1890* (Princeton/New Jersey 1982) und David Eltis, *Economic Growth and the Ending of the Transatlantic Slave Trade* (New York 1987).

Das Ende des 19. Jahrhunderts kennzeichnen die einander bedingenden Erfahrungen imperialer Expansion und gesteigerter Migration nach Übersee. Den jüngsten globalen Überblick über regionale Migration liefert die Darstellung von Adam McKeown, *Global Migration, 1846–1940,* in: *Journal of World History 15* (2004), S. 155–189. Eine bedeutende Studie des Britischen Empire bildet das Werk von P. J. Cain und A. G. Hopkins, *British Imperialism, 1688–1914,* 2 Bände (London 1993). Zu Studien der Migration im gleichen Zeitalter vgl. Walter Nugent, *Crossings: The Great Transatlantic Migrations, 1870–1914* (Bloomington/Indiana 1992), Oscar Handlin, *The Uprooted: The Epic Story of the Great Migrations that made the American People* (2. Aufl., Boston/Massachusetts 1973), Dirk Hörder und Leslie Page Moch, *European Migrants: Global and Local Perspectives* (Boston/Massachusetts 1996), Philip D. Curtin, *Death by Migration: Europe's Encounter with the Tropical World in the Nineteenth Century* (Cambridge 1989), Randall Packard, *White Plague, Black Labor* (Berkeley/Kalifornien 1989), Albert Hourani und Nadim Shedadi (Hg.), *The Lebanese in the World: A Century of Emigration* (London 1992) und Wang Gungwu (Hg.), *Global History and Migrations* (Boulder/Colorado 1996).

KAPITEL 9

Die Verlockungen der Stadt, 1900 bis 2000

Nachdem sich die menschliche Mobilität im 19. Jahrhundert beschleunigt hatte, expandierte sie im 20. Jahrhundert noch weiter und veränderte sich. Die transnationale Arbeitsmigration erreichte im frühen 20. Jahrhundert ihren Höhepunkt mit drei Millionen Migranten pro Jahr, fiel auf eine geringere Zahl von 1930 bis 1960 und nahm dann von 1970 an wieder zu. Unterdessen veranlassten zwei große Kriege in der ersten Hälfte des Jahrhunderts und zahlreiche kleinere Kriege im Verlauf des gesamten Jahrhunderts Millionen von Menschen dazu, von den Schlachtfeldern zu fliehen und Zuflucht zu suchen, manchmal in eilig aufgebauten Lagern, doch vorzugsweise in Städten. Sowohl Arbeitsmigration als auch Flüchtlingsmigration trugen ihren Teil zum dritten großen Typ der Migration im 20. Jahrhundert bei: der Landflucht mit dem Ergebnis zunehmender Urbanisierung. Die hauptsächlichen Wanderbewegungen des 20. Jahrhunderts mündeten somit in die Expansion bereits existierender Städte, die Gründung neuer Städte, die Erschaffung verschiedener Arten von Vorstädten in Reichweite der Städte und die Schaffung neuer Beziehungen zu den Dörfern. Um 1990 lebte praktisch die Hälfte der menschlichen Bevölkerung – fast drei Milliarden Menschen – in städtischen Ballungsgebieten von mehr als 20 000 Einwohnern.

Selbst in den beschleunigten Strömungen der Bewegung im 20. Jahrhundert blieben die zugrunde liegenden vertrauten Muster der Migration bestehen. Die Diaspora, Flüchtlingsströme und Urbanisierung beruhten alle auf den ererbten Gewohnheiten der Menschen, besonders auf der gemeinschaftsübergreifenden Migration. Junge Erwachsene waren die zahlreichsten unter denen, die freiwillig oder unfreiwillig zu Gemeinschaften aufbrachen, in denen sie neue Sprachen und Bräuche erlernen mussten und in denen sie sowohl lernen als auch lehren würden. Natürlich nahmen im Laufe des 20. Jahrhunderts die auf Sprache basierenden Gemeinschaften, zwischen denen sich Migranten bewegten, neue Formen an. Das eigentliche Wesen von Sprachgemeinschaften veränderte sich in der Hinsicht, dass gegen Ende des Jahrhunderts die meisten Erwachsenen eine Sprache lesen oder schreiben konnten und dass die gesprochene Sprache auf elektronischem Wege fast grenzenlos übertragen werden konnte. Wenn auch in größerem Maßstab und mit neuen Technologien, so blieben die Prozesse und Ergebnisse der modernen Migration in ihren wesentlichen Zügen den frühesten menschlichen Bewegungen doch ganz ähnlich.

Dieses abschließende Kapitel erforscht die Migrationen des 20. Jahrhunderts in vier thematischen Abschnitten, die die verschiedenen Einflüsse der Urbanisierung auf das menschliche Leben aufzeigen. Der erste Abschnitt stellt die kulturelle Seite des städtischen Lebens in den Vordergrund, indem er sich auf die Diaspora konzentriert – jene Gemeinschaften von Migranten auf der ganzen Welt, die ihre Identität und ihre gemeinsame Abstammung teilten. Es wird gezeigt, dass die Diaspora, und nicht nur bestimmte Nationen, eine bedeutende Quelle für die aufblühende Popkultur des 20. Jahrhunderts war. Der zweite Abschnitt befasst sich mit neuen Arten des politischen Konflikts, besonders jenen, die als Völkermord und ethnische Säuberung bekannt sind, und zeigt die Bedeutung der Migration für diese Phänomene. Er soll uns einmal mehr bewusst machen, dass Nationen und Nationalismus im Zeitalter der rapiden Urbanisierung gewachsen sind und dass nationale Identitäten in Städten ihren stärksten Ausdruck fanden. Der dritte Abschnitt konzentriert sich auf die Erfahrung der Urbanisierung für Familien, indem er aufzeigt, wie es den Menschen durch ihre Familienbande möglich war, vom Land in die Stadt zu ziehen und dann von Stadt zu Stadt. Und obwohl die Familien an sich stabil blieben, wurde dennoch das eigentliche Wesen des Familienlebens verändert durch die physische Struktur von Städten und die Expansion staatlicher Institutionen wie Schulen. Der vierte Abschnitt setzt sich mit dem Einfluss der Migration auf die Identitäten im gegenwärtigen urbanen und globalen Zeitalter auseinander. Nicht allein Städte sind gewachsen, sondern auch Vorstädte expandierten ebenso schnell, und Dörfer haben neue Verbindungen zu städtischen Gebieten aufgebaut.

Leben in der Diaspora, 1880 bis 1950

Das 19. und 20. Jahrhundert waren das Zeitalter der Souveränität und der Nationalkultur. Nationalflaggen, -hymnen, -regierungen und eigene Bildungssysteme haben die Integrität und das Schicksal einer Nation nach der anderen besiegelt. Die herausragende Stellung von Nationen verleitet uns dazu, die Welt und all ihre Muster nach dem zu erklären, was in diesen geographischen Einheiten und den Wechselwirkungen zwischen ihnen stattfindet. Doch die Welt ist mehr als eine Akkumulation von Nationen.

Die alten und auch die neuen Diaspora-Gemeinschaften waren Phänomene, die sich über nationale Grenzen erstreckten, und sie haben ihre Kulturen mitgenommen und dementsprechend die moderne Welt stark beeinflusst. Die Zuwanderer früherer Zeiten aus Europa und Afrika hatten bedeutenden Anteil an der Bildung von Nationen auf beiden Seiten des Atlantiks. Mit der expandierenden Migration im 19. und 20. Jahrhundert bildeten sich neue Diaspora-Gemeinschaften, als Menschen aus Skandinavien, Indien, China und den Mittelmeerländern aufbrachen. Diese Gemeinschaften waren überwiegend städtisch geprägt und ihre urbane Konzentration ermöglichte es ihnen, ihre Identität und die Lebendigkeit ihrer Kultur zu erhalten, zum Beispiel durch Musik, Vereine oder Zeitungen.

Der nachfolgende Abschnitt vergleicht den Einfluss von Nationen und der Diaspora auf das Aufkommen der kosmopolitischen Popkultur. Während der vergangenen zwei Jahrhunderte sind viele kulturelle Phänomene kosmopolitischer geworden – das heißt, sie haben sich über die üblichen Grenzen von Souveränität und Volkszugehörigkeit ausgedehnt und sowohl auf elitärem als auch populärem Niveau verbreitet. So hat zum Beispiel die Musik von Symphonieorchestern und populären Bands zahlreiche nationale und gesellschaftliche Grenzen überwunden. Mit Hilfe der Übersetzung haben sich literarische Werke über die ganze Welt verbreitet. Filme sind auf Leinwänden fast weltweit erschienen und haben dabei alle Beschränkungen der Sprache und Bildung überschritten. Einzelne Architekten haben großartige Gebäude auf allen Kontinenten errichtet und die chinesische, französische und indische Küche hat in allen Regionen Einzug gehalten.

Das frühe 20. Jahrhundert eignet sich besonders, um die kosmopolitische Kultur zu erforschen und ihre Ursprünge in Nationen und der Diaspora zu erklären. Das bereits erwähnte Symphonieorchester ist ein gutes Beispiel – es ist eine europäische Form der Elitekultur, die sich in alle Gebiete der Welt verbreitet hat. Seine Künstler ziehen mit offensichtlicher Mühelosigkeit von Stadt zu Stadt und von Sprache zu Sprache. Auch Universitäten sind europäische Eliteinstitutionen, die sich auf der ganzen Welt etabliert haben. Im 19. Jahrhundert wetteiferten deutsche, britische und französische Modelle um die Vorherrschaft. Das deutsche Modell, das in den Vereinigten Staaten modifiziert wurde, wurde zum einflussreichsten und führte zur Umgestaltung der älteren Universitätssysteme in Südamerika, der islamischen Welt und China.

Kosmopolitische Popkultur übt einen umfassenderen Einfluss als Symphonien, Universitäten und die Haute Couture der Eliten aus. Von 1880 bis 1950 expandierte die Popkultur und wirkte sich schließlich auch auf die Fotografie, Zeitschriften, Musikaufnahmen, Filme, Radio, Kleidung, Sport, Fahrräder, Autos, Zigaretten und verschiedene Nahrungsmittel und Getränke aus. Die sprunghafte Verbreitung des Rauchens auf der ganzen Welt von 1920 bis 1950 ist ein treffendes, wenn auch ungesundes Beispiel für einen kosmopolitischen Trend.

Während Länder im 19. und 20. Jahrhundert zusammenwuchsen, beschrieben die Anführer ihre Nationen als die heroischen Größen der Geschichte, so als ob Nationen statt einzelner Individuen die Hauptrolle gespielt hätten. Viele Bürger teilten diese Sicht und feierten ihre Nationalkultur in Musik, Literatur und Kleidung. So sind beispielsweise die musikalischen Werke des Tschechen Bedřich Smetana, des Deutschen Richard Wagner, des Russen Peter Tschaikowsky und des Norwegers Edvard Grieg Ausdruck von Nationalstolz. Auch die Märsche von John Philip Sousa in den Vereinigten Staaten, die Musik der Mariachigruppen des revolutionären Mexiko und die Bühnenmusik Japans verstärken nationale Identitäten. Nationen tendierten dazu, ihre nationale Kultur so zu behandeln, als sei sie innerhalb ihrer eigenen Grenzen aufgekommen. Dieser Logik folgend, betrachteten die Menschen auch die kosmopolitische Kultur als eine mit nationalen Ursprüngen behaftete: französische Küche, Jazz aus den USA.

Doch eine allgemeinere Betrachtung enthüllt, dass sich diese »nationalen« Kulturformen untereinander und mit Diasporatraditionen überschnitten, um kosmopolitische Kulturen zu schaffen. Nehmen wir das Beispiel Kanada. Die kanadische Nation entwickelte sich aus einer prekären Mischung von alter und neuer Diaspora, zunächst aus der britischen und französischen und später aus weiteren Kulturen. Gegen 1950 blickte das Land auf eine lebendige kulturelle Tradition, die mehr kosmopolitisch als national geprägt war. Die Diaspora trug auch in anderen Zeiten und an anderen Orten aktiv zur Schaffung und Expansion der kosmopolitischen Kultur bei, selbst wenn die Herkunfts-»Nation« in den Augen der Welt nur ein geringes oder kein Ansehen hatte. Zum Beispiel wurde den Menschen des Libanon unter dem Osmanischen Reich oder dem darauffolgenden französischen Kaiserreich nur wenig Eigenständigkeit zugestanden. Und doch unterhielten libanesische Gemeinschaften kleine Läden entlang der Küste Afrikas, des Indischen Ozeans und in ganz Amerika. Der Schriftsteller Khalil Gibran wuchs in Boston auf, dann schrieb er in New York sein Buch »Der Prophet« in arabischer Sprache. Es ist seither in viele Sprachen übersetzt worden und auf der ganzen Welt erschienen.

Kultureller Wandel

Nationen bzw. ihre Angehörigen werden durch ihr gegenwärtiges Heimatland definiert, während jede Diaspora durch das Herkunftsland ihrer Mitglieder bestimmt wird. Nationen, wie sie im 20. Jahrhundert verstanden werden, umfassen eine Zentralregierung, klare Grenzen und Bürger, die ein Gefühl der nationalen Einheit verbindet. Moderne Nationen erfordern internationale Anerkennung, um zu funktionieren. Im Gegensatz dazu können ethnische Gruppen und Migrantengemeinschaften ihre Traditionen ohne formelle politische Anerkennung ihrer Existenz erhalten und weitergeben. Eine Diaspora ist eine Gemeinschaft, die den Kontakt untereinander pflegt und ihre Identität über große Distanzen bewahrt. Sie verfügt im Allgemeinen nicht über eine Armee und Regierung – sie wird durch gemeinsame Bräuche zusammengehalten. Eine Diaspora kann klein oder groß sein. Zum Beispiel gab es Verbände von Ibo-Siedlern aus Südost-Nigeria in den 30er und 40er Jahren des 20. Jahrhunderts nur in den Städten Nord- oder West-Nigerias, während die Chinesen gleichzeitig in die ganze Welt auswanderten.

Wie bereits zuvor angemerkt, werden Nationen gewöhnlich als Quelle der Kultur wie auch der kulturellen Veränderung angesehen. Diaspora-Gemeinschaften dagegen bewahren kulturelle Praktiken und entwickeln neue – von Religion und Philosophie bis hin zu Kleidung und Küche. Manchmal führte eine Migration zu kulturellen Veränderungen, so dass die Kultur der Diaspora sich von der nationalen Kultur des alten Heimatlands unterschied (obwohl sie immer noch mit ihr verwandt war). So verbreiteten sich zum Beispiel im frühen 20. Jahrhundert mexikanische Lieder, die Sikh-Religion, die polnische Küche und die Kleidung der Philippinen in neue Regionen der Welt, und auf dem Weg veränderten sie sich.

Eine neue Diaspora: Kontakte mit dem Heimatland

Die gesellschaftliche und kulturelle Organisation einer Diaspora stammt aus dem Heimatland, aus dem die Menschen aufbrachen, entweder vor kurzer oder auch langer Zeit. Verbindungen zur ursprünglichen Kultur können innerhalb einer Diaspora mündlich oder schriftlich, durch Literatur und Liedgut aufrechterhalten werden. Die Familie, Religion, Sprache, Beruf und Traditionen in der Kleidung, Musik, Kunst und Küche zählen zu den Verbindungen, die zum dauerhaften Bestehen beitragen.

Eine noch junge oder »neue« Diaspora kann durch direkte Kommunikation problemlos in Kontakt mit ihrem Herkunftsland bleiben, durch Reisen und Briefe, heute auch durch Telefon und Internet. Familien in der Diaspora können außerdem davon ausgehen, dass von Zeit zu Zeit neue, junge Migranten aufgenommen werden müssen, so wie Familien im Heimatland mit Rückkehrern rechnen können. Diejenigen, die hin- und herziehen, werden damit beauftragt, Nachrichten und Geschenke zu übermitteln.

Die chinesische Migration begann vor Jahrhunderten, doch die Zahl der Migranten stieg nach 1850 derart, dass man die chinesische Diaspora am besten als eine neue betrachten sollte. Seit 1859 haben die Regierungen Chinas versucht, die Verantwortung für im Ausland lebende chinesische Staatsbürger zu übernehmen, und die in der Diaspora Lebenden haben ihr Interesse an der Heimatnation behalten. Die Interaktion des chinesischen Heimatlands und der Diaspora wird besonders deutlich in der Sprachreform des 20. Jahrhunderts. Diese Veränderung machte Mandarin (Hochchinesisch) zur führenden Version der chinesischen Sprache.

Eine Diaspora-Kultur kann sich auch durch unerwartete Innovationen entwickeln. So hat zum Beispiel die Pizza in ihrer heutigen Form ihren eigentlichen Ursprung in den USA und wurde durch die Wechselbeziehungen italienischer Migranten und ihrer Familien daheim nach Italien gebracht, wo sie ihren Beitrag zu einer kosmopolitischen italienischen Kultur leistete. Wie dieser Fall illustriert, können Veränderungen in der Diaspora zu Veränderungen im Heimatland führen, wenn die beiden in Kontakt bleiben.

Die erwähnten chinesischen und italienischen Beispiele unterstreichen die Bedeutung der Gastarbeiter oder der kurzfristigen Migration. Die Hin- und Rückbewegungen von Menschen und kulturellen Praktiken beeinflussen das ursprüngliche Heimatland und die Diaspora. Die Erfahrung türkischer Migranten in Deutschland zeigt auf der anderen Seite, wie das

Gastarbeiterleben auch ein dauerhaftes Stigma schaffen kann. In Deutschland lockte das industrielle Wachstum nach dem Zweiten Weltkrieg Industriearbeiter aus anderen Ländern an, besonders aus der Türkei. Da man davon ausging, dass viele dieser Arbeiter nach einiger Zeit in ihre Heimat zurückkehren würden, wurden sie »Gastarbeiter« genannt. Infolge dieser Entwicklung und teilweise aufgrund dieser Etikettierung wurde Personen, die in Deutschland geboren wurden und türkischer Abstammung waren, nicht das Recht auf Staatsbürgerschaft gewährt.

Die alte Diaspora: Sehnsucht nach dem Heimatland

Wenn eine Migration vor langer Zeit stattfand, besteht zwischen der Diaspora-Gemeinschaft und dem Heimatland eher ein gedankliches und weniger praktisches Band. Es sind nicht so sehr die Bewegungen junger Leute als vielmehr die Erinnerungen und Traditionen der Älteren, wodurch die Verbindungen aufrechterhalten werden. Im Fall der jüdischen Diaspora lieferte die religiöse Identität das Ideal für eine einzigartige Gemeinschaft. Die jüdische Diaspora begann in der Antike mit der Verbreitung der Bevölkerung nach Babylon, Ägypten und Rom, gefolgt von Verboten und Vertreibungen. Wenn auch Familienbewegungen eine Verbindung zwischen verschiedenen Teilen der Diaspora halten konnten, so blieb der Kontakt zum Heimatland einzig durch die Erinnerung und in Gedanken bestehen.

Migranten und ihre Nachkommen heirateten auch Personen außerhalb der Gemeinschaft. Ohne die Verstärkung durch neue Migranten konnte die Diaspora-Gemeinschaft Gefahr laufen, durch Mischehen verwässert zu werden. Folglich stellte sich jeder Generation, die aus Mischehen hervorging, die Frage der Zugehörigkeit zur Diaspora: Würden die Kinder die Identität der Familie der Mutter oder des Vaters annehmen? Bei der Beantwortung dieser Frage erhielten die bewussten Abzeichen der Gruppenzugehörigkeit große Bedeutung – Namen, Kleidung, Religion und selbst Küche waren Wege, um die eigene Zugehörigkeit zu einer Diaspora auszudrücken. Diese Symbole der Identität bewahrten auch die Erinnerung an das Heimatland. Der Bagel ist ein solches Symbol. Er wurde von jüdischen Immigranten in Amerika populär gemacht, sollte jedoch ein so gutes Beispiel jüdischer Identität werden, dass jüdische Gemeinschaften auf der ganzen Welt ihn übernahmen. Und mit der Zeit wurde der Bagel sogar zu einem jüdischen Beitrag zur kosmopolitischen Kultur.

Die afrikanische Diaspora ist ein anderes Fallbeispiel, in dem die Auswanderer von ihrem Heimatland abgeschnitten waren. Junge Migranten wurden in Ketten verschleppt. Nur wenige konnten nach Hause zurückkehren oder Briefe oder Geld zurücksenden. Das Band zu ihrer Heimat am Leben zu erhalten, war eine Sache der Erinnerung und der intuitiven Pflege der Tradition – zum Beispiel durch die Beibehaltung von Vokabular und Gesten des Heimatlands. Eine andere Methode, die Erinnerung zu bewahren, war das Geschichtenerzählen. Diese Tradition ist für die gesamte afrikanische Diaspora gut dokumentiert. Selbst ohne neue Migranten aus Afrika blieben die Anansi-Geschichten von der Goldküste in Jamaika lebendig, und die Bre'er-Rabbit-Geschichten des amerikanischen Südens bewahrten die Erinnerung an den Senegal.

Aufgrund der Natur ihrer Existenz (in der frühen Zeit dieser Periode zum größten Teil als Sklaven) verloren Teile der afrikanischen Diaspora den Kontakt zueinander und interagierten verstärkt mit den sich entwickelnden nationalen Traditionen Amerikas. Die in der afrikanischen Kultur traditionell hohe Bedeutung des Tanzes trug zu vielen lokalen Innovationen bei, zum Beispiel dem Tango in Argentinien, dem Samba in Brasilien, dem Merengue in der Dominikanischen Republik und dem Swing und Cakewalk in den USA.

Zwei weitere Charakteristika einer alten Diaspora sind die gelegentliche Pilgerfahrt ins Heimatland der Vorfahren und die Bemühung, ein neues Heimatland aufzubauen. Zum Beispiel hatten die Bestrebungen der Zionisten, ein jüdisches Heimatland zu schaffen, Erfolg, als 1948 der Staat Israel gegründet wurde. Unter den verschiedenen in dieser Hinsicht in der afrikanischen Diaspora unternommenen Versuchen fand die *Universal Negro Improvement Association* von Marcus Garvey, die ihren Höhepunkt im Atlantikraum um 1920 erreichte, die meiste Unterstützung.

Quellen der kosmopolitischen Kultur

Die Kultur wurde im Verlauf der Zeit kosmopolitischer. Und doch ist eine kosmopolitische Kultur gezwungenermaßen schwieriger zu definieren und zu kategorisieren als eine nationale oder Diaspora-Kultur, da bestimmte Inhalte und Formen über Grenzen hinweg geteilt werden. Als das Phänomen der kosmopolitischen Kultur sämtliche Regionen der Welt ergriff, wurden dabei auch einander überlappende und allgemeine kulturelle

Identitäten verbreitet. Die Vorstellungen des »Westens« und »westlicher Zivilisation« beinhalten eine kosmopolitische Kultur, die in den Sprachen Westeuropas ausgedrückt wird, sowie die Traditionen des katholischen und protestantischen Christentums. Dabei handelt es sich um alte wie auch neue Identitäten. Eine kosmopolitische islamische Kultur hat mehr als 1 000 Jahre lang existiert und eine chinesische kosmopolitische Kultur sogar noch länger. Panarabische, panafrikanische, panamerikanische und panslawische Identitäten jedoch haben sich erst im 19. und 20. Jahrhundert entwickelt. Eine Person aus Ghana oder Barbados kann sowohl eine nationale als auch eine panafrikanische Identität besitzen und sich zudem als Teil der westlichen Zivilisation betrachten.

Wie kann man bei einzelnen Phänomenen unterscheiden, ob sie von einer nationalen oder kosmopolitischen Kultur oder von einer Diaspora geprägt sind? Die Unterschiede sind für bestimmte kulturelle Praktiken oder Produkte deutlicher erkennbar als für allgemeine kulturelle Identitäten. Bei jeder kulturellen Innovation kann man die Frage stellen, ob sie ihren Ursprung im Heimatland oder in der Diaspora hat. In der Musik zum Beispiel lässt sich der Jazz am einfachsten erklären als das Produkt einer Diaspora. Die Anfänge des Jazz, eine Bandbreite von musikalischen Ausdrucksformen für kleine Gruppen, finden wir im Improvisationsstil afroamerikanischer Musiker in New Orleans. Er verbreitete und entwickelte sich über afro-amerikanische Netzwerke in den USA und darüber hinaus, und seine Popularität brachte ihn Musikern und Zuhörern jeglicher Abstammung nahe. Jazz ist die Musik der afrikanischen Diaspora, doch er wurde auch die Musik eines kosmopolitischen atlantischen Publikums.

Für das Kino war dagegen der nationale Hintergrund stärker. Filmkameras verbreiteten sich nach ihrer Erfindung über die ganze Welt, doch Filme konzentrierten sich, besonders nach der Entwicklung des Tonfilms, auf das Publikum innerhalb eines nationalen Rahmens. Die Filmindustrie boomte vor allem in den Vereinigten Staaten und die deutschen, französischen und britischen Industrien fanden ihren eigenen Weg. Es entwickelte sich außerdem ein großes Filmpublikum in Russland, Mexiko und Indien, ein etwas kleineres in China, Japan und Brasilien.

Eines der großen Feste der populären Kultur ist der Karneval, der in der gesamten katholischen Welt als die Zeit der Ausgelassenheit vor der Fastenzeit gefeiert wird. Am stärksten entwickelte er sich in Brasilien, und der Karneval in Rio de Janeiro ist zum Kernstück der brasilianischen Nationalkultur geworden. Das Fest umfasst Tanz, Kostüme, Musik, Essen und religiöse Andacht. Sein Ursprung liegt in der Vermischung der katholischen und afrikanischen Diaspora und seine Evolution hat vom Beitrag zahlreicher anderer Immigranten in Brasilien profitiert. In diesem und anderen Fällen verbinden sich Nation und Diaspora und schaffen eine moderne Kultur.

Nationen und Flüchtlinge, 1900 bis 1980

Bis zum Anbruch des 20. Jahrhunderts fuhren die Kolonialmächte fort, ihre Kontrolle über die Welt auszuweiten. Gleichzeitig wuchs das Nationalbewusstsein innerhalb und außerhalb dieser Reiche. Der Erste Weltkrieg kehrte diesen Trend jedoch um. Sein Chaos und seine Zerstörung rissen einige Weltreiche auseinander und enthüllten die Nationen in ihnen. Das Osmanische Reich beispielsweise wurde auf die Türkei reduziert, und seine arabischen Territorien wurden zunächst zu britischen und französischen Kolonien und später zu Nationen. Die Österreichisch-Ungarische Monarchie zerfiel und hervor gingen Österreich, Ungarn, die Tschechoslowakei und Teile Jugoslawiens. Unterdessen wurden China, Deutschland und Russland zu Republiken und verloren dabei Teile ihres imperialen Territoriums. In all diesen Fällen war die Urbanisierung sowohl die Ursache als auch das Ergebnis der Verwandlung von Imperien in Nationen.

Die Menschen in Ländern, die ihre Souveränität erklärten, betonten die nationale Solidarität – sie schwenkten Fahnen und sangen Nationalhymnen, um ihre Einheit zu feiern und ihre Selbstbestimmung zu verkünden. Dabei lenkten einige nationalistische Führer ihren Blick auf die angeblichen »Bedrohungen«, die von Menschen ausgingen, die zwar innerhalb der Nation lebten, doch nicht der dort jeweils herrschenden Vorstellung eines Staatsbürgers entsprachen. Diese Nationalisten predigten die Einzigartigkeit und Reinheit ihrer Nation. Wenn sie an die Regierungsmacht kamen, strebten sie danach, diese Einzigartigkeit zu erhalten und zu festigen, indem sie jeden, der nicht ins Schema passte, vertrieben oder eliminierten. Manchmal wurden diese »Bedrohungen« als ethnische, manchmal als religiöse Gruppen identifiziert. Die Rassenideologie war im frühen 20. Jahrhundert weit verbreitet, und manche Anführer und nationale Bewegungen forderten die rassische Reinigung der Nation.

Die Zeit von 1900 bis 1980 erlebte die Bildung vieler neuer Nationen und damit die Schaffung zahlreicher neuer Flüchtlingsströme. Das Festlegen nationaler Grenzen – seien sie geographischer, ethnischer, ideologischer oder religiöser Natur – konnte über die Vereinigung hinausgehen (und dies geschah auch) und zu Ausschluss sowie gelegentlich zu Verfolgung führen. Was in Südafrika geschah, ist bezeichnend für diese Geburtswehen von Nationen im 20. Jahrhundert. Dieses Land erlangte zu Beginn des Jahrhunderts die Anerkennung, doch seine Politik der Rassentrennung schloss so viele Einwohner von der Staatsbürgerschaft aus, dass sie Ströme von Exilanten schuf. Das Land scheiterte daran, eine sichere nationale Einheit zu schaffen, bis zum dramatischen Versuch der Versöhnung in den 90er Jahren. Die Ereignisse in Südafrika führten nicht zum Völkermord, doch in anderen Nationen resultierte ähnlicher Druck in genau dieser Katastrophe.

Der Erste Weltkrieg stellte eine Art Wendepunkt dar, an dem die Bewegung von Migranten zur Bewegung von Flüchtlingen wurde – Menschen, die aus politischen und wirtschaftlichen Gründen aus ihrer Heimat flohen. In den Jahren vor dem Krieg trafen die meisten Migranten individuelle Entscheidungen und verließen ihre Heimat aus persönlichen Gründen. Während des Krieges und danach migrierten die meisten als Mitglieder von Gruppen, deren Schicksal es war, vertrieben oder unterdrückt zu werden. Bei Ende des Ersten Weltkriegs und nach dem Zweiten Weltkrieg wurden die nationalen Grenzen in Europa und Asien neu gezogen, angeblich, um dem Selbstbestimmungsrecht der Völker gerechter zu werden. Es wurden allerdings auch Menschen auf die eine oder andere Weise umgesiedelt, um den Grenzen zu entsprechen.

Die Bedingungen in Südafrika und allen anderen Teilen der Welt im 20. Jahrhundert schufen Ströme von Flüchtlingen. Immer wieder führte das alles beherrschende Verlangen nach nationaler Einheit zur Vertreibung von Minderheiten oder anders denkenden Gruppen. Die gelegentlichen Morde, die fast jede Kampagne um nationale Einheit begleiteten, verwandelten sich mitunter in Völkermord. Auch wenn die Zahl der Ermordeten manchmal übertrieben wird, wird unterschätzt, in wie vielen Fällen solche Massaker im 20. Jahrhundert stattfanden.

Die bedeutendste Mordkampagne war der Holocaust unter der Naziherrschaft in Deutschland im Zweiten Weltkrieg. Nach Kriegsende, als der Horror vollständig bekannt wurde, schworen viele Beobachter »Nie wieder!« Doch Massenmord aus nationalistischen Interessen sollte noch nicht der Vergangenheit angehören. Vorkommnisse in Indonesien im Jahre 1965, im gleichen Jahr in Burundi und 1972 bis 1973 in Kambodscha zeigen, dass es immer noch zu Völkermorden kommt. Wenn man diese

Fälle individuell betrachtet, erscheinen sie so extrem, dass sie einmalig und nicht repräsentativ aussehen. Sieht man sie jedoch im historischen Kontext, so zeigt sich, dass Flüchtlingsbewegungen und Völkermord immer wieder mit dem Nationalismus verknüpft sind.

Interpretation von Nationalismus, Vertreibung und Völkermord

Wie in den vorausgehenden Jahrhunderten wies die Welt des frühen 20. Jahrhunderts viele gesellschaftliche Trennungen und kulturelle Konflikte auf. Dazu gehörten Klassenkonflikte zwischen Arbeitnehmern und Arbeitgebern und zwischen Bauern und Grundbesitzern. Unterschiede in Rasse, Nationalität, Religion und Geschlecht wurden kontrovers diskutiert – manchmal mit Waffen. Von all diesen Unterschieden und Trennungen gewannen diejenigen, die auf Nationalität und Rasse beruhten, die meiste Aufmerksamkeit. In der Ideologie des frühen 20. Jahrhunderts wurden nationale und ethnische Unterschiede als grundlegend betrachtet.

Im 20. Jahrhundert wurden Versuche unternommen, Spaltungen innerhalb von Staaten zu beheben, die teilweise stark varrierten. Eine Form zur Schaffung von Einheit war der so genannte »melting pot« (Schmelztiegel), die Methode gegenseitigen Entgegenkommens, bei der die verschiedenen ethnischen Gruppen sich allmählich änderten und einander ähnlicher wurden. Eine andere, davon leicht abweichende Form war die Assimilation, die von Minderheiten verlangte, ihre Traditionen aufzugeben und eine dominante Kultur zu übernehmen – diese Strategie war zum Beispiel als »Amerikanisierung« oder »Russifizierung« in den entsprechenden Ländern bekannt.

Die übrigen Versuche zur Beendigung nationaler Uneinigkeit führten alle zu Flüchtlingsbewegungen. Eine Methode war die Teilung – der Staat wurde zweigeteilt, zum Beispiel als Norwegen sich 1905 von Dänemark trennte oder Irland 1922 von Großbritannien. Ein anderer Weg bestand in der Vertreibung unerwünschter ethnischer oder anderer Gruppen – wie die sowjetische Vertreibung der Wolgadeutschen nach Zentralasien in den 30er Jahren des 20. Jahrhunderts. Die extremste Methode war der Völkermord mit dem Ziel, unerwünschte ethnische Gruppen einzuschüchtern, zu vertreiben oder gar zu eliminieren.

Massaker an Menschen haben im Laufe der menschlichen Geschichte nur zu häufig stattgefunden, doch das »Abschlachten« im Namen der Nationsbildung ist ein jüngeres Phänomen. Bei den Völkermorden des 20. Jahrhunderts wandten sich langjährige Nachbarn plötzlich dem Mord als einem Mittel zu, nationale Reinheit zu erreichen. Der erste Fall, der Vertreibung und Völkermord in großem Maßstab verband, war der Genozid am armenischen Volk durch die Türken. Im Jahrhundert zuvor hatte das Osmanische Reich zahlreiche Konflikte erlebt, in denen Unabhängigkeitsbewegungen und ausländische Eroberungen Territorium um Territorium seiner Kontrolle entrissen. Als sich im Ersten Weltkrieg allmählich die bevorstehende Niederlage der Türken abzeichnete, begann die türkische Regierung, die Armenier als eine Bedrohung der Reichssicherheit zu sehen, sie ab 1915 aus ihren Häusern zu holen und in südliche Gebiete des Reichs zu transportieren. Immer wieder wurden Armenier im Zuge dieser Vertreibung hingerichtet, und zwar in einem Maße, dass man von Völkermord sprechen muss.

Holocaust

Ob sie nun vom Staat, politischen Parteien oder Gesellschaftsgruppen angeführt wurde, der Zuspruch, den rassische, religiöse und nationale Diskriminierung fand, erreichte im frühen 20. Jahrhundert eine Art Höhepunkt. Im Falle Armeniens wie beim Rassismus gegen Schwarze gab es öffentliche Kampagnen, um die Opfer dieser Angriffe zu erniedrigen und zu verleumden.

Doch keine andere Kampagne war so zielgerichtet wie die des nationalsozialistischen Deutschland gegen die Juden. Für dieses Regime unter der Führung der Nationalsozialistischen Partei war das Ziel der Aufbau einer Nation aus »reinen« Deutschen »arischer« Abstammung. Als die Nationalsozialistische Partei 1933 in Deutschland an die Macht kam, begann ihre Kampagne mit der Entlassung von Juden aus einflussreichen Positionen und ihrer Vertreibung aus dem Land. Juden waren angeblich minderwertig und verunreinigten die Nation. Die Bedrohung durch die Nazis war offensichtlich, und deshalb floh ein Strom jüdischer Flüchtlinge aus Deutschland, bis 1939 der Krieg ausbrach.

Danach wurden Millionen von Juden in besetzten Gebieten verhaftet und in Konzentrationslager deportiert, in denen von 1942 bis 1945 ein Völkermord nie gekannten Ausmaßes stattfand. Auch wenn der Transport und die Hinrichtung von Millionen offiziell geheim gehalten wurden, waren die Entfernung von Juden aus allen einflussreichen Positionen und ihre systematische Verfolgung im Namen des deutschen Nationalismus für alle offensichtlich.

Auschwitz, eines der ersten und größten Konzentrationslager, wurde zum Prototypen für alle anderen. Auschwitz ist der deutsche Name eines polnischen Dorfs, das, als die Nazis 1939 in Polen einmarschierten, zum Ort eines Komplexes von Konzentrationslagern wurde. Über dem Haupttor prangte ein Schild mit der perfiden Aufschrift »Arbeit macht frei«. 1942 wurden die Gaskammern und Krematorien dort in Betrieb genommen.

Neben der Eliminierung von Juden wertete das Nazi-Regime auch andere Gruppen als lebensunwürdig ab und ließ sie systematisch hinrichten. Ein Großteil der Sinti und Roma, die bereits in früheren Jahrhunderten unter Vertreibung und Sklaverei gelitten hatten, verlor sein Leben in den Konzentrationslagern. Homosexuelle und Behinderte wurden systematisch ermordet und auch Kommunisten und politische Gegner wurden ebenfalls in die Lager deportiert.

Als die Lager 1945 befreit wurden, führte die Enthüllung dieser Hinrichtungen zu schockierten Reaktionen und Diskussionen auf der ganzen Welt und später zur Übernahme des Begriffs »Holocaust«, um die Ereignisse zu beschreiben. Nach dem Krieg richteten die Amerikaner in Nürnberg ein Kriegsverbrechertribunal ein, das den Tatbestand des Verbrechens gegen die Menschlichkeit erstmals in Rechtsbegriffen formulierte. Die neu gegründeten Vereinten Nationen verabschiedeten eine Erklärung der Menschenrechte. So resultierte aus den Exzessen des Nationalismus und der nationalen »Säuberung« der Kriegszeit unmittelbar die Schaffung neuer internationaler Organisationen und Vorstellungen von Menschenrechten, die die Souveränität der Nation herausforderten.

Das Grauen dieser und anderer Fälle von Hinrichtungen in Kriegszeiten machte es leichter, die Taten und ihre Täter zu verdammen, als darüber nachzudenken, wie diese Vorfälle in die Geschichte insgesamt einzubinden sind. Hannah Arendt, selbst ein Flüchtling aus Nazi-Deutschland, war eine der wenigen, die Völkermord in einem breiteren Kontext betrachteten. Sie schrieb über die »Banalität des Bösen«, wenn Völkermord zur Routine wird, und zeigte die Verbindung zum »Totalitarismus«, den sie als vom Weg abgekommenen Nationalismus bezeichnete. Andere Autoren haben über die Rolle der Vergewaltigung und Geschlechtergewalt beim Völkermord geschrieben.

Dekolonisation und Massenmord

In der Zeit nach dem Zweiten Weltkrieg wurden in den immer noch bestehenden Kolonien die Forderungen nach Autonomie immer lauter. Die Kämpfe um die Schaffung nationaler Identitäten führten zu neuer unterschiedlich stark ausgeprägter nationaler Solidarität, doch auch zu neuen Spaltungen – Gewalt, Flüchtlingsströmen und gelegentlich Völkermord. Frantz Fanon, der auf Martinique geborene Psychiater, der zum führenden theoretischen Vertreter der antikolonialen Revolution in Afrika wurde, schrieb, dass die Kolonialordnung durch eine Herrschaft der Gewalt und mitunter des Völkermords aufrechterhalten werde und ihre Beendigung eine gewalttätige Vorgehensweise erfordere. Seine Analyse erklärte die französische Unterdrückung in Algerien und Madagaskar in den ausgehenden 40er Jahren des 20. Jahrhunderts und rechtfertigte die Kriege der nationalen Befreiung in Algerien in den 50er Jahren und in Südafrika seit den 60er Jahren des 20. Jahrhunderts. Er warnte auch vor möglichen Bürgerkriegen unter postkolonialen Regimen.

Obwohl Fanons Analyse aufschlussreich war, bedachte sie nicht die Flüchtlingskrisen, die die Dekolonisation begleiteten. Zur vielleicht größten derartigen Flüchtlingsbewegung kam es im Zuge der Gründung zweier neuer Nationen, Indien und Pakistan, als Millionen von Menschen 1947 ihre Heimat aufgaben, um über eine neue nationale Grenze zu ziehen, die angeblich nach religiösen Kriterien gezogen worden war.

Anschließend führten die Dekolonisation und postkoloniale Kämpfe zu Flüchtlingsströmen auf der ganzen Welt. Umweltkatastrophen verschlimmerten die politischen Krisen: Unter den afrikanischen Flüchtlingen waren viele, die durch Dürren von ihrem Land vertrieben wurden. Bei den meisten dieser Flüchtlingsbewegungen versuchten die Vereinten Nationen und andere internationale Organisationen zu helfen.

Doch in vielen Fällen gab es auf Massenmorde und Flüchtlingsbewegungen keine internationale Reaktion. In Burundi eskalierte der Konflikt unter den ethnischen Gruppen, bevor eine Intervention stattfand. In Indonesien mündete eine verfehlte militärische Revolte von Linksparteien im Jahr 1965 in einen gnadenlosen Rachefeldzug gegen die Kommunistische Partei und die chinesischen Indonesier, die ihre augenfälligsten Verfechter waren. Alteingesessene Bürger chinesischer Herkunft und Neuankömmlinge der ersten Generation wurden ermordet. Fast eine halbe Million Menschen verlor in einem Jahr ihr Leben, einige durch das Militär hingerichtet, andere bei Aufständen getötet. Die Feindseligkeiten, die diesem Ausbruch zugrunde lagen, hatten ihre Ursache in ethnischen und parteipolitischen Konflikten sowie dem Verlangen nach Rache für den Bürgerkrieg, der die Unabhängigkeit Indonesiens von 1945 bis 1948 begleitet hatte.

In der Atmosphäre des Kalten Kriegs wurde dieser Massenmord weitgehend totgeschwiegen. Das neue indonesische Regime unter General Suharto sprach schlicht von einer Wiederherstellung der Ordnung. Die überlebenden Chinesen und Kommunisten in Indonesien hatten keine Verbündeten und versteckten sich. Es erfolgte praktisch keine internationale Reaktion. Es bleibt also die Frage, warum manche nationalistischen Exzesse die internationale Aufmerksamkeit erhalten und andere nicht.

Solidarität und Ausgrenzung

Die Erfolge und Misserfolge nationaler Einheit sind untrennbar miteinander verknüpft. Im Idealfall bietet Solidarität jeder nationalen Gesellschaft einen sicheren Rahmen, in dem sie sich nach Belieben entwickeln kann. Im schlimmsten Fall ermöglichen Nationen mächtigen Gruppen in ihnen, ungestraft zu handeln und andere Gruppen zu vertreiben oder zu eliminieren.

Im Gefolge des Holocausts kam es zur Nationsbildung und dann zu nationalen Streitigkeiten und weiteren Flüchtlingsbewegungen. Der Zionismus – die Bewegung zur Schaffung eines jüdischen Staats im Heimatland der Vorfahren – kollidierte mit dem Anspruch der Palästinenser. Der Holocaust und die Nachkriegsmigration der Juden verstärkten die jüdische Entschlossenheit, mit allgemeiner internationaler Unterstützung in Palästina ihren Staat zu errichten. Doch eben diese Region war das Zentrum einer ebenfalls jahrzehntelangen Bewegung für die Anerkennung arabischer Nationen an Stelle der osmanischen, britischen und französischen Kolonialherrschaft. Das Ergebnis waren Kriege, die Teilung Palästinas, die Anerkennung des Staats Israel und die Schaffung einer entwurzelten palästinensischen Bevölkerung. In dieser Konfrontation nationaler Bewegungen, die sich bis heute fortsetzt, intervenierten die Vereinten Nationen und andere internationale Organisationen bisher in jeder Phase, doch niemals mit wahrer Macht.

Die nationale Katastrophe Kambodschas resultierte aus seiner Verstrickung in die großen Konflikte des 20. Jahrhunderts: Kapitalismus gegen Sozialismus, prokommunistische gegen antikommunistische Regime. Der lange Krieg im benachbarten Vietnam riss schließlich auch Kambodscha mit in das kriegerische Geschehen. Der antikommunistische Militärführer Lon Nol ergriff die Macht und wurde seinerseits von den nationalistischen und prokommunistischen Roten Khmer gestürzt. Die Roten Khmer standen für eine Form des Nationalismus, der sich gegen das Stadtleben und ebenso gegen die vietnamesische Bevölkerung Kambodschas richtete. Von 1975 bis 1979 entvölkerten die Roten Khmer unter Pol Pot die Stadt Phnom Penh und richteten etwa eine Million Menschen hin – Städter, ethnische Vietnamesen und Antikommunisten. 1979 stürmten vietnamesische Truppen das Land und drängten das Pol-Pot-Regime an die Grenzen nach Thailand zurück. In einer bizarren Wendung internationaler Politik jedoch erkannten die Vereinten Nationen die Roten Khmer auf Drängen der USA für weitere zehn Jahre als Regierung Kambodschas an.

Völkermord ist der extremste und abscheulichste Weg zu einer Vereinheitlichung einer Nation. Vergangene Völkermorde haben nur selten ihr Ziel vollständig erreicht, doch sie zersplitterten die betroffenen Bevölkerungen, lösten Flüchtlingsströme aus und provozierten unzählige Probleme, wo immer sich die Flüchtlinge ansiedelten. Die Gräuel, die von Regierungen autonomer Länder verübt wurden, stellen das Prinzip der Souveränität von Nationen grundsätzlich in Frage. Folglich kann die Reaktion auf einen Genozid schließlich zu Veränderungen an den souveränen Rechten von Nationen führen.

Familien in Städten, 1920 bis 1990

Urbanisierung geht weit zurück in der Menschheitsgeschichte. Das vielversprechende Leben in der Stadt hat seit langem Jung und Alt fasziniert. Im 20. Jahrhundert jedoch schritt die Urbanisierung in einem solchen Tempo fort, dass bis 1990 mehr als die Hälfte der Weltbevölkerung in Städten lebte. Abbildung 9.1 illustriert das urbane Wachstum auf der Welt durch einen Vergleich der größten Städte des Jahres 1900 mit den größten Städten des Jahres 2000. Dies war mehr als eine Veränderung von einigen wenigen Zentren, es war eine Veränderung in den Mustern der menschlichen Bevölkerung. Städte entzogen den Dörfern ihre Einwohner und schickten dann Schwärme von Siedlern in Vorstädte. Dörfer, einst der Kern

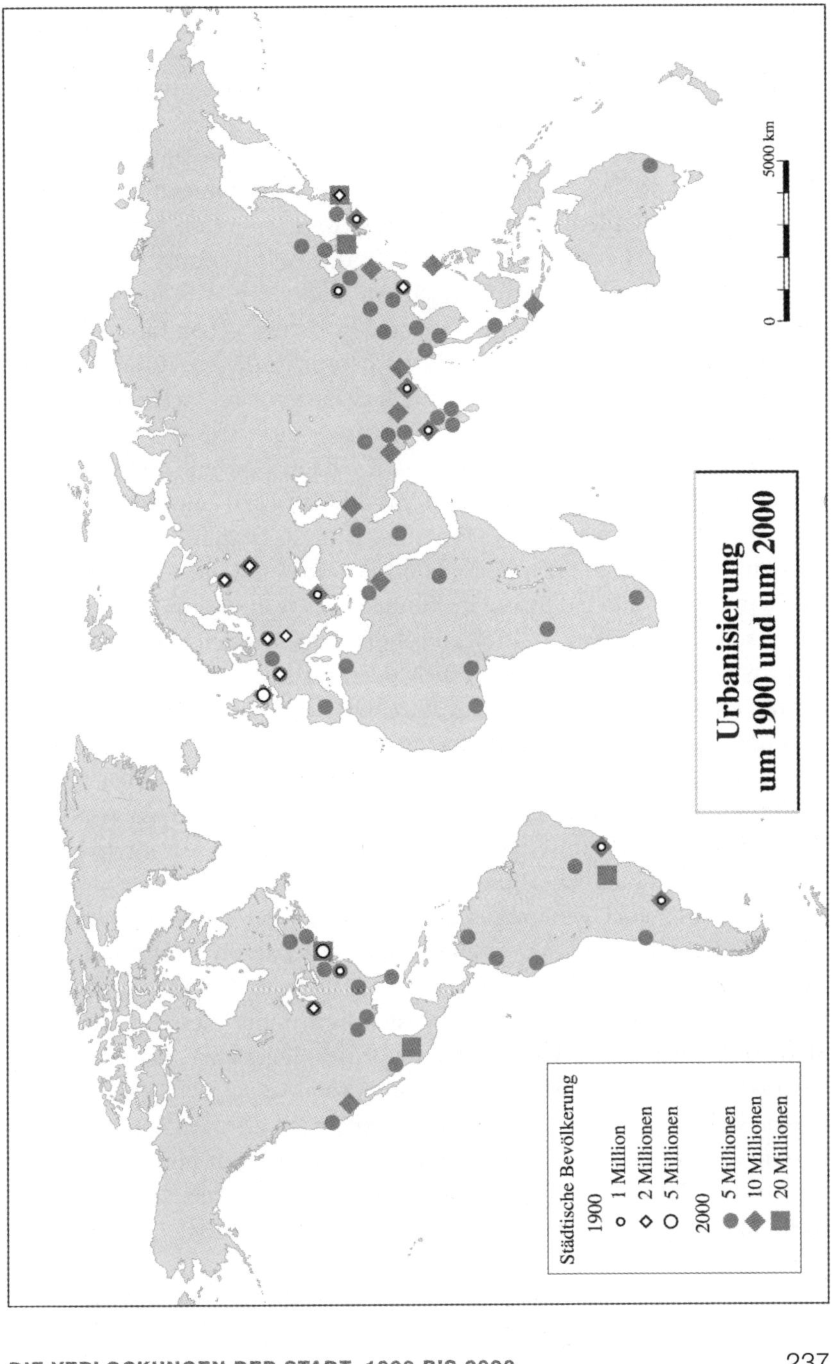
Urbanisierung
um 1900 und um 2000
Städtische Bevölkerung
1900
1 Million
2 Millionen
5 Millionen
2000
5 Millionen
10 Millionen
20 Millionen
0
5000 km

des Familienlebens, wurden schrittweise zu Dienstleistungsgebieten für Familien, die in Städten lebten. Die Strategien von Familien, um Sicherheit zu erlangen oder ihre Stellung zu verbessern, änderten sich, um sich den neuen Bedingungen anzupassen.

Die zehn größten Städte des Jahres 1920 hatten eine durchschnittliche Bevölkerung von drei Millionen, um 1990 war diese Zahl auf 15 Millionen angestiegen. Außerdem verwandelte das sich verändernde Tempo der Urbanisierung die Hierarchie von Städten in der Weltordnung. 1990 enthielt die Liste der zehn bevölkerungsreichsten Städte der Welt nur drei Orte, die bereits 1920 auf dieser Liste gestanden hatten – London, New York und Tokio. Das spektakuläre Städtewachstum in diesen 70 Jahren weist darauf hin, dass sich das Leben in diesem Zeitraum auf vielerlei Art geändert haben muss.

Gegen Ende des 20. Jahrhunderts hatte jede Region eine Metropole. Die bevölkerungsreichsten Städte mit 10 bis 20 Millionen Einwohnern waren nun Mumbai, Mexiko-Stadt, São Paulo, Jakarta, Istanbul, Shanghai und Moskau – dazu eben New York, London und Tokio. Mexiko-Stadt, São Paulo und Moskau sind Städte im Binnenland, während die anderen Seehäfen sind. Die großen Weltreiche gehörten größtenteils der Vergangenheit an und die Industrie hatte sich dezentralisiert, so dass die großen Städte von 1990 Zentren der Bevölkerung, Kultur und Dienstleistungen waren. Die Anlage des Stadtzentrums folgte einem Plan, doch die meisten der rasch wachsenden Peripherien waren improvisiert. Afrika, obwohl es der am wenigsten urbanisierte Kontinent ist, hat die massiven Städte Kairo, Kinshasa, Lagos, Abidjan, Johannesburg und Nairobi hervorgebracht, mit zwei bis zehn Millionen Einwohnern.

So sehr man auch generalisierende Aussagen über Städte machen kann, jedes Stadtgebiet entwickelte seinen eigenen Charakter aufgrund seiner Umgebung, des Charakters der Einwohner und der Ereignisse seiner Geschichte. In jedem Fall waren die meisten Einwohner dieser Städte in der Stadt selbst geboren oder im Umkreis einer Tagesfahrt. Hatte sich der Charakter einer Stadt erst einmal gefestigt, so prägte er sich gewöhnlich in dieser Richtung weiter aus, oft im Widerspruch zu den Wünschen der nationalen Regierung. Wenn Migranten in einer Stadt eintrafen, war es ihre erste Herausforderung, mit dem Charakter ihrer neuen Heimat zurechtzukommen.

Urbane Organisation und Familienstrukturen

Städte werden endlos gebaut und umgebaut. Die wohlhabenden und bevölkerungsreichen Städte breiten sich beängstigend in ihrer Fläche aus. New York zum Beispiel zählt nur halb so viele Einwohner wie Mumbai, bedeckt jedoch eine vier Mal größere Fläche als die indische Stadt. Obwohl Mumbai schließlich mit einem eindruckvollen Zentrum aufwarten konnte und einen hohen Grad an Wohlstand besaß, wurden seine Investitionen in Straßen, Brücken und Gebäuden von den in New York getätigten bei weitem übertroffen. Auch wenn Paris hinsichtlich der Bevölkerung von Kairo, Istanbul und Rio de Janeiro in den Schatten gestellt wird und Kinshasa ihm gleichkommt, besitzt es eine urbane Infrastruktur, die die anderen Städte weit überflügelt.

Die gesellschaftliche Struktur der Stadt unterliegt ebenso einem endlosen Wandel. Die urbane Gesellschaft besteht vor allem aus der vertrauten Hierarchie von Reichtum und Beruf: Wohlhabende Unternehmer stehen an der Spitze, Fachleute im Staats- und privaten Dienst besetzen die nächste Stufe, gefolgt von Arbeitern mit fester Anstellung und dann von denen, die nur schwer Arbeit finden, und den Arbeitslosen. Diese Gruppen können auch unterteilt werden in diejenigen, die in der Stadt geboren wurden, und in Immigranten, sowie in ethnische und religiöse Gruppen.

Die meisten Menschen halten an der Familie fest, in die sie hineingeboren wurden, und bauen darauf auf. Familien können verschieden strukturiert werden: durch viele oder wenig Kinder, einen engen Zusammenhalt der Familienmitglieder und den Ortswechsel einiger. Hinzu kommt, inwieweit in Bildung investiert wird und ob die Älteren eine wichtige oder untergeordnete Rolle spielen sollen. Selbst diejenigen, die aus freien Stücken oder aus anderen Gründen ihre Geburtsfamilie verlassen, müssen sich der Frage stellen, ob und wie sie eine Familie aufbauen wollen.

Anthropologen, die lange Familien im Dorfkontext studiert haben, analysieren Familien im Allgemeinen unter fünf Aspekten: Wohnort, Arbeit, Freizeit, freiwillige Verbindungen und Blutsverwandte (das heißt, Ehe, Kinder und Erbschaft). Für das Leben in der Stadt muss man dem Familienleben mindestens zwei Kategorien hinzufügen: das Pendeln zwischen Arbeit und Heim sowie das Bedürfnis nach öffentlichen Diensten wie Versorgungsbetriebe und Bildungswesen.

Der Weg in die Stadt

Im ausgehenden 20. Jahrhundert führten viele Migrationspfade vom Land in die Stadt. Besonders junge Männer folgten diesem Weg, um Arbeit zu finden und Einkommen nach Hause zu bringen. Für diejenigen, die in der Stadt eine feste Arbeit gefunden hatten, und sogar für diejenigen, für die dies nicht zutraf, bestand die nächste Phase der Migration darin, Brüder, Vettern und Ehefrauen in die Stadt zu holen.

London hatte im 19. Jahrhundert eine große Bevölkerung von Migranten, zumeist aus dem ländlichen England und Irland. Mit der Zeit überstieg die Zahl der Geburten in London die Zahl neuer Migranten. Und doch hatte jede Migrantengemeinschaft ihre Spuren in der Stadt hinterlassen. In den 30er und 40er Jahren stammten die meisten Migranten aus Kontinentaleuropa. In den folgenden Jahrzehnten der Dekolonisation nahmen allmählich Inder, Pakistanis und Migranten aus der Karibik die Stelle der früheren Iren und Schotten ein. In der Folge sah sich London in beispiellosem Maß mit Problemen rassistischer und religiöser Diskriminierung konfrontiert, erhielt jedoch auch eine bei weitem kosmopolitischere Dimension.

London wuchs gemäßigt, verzeichnete nach dem Zweiten Weltkrieg eine Zeit lang einen Bevölkerungsrückgang und wuchs danach erneut. Bei den viel kleineren Städten in der kolonialen Welt sah das Muster anders aus. Städte wie Lagos in Nigeria und Hongkong am Rande Chinas wuchsen in den Jahren zwischen den Kriegen langsam, zum Teil weil die Regierungen die Einreise begrenzten. Getrennte Wohngebiete waren die Regel, mit eigenen Vierteln für Europäer und ihre Bediensteten sowie bescheidener Eleganz in ihrer Umgebung. Während des Zweiten Weltkriegs lebte Hongkong beinahe vier Jahre lang unter japanischer Herrschaft. Nach dem Krieg versetzte ein rapides Wirtschaftswachstum die beiden genannten Städte in die Lage, mit einer Rate von fünf bis zehn Prozent pro Jahr zu expandieren, so dass sie um 1960 Bevölkerungen von mehreren Hunderttausend zählten. Das Wachstum solcher Städte auf Bevölkerungen von mehreren Millionen während der nächsten 30 Jahre ging noch rascher voran, teilweise weil die Migration vom Lande nicht länger einer Beschränkung unterlag.

Das demographische Wachstum Kinshasas war sogar noch spektakulärer. Die Stadt selbst war ein Wirtschaftsmagnet, doch daneben bestärkten auch die schwierigen Bedingungen der ländlichen Gebiete des Kongo mehr

Menschen, ihr Glück in der Stadt zu suchen. In den 80er Jahren wuchs Nouakchott in Mauretanien – eine Wüstenstadt direkt am Atlantik – zu einer Stadt mit einer Bevölkerung von nahezu einer Million heran, als Dürreperioden die Menschen zur Landflucht veranlassten. Kinder, die von ihren Familien verlassen oder ihnen entfremdet waren, streiften durch die Straßen. Manche von ihnen konnte man in Schulen unterbringen, die anderen arbeiteten in kleinen Werkstätten oder stahlen sich ihren Lebensunterhalt zusammen. Durch ähnliche Prozesse erreichten andere große Städte in Afrika und Asien Bevölkerungen von 5, 10 und 15 Millionen Einwohnern.

Leben in der Stadt

Bei der Bestimmung ihrer Planung für das Leben in der Stadt stand jede Familie vor den Fragen, wer in den Familienverband eingeschlossen sein sollte, ob wirtschaftliche Sicherheit oder wirtschaftlicher Fortschritt Priorität erhalten und ob Ressourcen für Eltern, Kinder oder Großeltern bereitgestellt werden sollten. Die folgenden Beispiele aus Mexiko-Stadt und Hiroshima illustrieren, wie sich manche urbanen Familien dort entschieden.

Mexiko-Stadt blickte zwar auf eine mehr als 1 000-jährige Geschichte als großes städtisches Zentrum zurück, doch nichtsdestotrotz war das Wachstum der Stadt im 20. Jahrhundert spektakulär. Ein Großteil dieses Wachstums beruhte auf Menschen aus dem Tiefland, die sich in den 30er Jahren in der Nachbarregion niederließen. Die Strategie solcher Familien war darauf ausgerichtet, zusammenzubleiben und sich gegenseitig zu unterstützen.

Bei solchen Familien ging es hauptsächlich ums Überleben. Sie blieben Mieter, konnten kein Haus kaufen und ermöglichten ihren Kindern eher eine Grundausbildung als eine weiterführende. Das Leben der jungen Erwachsenen konzentrierte sich ebenso sehr auf ihre Verbindungen zu Freunden und Kollegen an ihrer Arbeitsstelle wie auf die zu ihren Eltern und Verwandten. Familienmitglieder reisten nur selten aufs Land.

Die im Westen Japans gelegene Hafenstadt Hiroshima, die 1945 Opfer des ersten Atombombeneinsatzes wurde, ist ein Beispiel für Aufbau und Zerstörung. Nach der Katastrophe des Kriegs und der Tragödie der langfristigen Konsequenzen für ihre Gesundheit wandten sich die Einwohner optimistisch dem Wiederaufbau der Stadt und ihrer Zukunft zu. Familien kamen vom Land, um am wirtschaftlichen Aufschwung der 50er Jahre teilzuhaben. Die Vergangenheit wurde nicht vergessen: Selbst als die Stadt zum Leitbild für moderne Technologie wurde, nahmen die Bürger sich Zeit, um an öffentlichen Aktionen für den Weltfrieden teilzunehmen.

Das Leben in der Stadt erfordert eine Arbeitsstelle, und dies schließt große Anstrengungen bei der Arbeitssuche ein. Arbeit in der Stadt ist hauptsächlich Lohnarbeit. Die japanische Tradition eines starken staatlichen und gesellschaftlichen Wohlfahrtssystems bedeutete, dass viele arbeitende Einwohner Hiroshimas feste Anstellungen mit langfristigen Verträgen und guten Gehältern hatten. Doch auch in Japan waren viele Menschen selbstständig und verdienten ihren Lebensunterhalt, indem sie Dienstleistungen für die erbrachten, die Gehälter verdienten.

Eine Arbeitsstelle in der Stadt befindet sich nur selten in der Nähe des Wohnorts, und so wurde der Berufsverkehr zu einem beherrschenden Element des urbanen Lebens. Ob Menschen sich zu Fuß, mit dem Fahrrad, Bus, Zug oder Auto zur Arbeit begeben, das Phänomen des Berufsverkehrs und der Rushhour kennzeichnet das Leben in jeder Stadt. Eine Seite dieser Entwicklung betrifft die vielen kleinen Veränderungen in der Organisation des Berufsverkehrs. Zum Beispiel wurde Tokios Hauptgeschäftsviertel, die Ginza, 1923 zum ersten mit Verkehrsampeln ausgestatteten Viertel einer Großstadt, um den Autoverkehr zu regulieren. Eine andere Seite ist die soziale – die Entfremdung, die aus einem langen, täglichen Weg zur Arbeit erwachsen kann, oder die Beziehungen, die sich auf dem Weg zur oder von der Arbeit entwickeln können.

Städte boten außerdem neue Chancen für Freizeit und Sport. Brazzaville, eine kleine koloniale Hauptstadt in Zentralafrika, ist ein Beispiel für eine Stadt, in der Freizeitaktivitäten von bescheidenen Anfängen zu internationaler Bedeutung heranwuchsen. Man begann in der 20er Jahren mit der Veranstaltung von Fußballspielen, an denen zunächst französische Beamte und Siedler teilnahmen. Junge Kongolesen nahmen das Spiel auf und die Besten unter ihnen schlossen sich allmählich den französischen Mannschaften an und stellten schließlich ihre eigenen Mannschaften auf. Am Abend sorgten Gruppen, die sich aus Musikern aus der Karibik und ortsansässigen zusammensetzten, in den Bars und Varietés für Unterhaltung. Aus ihren Veränderungen und Improvisationen erwuchs der typische Musikstil der Region, der gegen 1960 die Schallplattenindustrie in ganz West- und Zentralafrika beherrschte.

Wechselnde Familienstrategien

Eine Art, die Gesellschaft zu beschreiben, ist es, sie als eine Ansammlung von Familien zu betrachten. Individuelle Familien wachsen und verbreiten sich, Einheiten bilden sich in ihnen und neue Familien formen jede Generation. Doch Familieneinheiten trennen sich auch, gehen ihrer Wege und sterben aus. Man kann die Geschichte der Welt des 20. Jahrhunderts anhand der Strategien von Familien erzählen, die diese entwickelten, als sie zwischen Städten, Vorstädten und Dörfern hin- und herzogen.

Die Bedingungen des Familienlebens haben sich in diesem Jahrhundert beträchtlich verändert. Die Kindersterblichkeit ist so sehr gefallen, dass die meisten Menschen davon ausgehen können, dass ihre Kinder überleben. Der Anteil alter Leute an der Bevölkerung ist drastisch gestiegen. Und der Anstieg der Gesamtbevölkerung bedeutet in gewissem Maß, dass nun mehr Menschen eng beieinander leben, als früher.

Die Familien reagieren mit ihren Strategien auf diese sich ändernden demographischen Bedingungen. In der Regel bringt die Migration eine Verkleinerung der Familien mit sich, obwohl eine Familie, die drei Generationen lang in der Stadt gelebt hat, durchaus einen Verband aus mehreren Generationen aufbauen kann; in diesem Fall können die älteren Generationen erneut die Funktion von Kontrollinstanzen übernehmen, die sie einst auf dem Dorf innehatten. Wenn sich die Familienstrategie auf den Erwerb von Besitz oder den Aufbau eines Unternehmens konzentriert, bleibt eine Familie vermutlich zusammen. Falls der Schwerpunkt der Familienstrategie auf der Erziehung der Kinder liegt, ist es wahrscheinlich, dass die Kinder nach ihrer Ausbildung fortziehen.

Familien in Städten müssen ihre Strategien ändern, um den urbanen Verwaltungsstrukturen wie auch den demographischen Gegebenheiten gerecht zu werden. Der öffentliche Sektor in der Stadt ist im Vergleich zu den Dörfern beträchtlich gewachsen. Während die Bewohner eines Dorfes dem Diktat ihrer Familienoberhäupter folgen, unterliegen die Menschen in der Stadt darüber hinaus den Vorschriften städtischer Institutionen. Eine Stadt bedarf eines Konsenses oder zumindest einer Anerkennung dessen, wie sie funktionieren sollte – zum Beispiel betrifft dies Entscheidungen über Konventionen für den Straßenverkehr sowie die Zeiten und die Struktur des öffentlichen Dienstes. Das Stadtleben erfordert für die meisten festen Anstellungen die Fähigkeit zu schreiben und zu lesen, und so müssen Kinder den Sozialisierungsprozess in der Schule ebenso wie den innerhalb ihren Familie durchlaufen. Städte erlauben Anonymität, so dass Menschen ihr eigenes Leben leben können, doch die Zentralität öffentlicher Dienste erinnert sie ständig an die Normen ihres Verhaltens. Eine Möglichkeit, auf diese Gegebenheiten zu reagieren, besteht für Familien darin, nach ähnlich denkenden Familien zu suchen: Auf diese Weise fördert das Stadtleben die Bildung von Nachbarschaften.

Diejenigen, die sich von der öffentlichen Norm distanzieren wollen, müssen private Institutionen gründen. Wohlhabende tun dies, indem sie in private Sicherheitssysteme für ihre Heime investieren und ihre Kinder auf Privatschulen schicken. Arme tun dies, indem sie sich auf die gegenseitige Hilfe innerhalb ehrenamtlicher Organisationen stützen, vor allem die religiöser Gruppen, die Schulen und Selbsthilfegruppen in vielen Städten anbieten.

Eine weitere Art, sich von der öffentlichen Bühne der Stadt zurückzuziehen, ist es, eine Verbindung zu einem privateren Bereich jenseits der Stadt aufrechtzuerhalten. Das kann bedeuten, dass man verstärkt die Kontakte zur Familie pflegt, die auf dem Lande verwurzelt ist. Oder für Familien, die in der Stadt verwurzelt sind, kann es bedeuten, für kurze oder längere Besuche aufs Land zu fahren. In einer immer mobiler werdenden Welt konzentriert sich die Familienstrategie nicht nur darauf, wie man lebt, sondern auch, wo man lebt.

Identität in einem globalen Zeitalter, 1970 bis 2000

In den 90er Jahren tauchte ein neuer Begriff auf: »Globalisierung«. Wo Menschen auch hinschauten – auf die Wirtschaft, die Umwelt oder ihre Kultur –, sahen sie globale Verflechtungen, mit sowohl positiver als auch negativer Auswirkung. Auf der positiven Seite hat neue Technologie die Verbindung unter uns beträchtlich beschleunigt: Die Telekommunikation kann Menschen fast überall auf der Welt verbinden und Flugzeuge können Menschen oder Güter innerhalb von einem oder zwei Tagen an jeden beliebigen Ort bringen. Im Gegensatz dazu sorgt z. B. das Schrumpfen des Regenwalds, der den größten Teil des Sauerstoffs für die Welt liefert, weltweit für Besorgnis. Urbanisierung und Globalisierung stehen in einem offensichtlichen Zusammenhang, und das Gleiche trifft auf die stetige Veränderung in den Beziehungen zwischen Stadt, Dorf und Vorstadt zu.

Ein Aspekt der Globalisierung, der seit den 90er Jahren eine immer größere Rolle spielte, war die Unternehmensexpansion. Nehmen wir zum

Beispiel Coca-Cola. Das aggressive Marketing, die Unternehmensstruktur und das Gespür der Coca-Cola Company für den Geschmack ihrer Kunden sicherten dem Unternehmen seine Stellung als weltführender Produzent alkoholfreier Getränke. Zur gleichen Zeit hat sich ein anderer Typ der Globalisierung in geringerem Umfang als ebenfalls hoch erfolgreich erwiesen. Überall tauchten in Städten und Vorstädten ausländische Restaurants auf. Diese Sammlung kleiner, doch erfolgreicher ausländischer Unternehmen führt uns einmal mehr vor Augen, dass globales Wirtschaftswachstum auch ohne eine Konzernorganisation oder eine Basis in den Industrieländern stattfinden kann.

Ist Globalisierung ein neues oder altes Phänomen? Könnte es sein, dass globale Verbindungen schon in früheren Zeiten ebenso bedeutend waren? Dieses Buch hat gezeigt, dass es bereits über Jahrhunderte hinweg globale Netzwerke gegeben hat, selbst wenn die Verbindungen früher langsamer waren. Die Preise für Weizen, Reis und Zucker tragen schon seit langem zur weltweiten Verteilung dieser Erzeugnisse bei. Selbst Geschwindigkeit ist nichts Neues: Telegraphenverbindungen ermöglichten ihren Benutzern seit den 40er Jahren des 19. Jahrhunderts den unmittelbaren Austausch von Informationen.

Zweifellos kann man argumentieren, dass es 1970 ebenso viel globale Aktivität wie 2000 gab. Studentenbewegungen des Jahres 1968 offenbarten auf allen Kontinenten eine aufsässige junge Generation. Die Ölkrise des Jahres 1973 bis 1974, als Öl produzierende Länder die Lieferungen an die meisten Länder auch als Vergeltung für Israels Angriffe auf seine arabischen Nachbarn einstellten, schuf eine weltweite Inflationsspirale bei den Preisen. Die Demokratisierungsbewegungen der Jahre 1989 bis 1992 ergriffen sämtliche Nationen weltweit, so wie es auch die Netzwerke der 70er Jahre waren, die die gegnerischen Seiten der Konflikte in Vietnam und Angola verbanden. Die Welt hat sich geändert, doch man kann behaupten, dass die Globalisierung nichts Neues ist. Vielleicht besteht der Unterschied heute darin, dass sich die meisten Menschen der Globalisierung bewusst sind.

Formen der gegenwärtigen Verbindung und Identität

Die Frage, ob die Globalisierung ein neues Phänomen ist, ist nur ein Aspekt. Ebenso wichtig sind folgende Fragen: Welche Veränderungen finden in globalen Verbindungen statt? Wie bestimmen Menschen ihre Rollen in den globalen Verbindungen? Globale Verbindungen führten sowohl zu Konvergenz als auch Divergenz.

Wir haben in den vorhergehenden Kapiteln von verschiedenen Formen von Verbindungen in der Kultur gesprochen und festgestellt, dass manche Verbindungen einfach sind und in eine Richtung gehen, während andere komplex sind. Diese Kategorien können sowohl auf die materielle Welt als auch auf Ideen angewendet werden.

In der materiellen Welt manifestiert sich eine Seite der globalen Beziehung darin, dass bestimmten Orten globale Trends auferlegt werden. Der technologische Fortschritt und auch die wirtschaftliche Stagnation der jüngsten Vergangenheit passen in dieses Muster. Von 1970 bis 2000 haben Stereogeräte, Computer mit wachsender Kapazität und schrumpfender Größe sowie kabellose Kommunikationsgeräte ihren unaufhaltsamen Weg von den Herstellungszentren zu den Verbrauchern gefunden. Dieses Wachstum wurde ausgeglichen durch einen Wirtschaftsrückgang an anderer Stelle, so dass Arbeiterfamilien im Jahre 2000 effektiv nicht mehr als im Jahre 1970 verdienten, mit Ausnahme der wirtschaftlichen Situation eventuell einiger asiatischer Länder. Was diese Arten der Veränderung angeht, so trug das Bewusstsein globaler Wechselbeziehungen nicht viel dazu bei, sie zu beschleunigen oder zu verlangsamen.

Eine andere Seite der Globalisierung ist, dass lokale Bevölkerungen in der Lage waren, von globalen Trends zu profitieren. Einzelne Völker der ehemaligen Sowjetunion ergriffen die Initiative und konnten eine vom globalen Trend losgesagte Lokalpolitik betreiben. Mitglieder dieser kleinen ethnischen Gruppen, die in den 40er Jahren teilweise verbannt worden waren, eroberten bis zu den 60er Jahren ihre Heimatländer zurück und behaupteten ihre Identität. Als die Sowjetunion nach 1989 zerfiel, verließen sich ihre Anführer auf eine starke lokale Struktur, sie profitierten vom Chaos in Russland und auswärtiger Hilfe. Nicht immer waren diese Bestrebungen allerdings dauerhaft von Erfolg gekrönt.

Ähnlich unterliegen auch Vorstellungen von uns selbst und von Globalisierung sowohl einer Konvergenz als auch Divergenz. Bereits in früheren Kapiteln wurde angesprochen, wie sich die Identität von Individuen und Gruppen neu gestaltet, wenn sich ihr Leben aufgrund von Migration und sozialem Wandel ändert. Was ist die grundlegende Quelle von Identität? Ist es der Geburtsort oder die Staatsbürgerschaft? Identität ist so vielschichtig, dass sie eher eine Frage der individuellen Wahl ist als etwas, das sich nach nationalen und kulturellen Vorstellungen zuteilen lässt. Die jüngsten Jahrzehnte sind aufgrund der zahlreichen öffentlichen Beteuerungen von und Veränderungen der Selbstidentifizierung als eine Zeit der »Identitätspolitik« bezeichnet worden.

In einer ungewöhnlichen Serie von Ereignissen hat die lokale Bevölkerung des mexikanischen Bundesstaats Chiapas ihre eigene Identität in einer auffallenden Mischung von lokalen und globalen Begriffen definiert. Diese indianische Bevölkerung im Süden Mexikos unterstützte eine Rebellengruppe, die nach einer kurzen Militärkampagne im Jahre 1994 einen langen politischen Kampf gegen Mexikos Zentralregierung führte. In diesem Fall verlangte die kleine Gruppe nicht nach Unabhängigkeit, sondern nach Anerkennung innerhalb der größeren Region. Die Chiapas-Bevölkerung setzte auf das wachsende Bewusstsein der indigenen Völker in ganz Amerika, in der Arktis, dem Pazifikraum und in Teilen Afrikas. Ihr Sprecher, Subcomandante Marcos, stützte sich auf die Internet-Kommunikation mit Verbündeten auf der ganzen Welt. Die Menschen von Chiapas schafften es, dass sie nicht mit lokalen Begriffen als Stamm oder ethnische Gruppe etikettierte wurden, sondern sie sprachen als Bürger Mexikos und als Teilnehmer an der allgemeinen Bewegung indigener Völker.

Globale Verbindungen und sich verändernde Identitäten bekräftigen einander. Zum Beispiel wird Coca-Cola im globalen Netzwerk mit den Identitäten seiner Verbraucher weltweit verknüpft, so dass es nicht als ausländisches Produkt betrachtet wird. Und dennoch bringen weltweite Prozesse lokale Innovationen mit sich, wie zum Beispiel exotische Restaurants, die Unabhängigkeit ehemaliger Teilrepubliken und die Revolutionsbewegung in Chiapas. Diese erfolgreichen Divergenzen, die den globalen Haupttrends zuwiderlaufen, werden dann zu einem Teil der Globalisierung.

Die Bauern von Chiapas verstanden sich nicht nur als »Indianer« oder »Mayas«, sondern auch als Bürger Mexikos und als indigenes Volk. Ihr Erfolg übertrug sich auch auf andere Mexikaner und andere indigene Völker, und sie bekamen dafür Unterstützung aus ganz Mexiko und der ganzen Welt. Gruppen und Individuen haben seit langem ihre eigene Identität geltend gemacht; was das ausgehende 20. Jahrhundert von den Jahrhunderten zuvor unterscheidet, war eine große Bereitschaft unter den Menschen, die Identität anderer anzuerkennen. Obwohl Klischeevorstellungen des »anderen« immer noch allgemein verbreitet waren, wurden die Menschen nun vorsichtiger bei der Verwendung von wertenden Begriffen wie »Heide«, »Eingeborener« und »unzivilisiert«. Eine größere gegenseitige Anerkennung, die zum großen Teil durch Migration gefördert wurde, ermöglichte eine engere Interaktion.

Wenn man sich mit dem Wandel in den Verbindungen und Identitäten in der globalisierten Welt beschäftigt, muss man sich fragen, wohin diese Veränderungen uns bringen. Werden wir alle gleich? Oder erwachsen unter uns neue Unterschiede? Es scheint, dass wir etwas von beidem erleben werden, besonders durch den Einfluss der Migration. Migration schafft die Verbindungen, durch die Innovationen über den gesamten Planeten verbreitet werden, doch sie bringt außerdem ein verbessertes Kommunikationswesen, das es Menschen ermöglicht, globalen Einflüssen Widerstand zu leisten oder diese neu zu gestalten.

Wenn globale Verbindungen und neue Identitäten einander bedingen, wie wird sich der Prozess der Globalisierung ändern? Für die vor uns liegende Zeit können wir meiner Meinung nach eine Mischung aus Konvergenz und Divergenz erwarten – neue Ähnlichkeiten und neue Unterschiede auf der ganzen Welt. In den nächsten beiden Abschnitten will ich mich mit diesen Typen der Veränderung beschäftigen.

Eine kleinere Welt?

Während die Kommunikation Fortschritte macht, wird die Welt »kleiner«, und Menschen in unterschiedlichen Situationen stellen fest, dass sie ein gemeinsames Schicksal teilen. Die Katastrophe des Atomreaktorunfalls im ukrainischen Tschernobyl im Jahre 1985 wurde zu einem Symbol einer kleiner werdenden Welt. Überall bekundeten Menschen, als sie von der Katastrophe erfuhren, ihre Solidarität mit denen, die von diesem Unfall betroffen waren. Atomkraftwerke liefern Elektrizität, bedeuten jedoch außerdem Strahlen- und Todesgefahr für die gesamte Menschheit. Tschernobyl wurde zum globalen Symbol für die Gefahren neuer Technologie und die Ineffektivität großer Regierungen. Die Katastrophe von Tschernobyl, die die Furcht der vorherigen Generation vor einem Atomkrieg ins Gedächtnis rief, schweißte die Menschen zusammen.

Auch auf andere Weise ist die Welt kleiner geworden – man denke nur an die sich ausbreitenden Demokratiebestrebungen. In Bewegungen, die in den 70er Jahren im Iran, in den 80er Jahren auf den Philippinen und Haiti sowie von 1989 in China und überall auf der Welt aufkamen, haben Menschenmassen geringere Beschränkungen durch Regierungen, größere Redefreiheit, eine Stimme bei der Wahl ihrer Regierung und Anerkennung der Rechte von Minderheiten gefordert. Obwohl es manchmal so schien, als ob diese Demokratisierungsbewegungen alle Gruppierungen einschlossen, wurde es tatsächlich deutlich, dass Studenten und Akademiker die stärksten Unterstützer dieser Bewegungen waren. (Natürlich entwickelten sich auch Gegenreaktionsbewegungen zu den Demokratisierungsbewegungen.)

Bei der Interpretation dieser stetig kleiner werdenden Welt benennt man globale Phänomene im Allgemeinen nach Nationen. So werden Beispiele rapider gesellschaftlicher oder kultureller Veränderung als »Amerikanisierung« bezeichnet, sowohl innerhalb der USA als auch in anderen Ländern. Für Amerikaner reflektiert dieser Begriff eine Tendenz, sich selbst, ihre Lebensart und ihre Kultur als die Norm und andere als die Ausnahme zu betrachten. Außerdem gehen sie davon aus, dass Veränderung und Entwicklung für die USA natürlich und für andere Regionen außergewöhnlich sind. Sie ziehen den Schluss, dass ein McDonald's-Restaurant in Moskau die Amerikanisierung Russlands bedeutet statt einer Veränderung für beide Gesellschaften.

Die Amerikanisierung ist nur einer von vielen Typen globaler Verbindung. Die Veränderungen der Welt des ausgehenden 20. Jahrhunderts beschränkten sich nicht auf das Ausstrahlen von Macht und Einfluss urbaner und industrieller Zentren. Die karibische Diaspora, eine gleichzeitig alte und neue Bewegung, illustriert die Vielfalt der Möglichkeiten, wie Identität definiert werden kann. Von 1500 bis 1850 nahm diese Region mehr Migranten als fast jede andere auf. Bis 1950 verzeichnete sie mehr Emigranten als fast alle anderen Regionen. Aus der gesamten Karibik migrierten sie in immer größeren Zahlen auf das amerikanische Festland, nach Europa und in andere Länder, wobei sie neue Diasporaverbindungen schufen und ihre Traditionen in Religion, Küche, Musik und Arbeit miteinander und mit den Regionen verknüpften, in denen sie sich ansiedelten. In dieser Hinsicht gab es vielleicht auch eine »Karibisierung« der Welt.

Die multikulturelle Alternative

Während die Welt kleiner wurde, schufen die Zwänge der globalen Verbindungen Unterschiede ebenso schnell wie Gleichförmigkeit. Divergenz, die mit jeder Form von Globalisierung einhergeht, zeigte sich nun als Multikulturalismus.

Es hat schon immer zahlreiche Sprachen und Kulturen auf der Welt gegeben. Doch gegen Ende des 20. Jahrhunderts begannen die verschiedenen Gruppen, ihre Identität auch öffentlich stärker zu betonen. Für die vielen Länder mit politisch kontrollierten Medien und Schulsystemen war das verfügbare Angebot kultureller Auswahl einst beschränkt. Doch die Eröffnung globaler Verbindungen hat in jedem Land und in zahlreichen Familien zu weiteren kulturellen Wahlmöglichkeiten geführt. Als sich dieser Trend entwickelte, konnten aufmerksame Beobachter, z.B. am Zeitschriftenstand oder im Radio Informationen über die wichtigen Subkulturen jeder Region finden. Schon allein die Möglichkeit, einen Sender zu wechseln oder eine andere Zeitschrift zu kaufen, zeigt, inwieweit kulturelle Identität frei wählbar geworden war.

In der Popmusik lässt sich die erstaunliche Differenzierung der Musikstile auf einige wenige Veränderungen in der Technologie zurückführen. So verbreitete sich zum Beispiel die elektrische Gitarre, die in den 40er Jahren in den USA populär geworden war, rasch in alle Gebiete, in denen Gitarren gespielt wurden – das heißt, in den größten Teil der Welt. In der Folge entwickelte jeder lokale Musikstil eine elektrische Ausdrucksform. Anschließend verbreitete die Entwicklung von Aufnahme- und Wiedergabesysteme für Musik, die nun leichter zugänglich waren – Schallplatten, Tonbänder, Kassetten und CDs –, all diese Stile der Popmusik und förderten ihre Interaktion.

Musik wurde spezifisch für jede Gemeinschaft, obwohl jeder Einzelne nun die Musik verschiedener Stile hörte. Musikalische Vorlieben wurden zum Ausdruck von Identität – nach Ethnien, Zugehörigkeit zu einer Diaspora und sexueller Präferenz – und besonders nach Altersgruppen. Im ausgehenden 20. Jahrhundert wurden Altersgruppen für die Identitätsstiftung immer wichtiger und zeigten sich besonders deutlich im Musikgeschmack.

Die Gemeinschaften und Ideen des Buddhismus liefern ein weiteres Beispiel für sich ändernde Identitäten. Der Buddhismus, ein Komplex organisierter Religionsgemeinschaften und philosophische Tradition in einem, konnte sich sowohl durch die Migration seiner Gemeinschaften wie auch durch die Arbeit seiner Lehrer verbreiten. Migrationen aus Südostasien haben zur Ausbreitung der Gemeinschaften beigetragen, und die Suche nach innerem Frieden hat das Gleiche für die buddhistische Philosophie geleistet.

Auf recht unterschiedliche Weise breitet sich der so genannte Pentecostalismus (oder die Pfingstbewegung) weiterhin über die ganze Welt aus.

Seine ersten Kirchen tauchten im 19. Jahrhundert in den USA auf, kombinierten afrikanische und englische Traditionen des Christentums, beriefen sich auf einen grundlegenden Bibeltext und betonten den Zugang zu Gott durch das Wirken des Heiligen Geistes sowie ein konservatives politisches Programm. Durch die Arbeit von freiberuflichen Predigern wuchs die Bewegung in zahlreichen Teilen Amerikas, in Afrika und Russland. Mit nur wenigen Beziehungen zu großen Unternehmen und ohne große Organisationen hat diese religiöse Glaubensbewegung Anhänger über große Entfernungen und Sprachbarrieren hinweg gewonnen.

Sich verbindende Identitäten

Wer nimmt infolge all dieser Entwicklungen eine globale Identität an? Wenn Globalisierung und globales Bewusstsein eng miteinander verwandt sind, dann identifiziert sich vielleicht eine wachsende Anzahl von Leuten als »Menschen« oder auch »Weltbürger«. Wenn dies der Fall ist, ist diese Identität im Verhältnis zur nationalen oder ethnischen Identität ein Zusatz oder Ersatz?

Der Revolutionär Thomas Paine nannte sich selbst im 18. Jahrhundert einen »Weltbürger«, obwohl seine Reisen ihn kaum weiter als nach Großbritannien, in die Vereinigten Staaten und nach Frankreich gebracht hatten. Man kann sich fragen, ob nun, nach zwei weiteren Jahrhunderten, der Begriff »Weltbürger« eine größere Bedeutung gewonnen hat. Es gibt keine globale Regierung, die eine Bürgerschaft verleihen oder globale Pässe ausstellen kann, und so bedeutet, ein Bürger der Welt zu werden, immer noch eher die Annahme einer Idee als die Annahme eines legalen Status.

Die Antwort auf die Frage, wer eine globale Identität annimmt, scheint in zwei Richtungen zu führen. Auf der einen Seite identifizieren sich viele Menschen mit der globalen und kosmopolitischen Welt, ohne jedoch ihre lokalen Bande zu kappen. Auf der anderen Seite erkennen viele die wachsenden globalen Verbindungen an, konzentrieren sich allerdings auf die Bekräftigung ihrer eigenen, lokalen Identität. Die Expansion globaler Verbindungen führt zu größerer Toleranz und gleichzeitig zu neuen Formen der Intoleranz.

Zu den wichtigen identitätsstiftenden Veränderungen in der jüngeren Zeit gehörte die Geltendmachung von Rechten für Frauen und Kinder. Frauen genießen nun in den meisten Gesellschaften die Anerkennung ihrer Staatsbürgerschaft und gesetzliche Gleichstellung, und Kinder haben auf verschiedene Weise Anspruch auf Bürgerrechte: Es ist schwierig, ihnen die vollen Rechte zu gewähren, doch unmöglich, ihnen die Anerkennung zu verweigern. Die wachsende Respektierung der Rechte von Kindern verändert allmählich die Funktionsmechanismen vieler Familien.

Eines der herausragendsten Projekte vor dem Hintergrund sich verändernder Identitäten in den 90er Jahren war die südafrikanische Wahrheits- und Versöhnungskommission *(Truth and Reconciliation Commission/TRC)*. Nach einem Jahrhundert des rassischen und gesellschaftlichen Ausschlusses, der Polizeirepressalien und des Kriegs in Südafrika stellte die Kommission einen Versuch dar, eine »neue Nation« zu schaffen. In ihren öffentlichen Anhörungen stützte sich die Kommission auf Tatsachenfeststellung, Geständnisse und Vergebung als einen Weg, emotionale Bande unter den verschiedenen Gruppen zu knüpfen. Die Bemühungen der Kommission konnten keine Einheitlichkeit erzielen: So mussten die meisten Südafrikaner Übersetzungen anhören, um Teile des Verfahrens zu verstehen. Doch die *TRC* erkannte den Hass der Vergangenheit an, schwor ihm ab und bot einen gemeinsamen Raum, um über ihn zu sprechen. Dadurch schuf sie ein neues nationales Entgegenkommen, in dem sich die verschiedenen Gemeinschaften entwickeln und annähern konnten. Das Teilen der Erfahrung ihrer Vergangenheit, selbst aus widersprüchlichen Perspektiven, verband die Südafrikaner.

Die *TRC* erscheint als eine nationale Institution, die in einem nationalen Kontext arbeitet. Doch in Wirklichkeit verbirgt sich dahinter eine lange Geschichte der Migration und gegenseitiger Kontakte. Sie begann mit der Migration von Menschen aller Herkunft nach Südafrika als Siedler und aus Südafrika hinaus als Flüchtlinge. Sie erfuhr ihre Fortsetzung in den internationalen Beziehungen unter denjenigen, die nach einem Ende des Apartheid-Regimes verlangten. Die Idee der Wahrheits- und Versöhnungskommission selbst migrierte nach Chile und in andere Länder, in denen sie zuvor entwickelt worden war.

Schlussfolgerung

Trotz aller Veränderungen im Verlauf des 20. Jahrhunderts bleiben einige alte Muster sichtbar. Menschen siedeln sich immer noch in unmittelbarer Nähe zu Gewässern an, auch wenn diese Regionen aufgrund eines beispiellosen Wachstums überbevölkert sind. Da das Land wie das Wasser durch die Intensität der Besiedlung verschmutzt wird, suchen wir in beiden Richtungen nach neuen Ressourcen. Ein Unterschied besteht darin, dass wir nunmehr auch den Luftraum erobert haben. Mit der Entwicklung des Luft- und schnellen Überlandtransports werden die Flüsse und Meere nicht mehr so sehr zur Passagierbeförderung genutzt, doch sie behalten ihre Bedeutung für den Gütertransport.

Von den jungen Leuten jeder Generation verlassen immer noch manche ihre Heimat und siedeln sich kurz- oder langfristig in Gemeinschaften an, in denen sie neue Bräuche und neue Sprachen lernen müssen, um zurechtzukommen. Bei sehr kleinen Gemeinschaften müssen diese Wanderbewegungen nicht unbedingt gleichbedeutend mit der Überwindung großer Entfernungen sein. Doch manche Sprachgemeinschaften sind so groß geworden – mit einer Vielzahl von Millionen Menschen –, dass sich die Bedeutung der gemeinschaftsübergreifenden Migration und auch die der Migration innerhalb der eigenen Gemeinschaft ändern. Und dennoch, auch wenn das geographische Ausmaß unserer Mobilität zugenommen hat, bleibt das grundlegende Wesen unserer Gewohnheiten unverändert. Für manche Menschen ist es immer von Interesse, in eine andere Gemeinschaft zu ziehen, und die Arbeit, neue Sprachen und Bräuche zu erlernen, bringt als Nebenprodukt immer die Entwicklung neuer Ideen mit sich.

Städte sind zum Lebensraum der meisten von uns geworden, und die Städte der Welt werden einander immer ähnlicher. Aus vielen Gründen ist es für uns nun logisch und praktisch, uns selbst als Teil einer einzigen, globalen Gemeinschaft zu betrachten. Führt die Globalisierung daher zu Konvergenzen in der menschlichen Erfahrung, die jene Kräfte überwinden, die einst in der Vergangenheit eine Differenzierung bewirkten? Ist es unsere Bestimmung, gleich zu werden? Ein Weg, Einblick in diese Frage zu gewinnen, besteht darin, über die Makroveränderungen der Globalisierung hinauszuschauen und die Wechselwirkungen auf Mikroebene, die die größeren Muster ausmachen, zu betrachten. Die Migrationen von Einzelpersonen und Gruppen über Gemeinschaftsgrenzen hinweg haben gewöhnlich beides mit sich gebracht: Manche Innovationen führten zu Differenzierungen von Gemeinschaften, andere Innovationen zur Konvergenz. Vielleicht setzen sich beide Trends fort.

Sprachgemeinschaften bleiben wichtig. Selbst wenn man die bemerkenswerte Vorherrschaft des Englischen – die Muttersprache für fast eine halbe Milliarde Menschen und die zweite Sprache für viele Millionen mehr – heutzutage berücksichtigt, bleibt die Vielfalt von Sprachgemeinschaften bedeutend. Die Unterschiede der Sprache stellen immer noch wie einst eine Stärke, aber auch eine Einschränkung dar. Wenn wir alle eine gemeinsame Sprache sprächen und eine einzige Kultur teilen würden, würden wir eine fundamentale Quelle der menschlichen Innovation verlieren: die Anstrengung und die Ergebnisse des Erlernens neuer Sprachen und neuer Bräuche.

Weiterführende Lektüre

Das Konzept der Diaspora kann auf viele Zeiten und Orte angewendet werden, doch es ist besonders bedeutungsvoll für die migrierenden Gemeinschaften des frühen 20. Jahrhunderts. Die beste allgemeine Einführung findet sich in Robin Cohen, *Global Diasporas: An Introduction* (Seattle/Washington 1997). Drei herausragende Diaspora-Studien sind die Werke Donna Gabaccia, *Italy's Many Diasporas* (Seattle/Washington 2000), Jack Chen, *The Chinese of America* (San Francisco 1980) und Victor A. Mirelman, *Jewish Buenos Aires, 1890–1930: In Search of an Identity* (Detroit/Michigan 1990). Zum Leben eines weit gelesenen Schriftstellers in der Diaspora vgl. Robin Waterfield, *Prophet: The Life and Times of Kahlil Gibran* (New York 1998).

Die Expansion des Nationalismus im 20. Jahrhundert mündete allgemein in Behauptungen nationaler Reinheit und brachte später Flüchtlingsströme und im schlimmsten Fall Völkermord mit sich. Einen guten Überblick über das Flüchtlingsleben eines Menschenrechtsaktivisten gibt das Werk Judy A. Mayottes *Disposable People – The Plight of Refugees* (Maryknoll/New York 1992). Viele Armenier mussten nach 1915 ein Exilleben führen, wie beschrieben in David Marshall Lang, *The Armenians: A People in Exile* (London 1982). Für die Menschen Südostasiens änderten sich wiederholt die Bedingungen für Migranten und Minderheiten, vgl. Mary F. Somers Heidhues, *Southeast Asia's Chinese Minorities* (Hawthorn/Australien 1974). Danuta Czech liefert fundamentale Informationen zum berüchtigtsten Konzentrationslager des nationalsozialistischen Deutschland in ihrem Werk *Kalendarium der Ereignisse im Konzentrationslager Auschwitz-Birkenau 1939–1945* (Reinbek 1989) und Hannah Arendt beschäftigt sich mit den weiteren Auswirkungen des Völkermords in *Eichmann in Jerusalem. Ein Bericht von der Banalität des Bösen* (15. Aufl., München 1986).

Die Bewegung von Familien in die Städte veränderte das Familienleben überall, doch besonders in so riesigen und rapide wachsenden Städten wie São Paulo, Kairo und Mexiko-Stadt. Berichte über Familien in diesen Städten finden sich in *Child of the Dark: The Diary of Carolina Maria de Jesus* (engl. Übersetzung von David St. Clair, New York 1962), Homa Hoodfar, *Between Marriage and the Market: Intimate Politics and Survival in Cairo* (Berkeley/Kalifornien 1997) und Oscar Lewis, *Die Kinder von Sánchez* (Berlin 1963). Ein kritischer und aufschlussreicher Bericht über das Leben in Los Angeles gegen Ende des Jahrhunderts ist Mike Davis' Werk *Ökologie der Angst. Los Angeles und das Leben mit der Katastrophe* (München 2002).

Register

Aufgenommen sind geographische Begriffe, Sprachen und Sprachfamilien, wichtige frühe Kulturpflanzen und Nutztiere sowie zentrale Begriffe der Migrationsforschung.

ANHANG

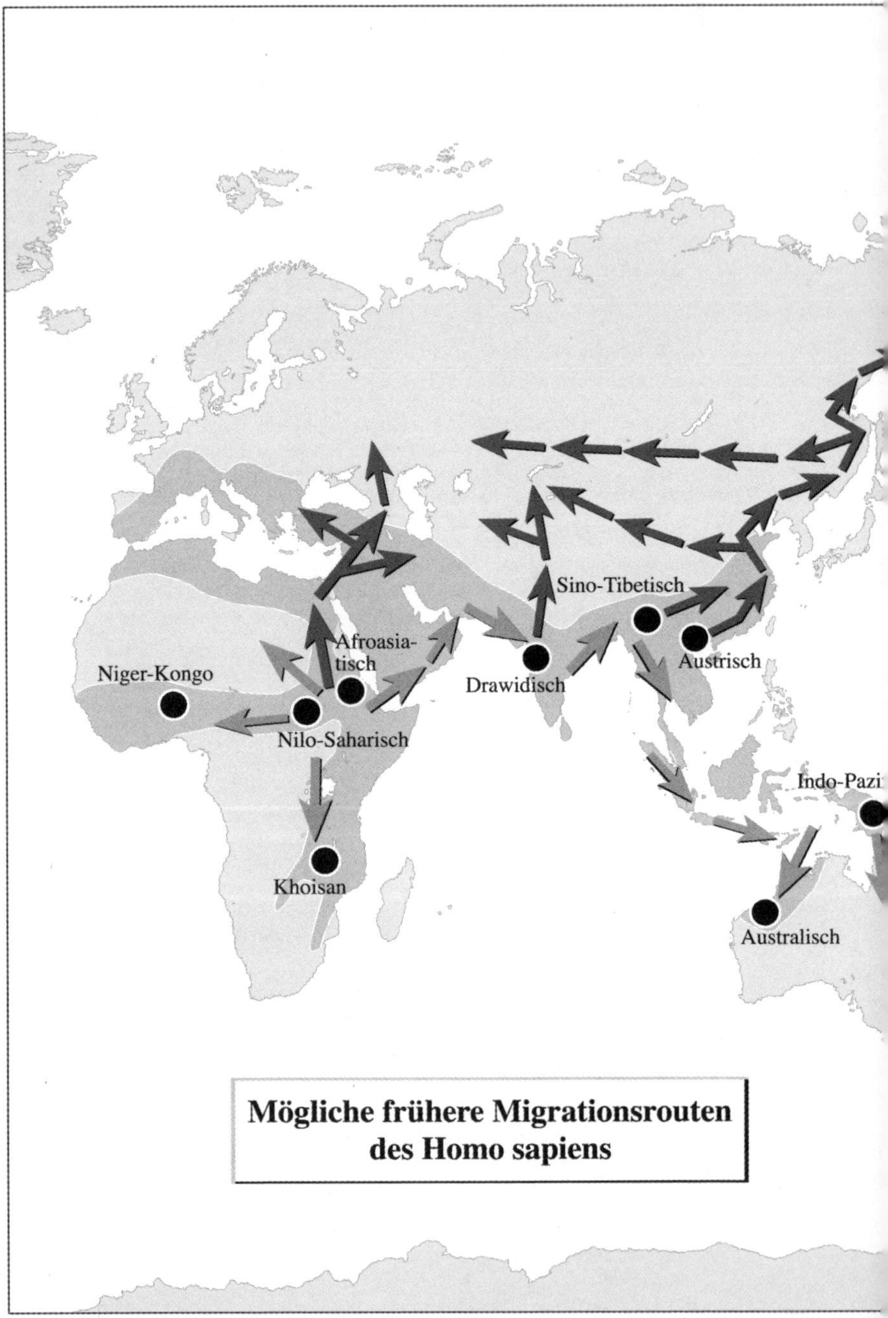

Niger-Kongo
Afroasia-
tisch
Nilo-Saharisch
Khoisan
Drawidisch
Sino-Tibetisch
Austrisch
Indo-Pazi
Australisch
Mögliche frühere Migrationsrouten
des Homo sapiens

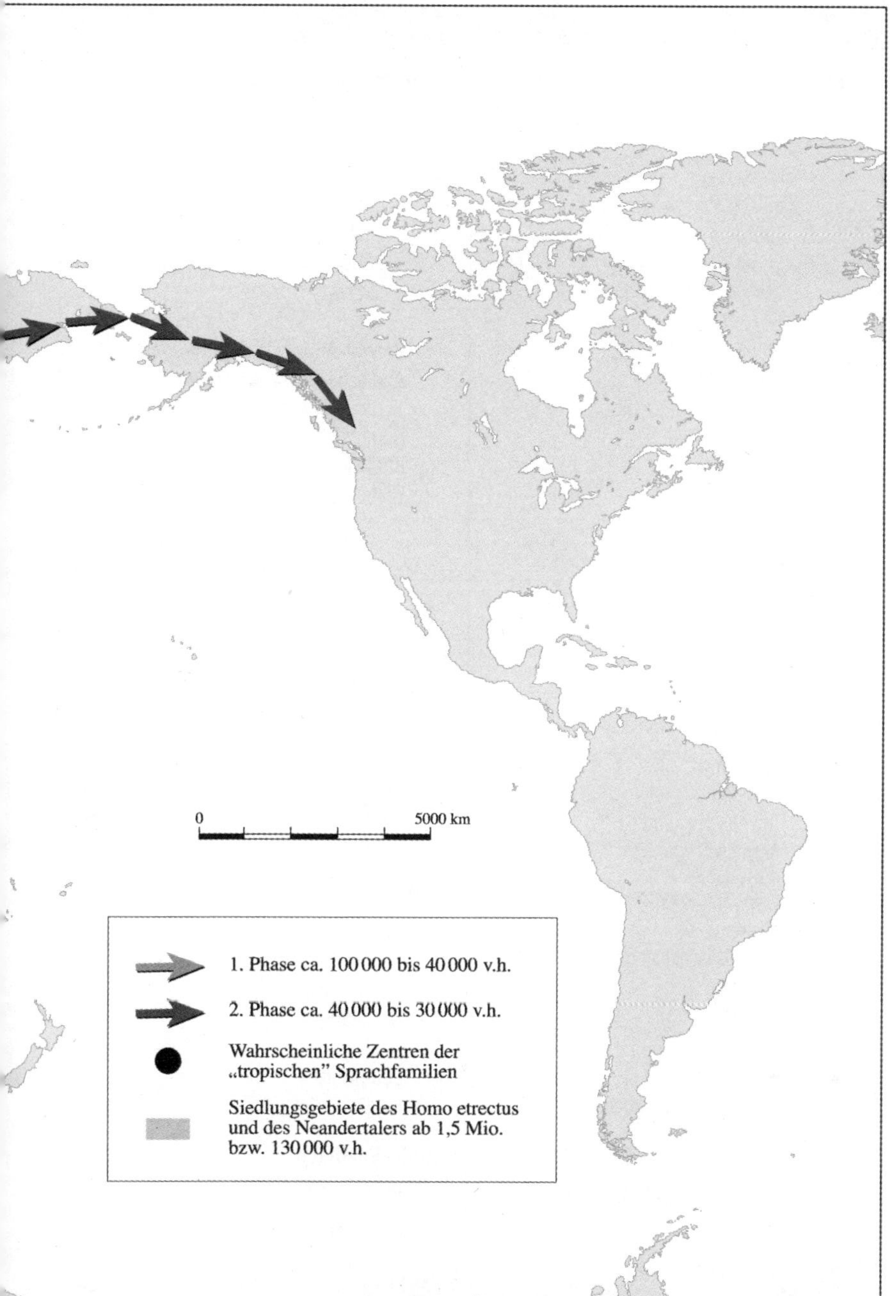
0
5000 km
1. Phase ca. 100 000 bis 40 000 v.h.
2. Phase ca. 40 000 bis 30 000 v.h.
Wahrscheinliche Zentren der „tropischen" Sprachfamilien
Siedlungsgebiete des Homo etrectus und des Neandertalers ab 1,5 Mio. bzw. 130 000 v.h.

Alte Welt

Eurasiatisch
Alle gemäßigten Gebiete der Alten Welt

- Altaisch
- Uralisch
- Japanisch-Koreanisch-Ainu
- Chuktchisch
- Eskimo-Aleutisch – *Arktis, auch in Amerika*
- Gilak
- Indoeuropäisch
  - Germanisch
  - Indisch
  - Lateinisch
  - Griechisch
  - Keltisch
  - Slawisch
  - ...

Amerika

Amerindisch
Nord- und Südamerika

- Nord-Amerindisch – *Nordamerika*
  - Algonkin
  - Sioux
  - Irokesen
  - Cherokee
  - Maya
  - ...
- Zentral-Amerindisch – *Zentralamerika*
- Andisch – *Nördliche Anden, südl. Südamerika, Patagonien*
- Äquatorisch – *Brasilien, Amazonas*
- Karibisch – *Orinoco, Guayana*
- Chibchan-Paezan – *Kolumbien, südl. Zentralamerika, südl. Anden*

Afrika

Afro-Asiatisch
Nord- und Nordostafrika, Arabische Halbinsel, Nahost

- Omotisch
- Kuschitisch
- Tschadisch
- Nordgruppe
  - Ägyptisch
  - Semitisch
  - Berber

Nilo-Sahara
Zentralafrika, Savannengürtel

Niger-Kongo
Zentral-, Süd- u. Westafrika

Khoisan
Ost- (auch Süd- u. Südwest) Afrika

- Nord-Khoisan
- Süd-Khoisan
- Hua
- Zentral-Khoisan

Tropen

Drawidisch
Indischer Subkontinent

Austrisch
Südostasien

- Austroasiatisch
- Miao-Yao
- Dai (Tai)
- Austronesich

Dene-Kaukasisch

- Sino-Tibetisch
  - Tibeto-Birmanisch
  - Chinesisch
- Nordkaukasisch
- Baskisch
- Jenesseisch
- Na-Dene Sprachen

Indo-Pazifisch
Neuguinea u. Indonesien

Australisch

Die wichtigsten Sprachfamilien (Phyla) und Untergruppen, wie sie in der vorliegenden Darstellung der frühen Migration verwendet werden.
Eine Hauptfamilie je Region ist jeweils beispielhaft bis in ihre Unterfamilien aufgegliedert.